JN441339

러스트
프로그래밍
입문

러스트 프로그래밍 입문

8개 프로그램을 만들면서 러스트 컴파일러와 친해지기

초판 1쇄 발행 2026년 2월 23일

지은이 **안도 카즈시게, 오니시 료, 토쿠나가 유스케, 나카무라 켄코, 야마나카 유다이** 옮긴이 **서수환**
펴낸이 **한기성** 기획·편집 **이슬** 교정 **이언주** 표지 디자인 **오필민** 내지 디자인 **윤영준**
제작·관리 **이유현** 영업·마케팅 **김진불** 경영지원 **박미경** 용지 **유피에스** 출력·인쇄 **예림인쇄**
제본 **예림원색**

펴낸곳 **(주)도서출판인사이트** 등록번호 **제2002-000049호** 등록일자 **2002년 2월 19일**
주소 **서울특별시 마포구 연남로5길 19-5** 전화 **02-322-5143** 팩스 **02-3143-5579**
이메일 **insight@insightbook.co.kr**

Copyright ⓒ **(주)도서출판인사이트** ISBN **978-89-6626-519-0** 93000

책값은 뒤표지에 있습니다. 잘못 만들어진 책은 구입처에서 교환하실 수 있습니다.
이 책의 정오표는 https://blog.insightbook.co.kr에서 확인하실 수 있습니다.

글쓰기는 더 큰 배움에 이르는 보람 있는 여정입니다.
독자 여러분의 소중한 원고를 기다립니다. submit@insightbook.co.kr

Programming Insight

러스트 프로그래밍 입문

8개 프로그램을 만들면서 러스트 컴파일러와 친해지기

안도 카즈시게·오니시 료·토쿠나가 유스케·나카무라 켄코·야마나카 유다이 지음 | 서수환 옮김

인사이트

차례

옮긴이의 글

비용, 품질, 시간.

개발 현장에서 세 요소를 동시에 만족시키기란 '싸고 맛있고 빨리 나오는 점심 메뉴'를 찾는 것만큼이나 힘든 일입니다. 하지만 러스트는 이 고질적인 문제를 영리하게 풀어낸 언어입니다. 러스트가 자랑하는 깐깐한 컴파일러와 함께라면 실수는 초기에 잡히고 결과물은 안전해집니다. 초반의 학습 곡선만 넘어서면 투자한 시간이 안정성과 성능이라는 확실한 보상으로 돌아오는 든든한 국밥 한 끼 같은 언어인 셈입니다.

요즘 인기가 많은 파이썬의 유연함에 익숙한 분에게는 러스트의 진입 장벽이 크게 느껴질지도 모릅니다. 하지만 너무 겁먹을 필요는 없습니다. 이 책은 아주 작은 기능을 구현하는 것부터 시작해 실전에서 마주하는 복잡한 과제들을 어떻게 해결해 나가는지 그 과정을 자세히 설명합니다. 단순히 문법을 암기하는 것이 아니라 코드를 확장하고 수정하며 점진적으로 빌드하는 엔지니어링의 정석을 직접 체험하며 배울 수 있습니다.

AI가 코드를 대신 써 주는 시대에도 전체 과정을 설계하고 본질적인 목적을 정의하는 능력은 여전히 대체 불가능한 가치를 지닙니다. 유행하는 도구나 라이브러리 지식은 언젠가 낡겠지만 문제를 집요하게 파고드는 배움의 태도의 중요성은 결코 달라지지 않습니다. 비록 우리가 배울 언어가 '녹(Rust)'이더라도 여러분의 능력은 세월에 녹슬지 않고 더욱 단단해지기를 응원합니다.

언제나 응원해 주는 가족과 이 책을 완성할 때까지 많이 노력해 주신 편집자 여러분에게 감사드립니다.

2026년 새로운 시작 날에
서수환

지은이의 글

이 책은 러스트로 프로그램을 처음 작성하는 분을 위한 입문서입니다. 그중에서도 특히 러스트를 활용해 백엔드 엔지니어로 일하고 싶은 분을 위한 책입니다.

백엔드 엔지니어라는 말이 낯선 분도 있을 수 있으므로 백엔드 엔지니어가 무엇인지 간단히 설명하겠습니다.

소프트웨어는 크게 프런트엔드와 백엔드 두 부분으로 구성되어 있습니다. 프런트엔드는 웹 화면처럼 사용자가 직접 보거나 조작하는 부분으로, 보기 좋음과 사용 편의성 같은 사용자 경험을 주로 제공합니다. 반면에 백엔드는 사용자가 직접 보거나 조작하지 않는 프런트엔드 이외의 부분입니다. 서버에서의 처리를 중심으로, 사용자 정보 관리나 결제 같은 소프트웨어 작동의 핵심을 담당합니다.

프런트엔드와 백엔드는 필요한 기술이 달라서 엔지니어 직무도 나뉘어 있으며 백엔드를 주로 담당하는 개발자를 백엔드 엔지니어라고 합니다.

백엔드는 소프트웨어의 핵심 기능을 담당하므로 백엔드 개발은 작동의 안정성과 생산성을 동시에 만족시켜야 합니다. 오류 때문에 서버가 다운되면 모든 사용자가 서비스를 이용할 수 없게 됩니다. 하지만 특히 신규 개발 소프트웨어라면 서버 수정을 포함한 새로운 기능을 계속 출시하기 마련입니다.

러스트는 이런 특성을 지닌 백엔드 개발에 딱 맞는 프로그래밍 언어입니다.

러스트는 2015년에 출시된 프로그래밍 언어로 고성능이면서 안정적인 프로그램을 높은 생산성으로 개발할 수 있다는 장점이 있습니다. 러스트 특유의 구조 방식인 소유권 시스템을 중심으로 언어가 설계되었고 패키지 매니저, 단위 테스트 같은 기능이 기본으로 포함되어 있어 일관된 개발 환경을 제공합니다.

독자 여러분이 이 책으로 러스트와 관련 기술을 배워 백엔드 엔지니어로 활약할 수 있기를 바랍니다.

안도 카즈시게

들어가는 글

이 책의 구성

이 책은 13장으로 구성되어 있습니다. 전반부인 1~5장에서는 러스트를 소개하고 설치하며 러스트의 주요 문법을 배웁니다. 후반부인 6~13장에서는 중요한 라이브러리와 도구 사용법을 중심으로 설명하고 마지막으로 엔지니어 채용 면접에 관한 내용을 다룹니다.

5장까지는 이전 장의 내용을 기반으로 이어지므로 순서대로 읽기를 추천합니다. 6장 이후는 각각 독립된 내용이므로 원하는 부분을 골라 읽으면 됩니다.

모든 장은 프로그램을 만들면서 배우는 형식으로 구성했습니다. 이 책의 특징인 문제의 세분화(흐름도)를 실었습니다. 그러니 부담 갖지 말고 즐겁게 배우기를 바랍니다!

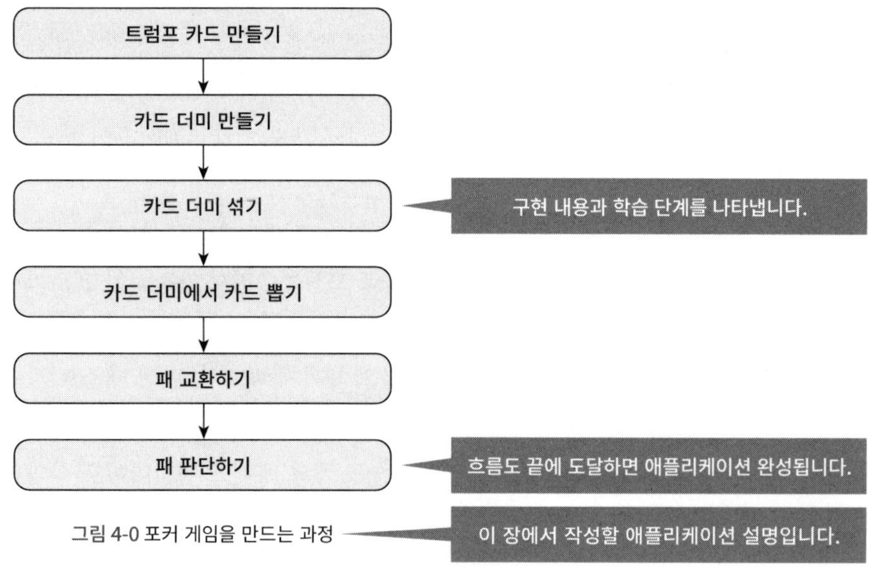

그림 0-1 장별 흐름도 예시

대상 독자

이 책은 프로그램을 처음 작성하는 사람을 주요 대상으로 합니다. 러스트 설치부터 채용 면접에 이르기까지 러스트뿐만 아니라 다양한 주변 지식까지 차근차근 배울 수 있습니다.

또한 풍부한 예제 프로그램과 함께 설명하므로 이미 다른 프로그래밍 언어를 경험한 후에 러스트를 배우려는 분이나 러스트에 관심이 있는 취미 개발자에게도 추천합니다.

개발 환경

이 책은 다음의 개발 환경을 전제로 합니다. 윈도나 리눅스에서도 대부분의 예제 프로그램은 작동하지만 도구 설치 방법과 화면 표시가 다를 수 있습니다.

- 애플 실리콘(M1 이후) 탑재 macOS
- 러스트 2024 Edition(버전 1.86.0 이후)

예제 프로그램은 아래 깃허브에 있습니다. 지면 관계상 책에 다 싣지 못한 최종 코드도 들어 있으므로 잘 활용하기를 바랍니다.

- 원서의 예제 코드 저장소 *https://github.com/estie-inc/rust-book*
- 번역서의 예제 코드 저장소 *https://github.com/insightbook/rust*

1장

R u s t P r o g r a m m i n g

러스트는 어디서 쓸까요?

1장에서는 러스트가 어떤 프로그래밍 언어인지, 어떤 장점이 있는지 설명하고 러스트 활용 사례도 소개합니다.

1.1 러스트란?

러스트(Rust)는 2015년에 정식으로 출시된 프로그래밍 언어입니다. 모질라(Mozilla)의 그레이던 호어(Graydon Hoare)가 개인 프로젝트로 시작해 모질라의 웹 브라우저인 파이어폭스(Firefox) 등에 사용했습니다.

러스트는 최근 주목받는 언어입니다. 프로그래밍 관련 질문을 올리는 스택 오버플로(Stack Overflow)에서 개발자를 대상으로 매년 실시하는 설문 조사에서 앞으로도 계속 사용하고 싶은 언어로 높은 선호도를 기록했습니다. 또한 러스트 사용자 중 내년에도 사용하고 싶다고 응답한 비율이 80%를 넘었습니다.

그러면 러스트를 왜 사용하고 싶어 할까요? 크게 세 가지 이유가 있습니다.

- 높은 성능
- 높은 안전성
- 높은 생산성

각각의 이유를 설명하겠습니다.

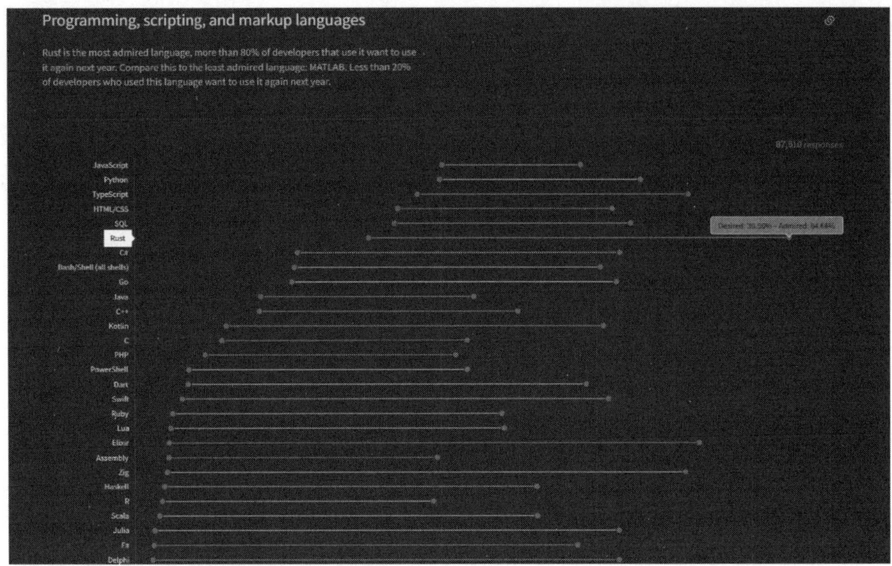

그림 1-1 프로그래밍 언어 선호도(*https://survey.stackoverflow.co/2023/#section-admired-and-desired-programming-scripting-and-markup-languages*)

1.2 러스트는 고성능

러스트는 프로그램 메모리 효율과 실행 속도를 매우 중시하는 언어입니다. 다양한 프로그래밍 언어의 실행 속도를 비교한 벤치마크 게임즈 웹사이트를 보면 러스트는 다른 프로그래밍 언어에 비해 실행 속도가 매우 빠릅니다.

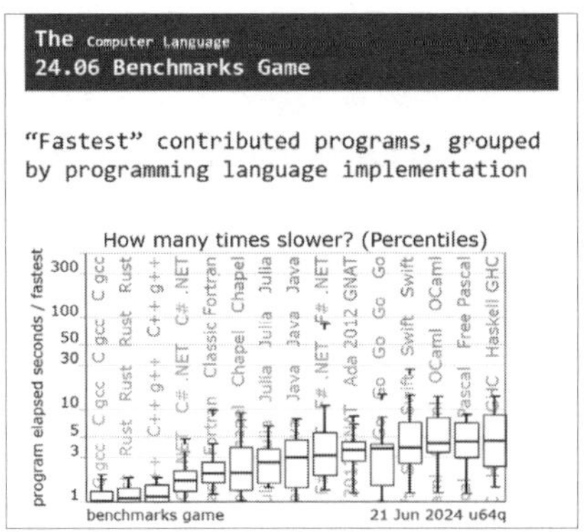

그림 1-2 언어별 실행 속도(*https://benchmarksgame-team.pages.debian.net/benchmarksgame/box-plot-summary-charts.html*)

왜 이렇게 실행 속도가 빠를까요?

1.2.1 기계어로 컴파일된다

인간이 읽고 이해할 수 있는 소스 코드를 컴퓨터에서 실행할 수 있는 형식으로 변환하는 작업을 **컴파일**(compile)이라고 하며, 컴파일하는 프로그램을 컴파일러(compiler)라고 부릅니다.

자바나 파이썬 같은 프로그래밍 언어는 바이트코드(bytecode) 형식으로 컴파일됩니다. 바이트코드는 하드웨어에서 직접 실행할 수 없고 가상 머신이라는 소프트웨어에서 실행할 수 있습니다. 가상 머신은 바이트코드를 하드웨어에서 실행할 수 있는 기계어로 변환하므로 기계어를 직접 실행하는 것보다 느립니다. 기계어는 운영 체제나 CPU가 다른 환경에서는 실행할 수 없지만 바이트코드는 가상 머신이 작동하는 환경이라면 운영 체제나 CPU가 달라도 실행할 수 있다는 장점이 있습니다.

러스트, C, C++, Go 같은 프로그래밍 언어는 기계어로 컴파일됩니다. 바이트코드를 거칠 때와 달리 환경이 달라지면 그대로 실행할 수 없다는 단점이 있지만 기계어는 하드웨어에서 직접 실행되므로 빠릅니다.

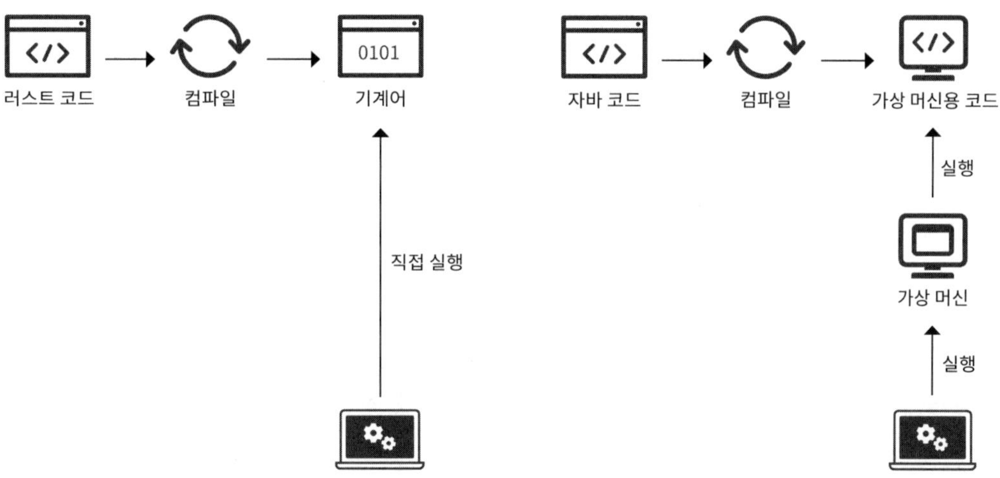

그림 1-3 러스트와 자바의 컴파일

1.2.2 가비지 컬렉션이 필요 없다

Go를 비롯한 많은 프로그래밍 언어에는 프로그램에서 더 이상 사용하지 않는 메모리 영역을 해제하는 **가비지 컬렉션**(garbage collection) 기능이 있습니다. 덕분에 프로그래머는 메모리 할당과 해제에 신경 쓸 필요가 거의 없지만, 가비지 컬렉션 때문에 메모리 영역의 사용 상황을 주기적으로 확인해야 하므로 전체 실행 속도가 약간 느려집니다.

러스트, C, C++ 같은 프로그래밍 언어는 가비지 컬렉션이 없으므로 프로그래머가 직접 신중하게 메모리 영역을 할당하고 해제해야 합니다. C나 C++는 메모리 영역을 다루기 어려워서 버그의 원인이 되곤 하지만, 러스트는 소유권 개념을 도입해서 프로그래머가 의식하지 않아도 가비지 컬렉션 없이 자연스럽게 메모리를 관리할 수 있습니다.

1.2.3 제로 코스트 추상화를 실현한다

프로그래밍을 하다 보면 숫자, 문자열처럼 서로 다른 유형의 데이터라도 같은 처리를 구현할 때가 있습니다. 이럴 때 매번 같은 코드를 구현하는 대신 코드 하나로 모든 유형을 처리하도록 만드는 것을 추상화라고 합니다. 추상화된 코드는 각 유형의 데이터를 처리하기 위해 종류별로 실제 처리를 변환해야 합니다.

자바 같은 프로그래밍 언어는 추상화된 코드를 실행할 때 변환하므로 실행 속도가 약간 느려집니다. 하지만 러스트는 컴파일할 때 추상화된 코드를 실제 처리로 변환해 두므로 실행 속도에 영향을 주지 않습니다. 이를 **제로 코스트 추상화**(zero-cost abstraction)라고 합니다.

러스트는 제로 코스트 추상화를 통해 프로그래밍을 쉽게 해 주는 추상화의 장점과 빠른 실행 속도라는 성능을 모두 잡았습니다.

1.3 러스트는 안전성이 높다

프로그래머는 안전한 프로그램을 작성해야 합니다. 하지만 아무리 주의해도 다음과 같은 버그를 일으키는 실수를 저지르기 쉽습니다.

- 이미 해제한 메모리 영역을 참조하기
- 여러 스레드에서 동시에 같은 메모리 장소에 기록하기

이런 버그는 오래전부터 존재했고 지금도 소프트웨어 개발 현장에서 프로그래머를 괴롭히는 문제입니다.

러스트는 앞에서 설명한 소유권 개념을 통해 컴파일할 때 자동으로 검사해 주기 때문에 프로그래머가 깜빡하는 실수를 막을 수 있습니다.

1.4 러스트는 생산성이 높다

백엔드 엔지니어에게 요구되는 사항은 다양합니다.

- 개발을 효율적으로 진행할 수 있도록 다른 사람이 만든 도구를 도입하기
- 테스트 코드를 작성하고 자신이 작성한 코드가 예상대로 작동하는지 확인하기
- 팀의 코딩 규칙을 정하고 그에 따라 코드 작성하기

러스트는 이런 요구 사항을 지원하는 기능과 도구가 내장되어 있습니다.

1.4.1 패키지 매니저

프로그래밍할 때 처음부터 모든 코드를 직접 작성할 수도 있지만 다른 프로그래머가 작성한 코드를 가져와서 사용할 수도 있습니다. 다른 사람이 작성한 코드를 **라이브러리**라고 합니다. 러스트는 라이브러리를 사용하기 쉽도록 패키징해서 배포합니다. 패키징된 라이브러리는 **크레이트**라고 불리며 *https://crates.io/*에서 전 세계의 프로그래머들이 자신이 만든 크레이트를 공개하고 있습니다. 각 크레이트는 라이선스(규약)가 정해져 있고 라이선스 범위 내에서 자유롭게 이용할 수 있습니다. 직접 만든 크레이트를 공개하는 방법은 7장에서 자세히 설명합니다.

패키징된 라이브러리를 간단히 사용할 수 있도록 돕는 도구를 **패키지 매니저**라고 합니다. 러스트에서는 크레이트를 간편하게 관리할 수 있는 패키지 매니저로 **카고**(cargo)가 준비되어 있습니다. 카고로 크레이트를 추가하고, 삭제하고, 업데이트할 수 있습니다. 카고 사용법은 2장에서 자세히 설명합니다.

1.4.2 단위 테스트

소프트웨어 개발에서 **테스트**는 빠질 수 없습니다.

테스트 방법은 여러 가지가 있습니다. 수동으로 프로그램을 실행해 작동에 문제가 없는지 확인하기도 하고 테스트하는 프로그램(테스트 코드)을 작성해 프로그램이 자동으로 테스트하게 할 수도 있습니다.

코드를 추가할 때마다 수동으로 테스트하는 것은 번거롭고 시간도 걸립니다. 또한 사람이 하는 만큼 테스트 항목이 빠질 수도 있습니다. 테스트 코드를 작성해 프로그램이 자동으로 테스트하게 하면 작동을 보장하면서 빠르게 개발할 수 있습니다.

다른 프로그래밍 언어에서는 테스트 코드를 작성할 때 특별한 준비가 필요한 경우도 있지만 러스트는 테스트 코드를 작성하는 구조 방식이 기본으로 제공됩니다.

프로그램 코드와 테스트 코드를 한 파일에 작성할 수 있어 코드의 작동 방식과 그 코드가 예상한 대로 작동하는지를 동시에 확인할 수 있습니다.

함수와 테스트 코드 예시

```
pub fn add(a: i32, b: i32) -> i32 {
    a + b
}
#[cfg(test)]
mod tests {
    use super::*;
    #[test]
    fn test_add() {
        assert_eq!(add(1, 2), 3);
    }
}
```

테스트 코드 작성법은 8장에서 자세히 설명합니다.

1.4.3 포매터와 린터

보통 팀으로 개발할 때는 **코딩 규칙**을 미리 정합니다. 코딩 규칙은 프로그램을 작성할 때 지켜야 할 약속으로, 여러 사람으로 구성된 팀으로 개발하더라도 한 사람이 작업한 것처럼 일관성이 있는 코드를 작성하기 위한 기준입니다.

러스트는 코드를 자동으로 정형화하는 포매터(formatter) 도구인 `rustfmt`가 기본으로 내장되어 있습니다. 줄바꿈 위치, 공백 위치 등 코딩 규칙에 맞는 스타일로 자동으로 정리하므로 여러 사람이 개발하더라도 같은 스타일로 코드를 작성할 수 있습니다.

또한 코딩 규칙을 잘 지키는지 확인하는 린터(linter, 정적 코드 분석) 도구인 `clippy`도 기본으로 내장되어 있습니다. 린터를 주기적으로 실행하면 코딩 규칙을 따르지 않은 코드가 섞이는 일을 막아 줍니다.

1.4.4 풍부한 표현력

러스트는 표현력이 풍부해 다양한 상태를 프로그램에 담아낼 수 있습니다.

러스트에는 Option **타입**이 기본으로 제공되는데 이 데이터 타입을 사용하면 값이 없을 수도 있다는 사실을 표현할 수 있습니다. 다른 프로그래밍 언어에서는 보통 null으로 값이 없음을 표현하는데 이 방식은 값의 존재 여부를 개발자가 직접 확인해야 합니다. 값이 있다고 생각했지만 실제로는 값이 없는 경우가 자주 발생하며 이는 버그의 원인이 됩니다.

러스트는 null 대신 Option 타입으로 값이 없을 수 있는 위치에서 값을 읽지 않도록 컴파일러가 자동으로 확인합니다.

```
fn main() {
    let value: Option<i32> = Some(1);
    // let value: Option<i32> = None;  // 값이 없으면 None으로 표현함
    match value {
        Some(_) => println!("값이 있습니다."),
        None => println!("값이 없습니다."),
    }
}
```

Option 타입을 사용하면 값이 없을 때를 자동으로 확인해 버그를 미리 방지할 수 있습니다.

Option 타입은 3장의 칼럼에서 자세히 설명합니다.

러스트는 **Result 타입**도 기본으로 제공합니다. 이 데이터 타입은 오류의 발생 가능성을 표현합니다.

```
fn main() {
    let value: Result<i32, &str> = Ok(1);
    // let value: Result<i32, &str> = Err("error");  // Err로 오류를 표현
    match value {
        Ok(_) => println!("OK입니다."),
        Err(_) => println!("오류입니다."),
    }
}
```

다른 프로그래밍 언어에서는 오류를 예외(exception) 형태로 다루는 경우가 많은데 이 방식은 개발자가 오류 발생 여부를 챙겨야 합니다. 러스트는 Result 타입을 사용해 오류를 빠짐없이 처리하고 있는지를 자동으로 확인합니다. 따라서 오류 처리를 깜빡해 프로그램이 강제로 종료되는 일을 방지할 수 있습니다.

Result 타입은 9장에서 자세히 설명합니다.

1.5 러스트, 어디서 쓰고 있을까?

지금까지 러스트가 빠르면서 안전성과 생산성도 뛰어난 프로그래밍 언어라는 점을 살펴보았습니다. 러스트는 이런 특징을 잘 살려 유명한 소프트웨어 개발에 활용되고 있습니다.

예를 들어 드롭박스(Dropbox)는 2016년이라는 꽤 이른 시기부터 내부에서 사용하는 파일 시스템 개발에 러스트를 도입했습니다. 당시에는 Go도 후보에 올랐지만 러스트가 Go보다 효율적으로 데이터를 관리할 수 있다는 점에서 러스트를 채택했습니다.

또한 윈도와 안드로이드 같은 운영 체제 개발에도 러스트를 사용하기 시작했습니다. 이전에는 운영 체제 개발에 C나 C++를 주로 사용했습니다. C 계열 언어는 성능이 좋지만 메모리를 프로그래머가 직접 관리해야 했기 때문에 운영 체제의 버그나 보안 취약점의 원인이 되곤 했습니다. 따라서 C나 C++와 동등한 성능을 내면서도 안전성이 높은 러스트로 일부를 대체해 버그와 취약점을 줄이고 품질을 높이려는 움직임이 나타나고 있습니다.

이런 소프트웨어 외에도 러스트는 임베디드 하드웨어용 프로그램부터 웹 애플리케이션, 게임까지 다양한 분야에서 널리 활용됩니다.

1.6 활발한 커뮤니티 활동

러스트는 깃허브(GitHub) 사이트에서 개발되고 있으며 거의 매일 새로운 기능이 추가되고 있습니다. 공식 포럼에서도 논의가 활발하며 매년 RustConf 이벤트가 열려 수많은 사람이 모입니다.

한국에도 러스트 관련 커뮤니티 활동이 있습니다.

- 한국 러스트 사용자 그룹자 그룹[1]: 러스트를 사용하거나 러스트 개발에 참여하는 사용자의 모임입니다.

이러한 커뮤니티를 통해 러스트의 세계를 탐험해 보기를 바랍니다!

1 *https://rust-kr.org*

2장

R u s t P r o g r a m m i n g

러스트로 프로그램을 실행해 보자: Hello, world!

2장에서는 러스트로 개발을 시작하기 위한 첫걸음을 내딛습니다. 러스트 도구 설치부터 컴파일과 실행 방법을 설명합니다.

개발과 학습에 꼭 필요한 에디터와 rust-analyzer도 설명합니다.

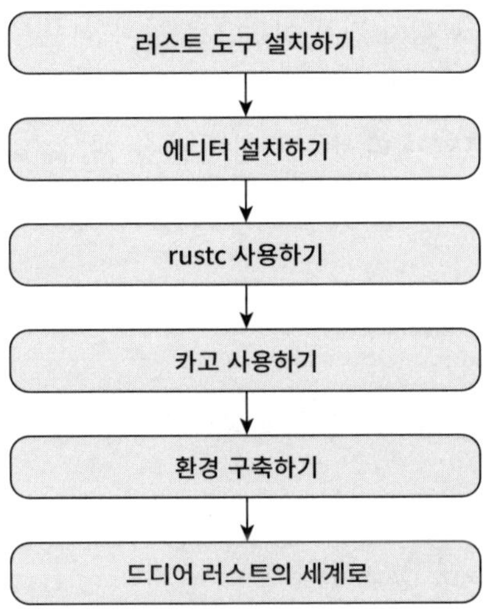

그림 2-0 Hello, world!를 출력하기까지의 과정

2.1 러스트 설치하기

러스트 개발 환경은 구축하기 쉽습니다. 설치 방법은 공식 문서[1]에 나와 있지만 인

1 *https://doc.rust-lang.org/book/ch01-01-installation.html*

터넷에 연결된 환경에서 리눅스나 macOS를 사용한다면 명령어 한 줄만으로도 설치할 수 있습니다. 보통은 rustup이라는 도구로 설치합니다.

2.1.1 macOS와 리눅스에서 설치하기

여기서는 최신 안정화 버전을 설치하는 과정을 안내합니다.

```
$ curl --proto '=https' --tlsv1.2 https://sh.rustup.rs -sSf | sh
```

명령어를 실행하면 어떤 영어 문자열이 출력되는데 이는 나중에 다시 설명하겠습니다. 일단 설치가 끝날 때까지 기다립니다.

기다리면 다음과 같은 내용의 선택지가 표시됩니다.

1. 기본 설정으로 설치하기
2. 사용자 정의 설정으로 설치하기
3. 취소하기

1을 입력하고 Enter를 눌러서 기본 설정으로 설치합니다.

또다시 영어 문자열이 표시되는데 이 내용도 나중에 다시 설명하겠습니다. 문자열 출력이 끝나고 프롬프트가 다시 표시되면 셸을 재시작해 다음 명령어를 실행합니다.

```
$ rustc --version
```

다음과 같이 rustc 버전이 출력되면 성공입니다. 이렇게 러스트 설치가 끝났습니다.

```
> rustc 1.91.1 (ed61e7d7e 2025-11-07)
```

2.1.2 러스트 개발 도구 구성

러스트 설치는 끝났지만 방금 실행한 명령어에서 출력된 메시지는 앞으로 러스트로 개발하고 학습하는 데 필요한 주요 개념이 몇 가지 등장합니다. 일단 건너뛰고 다음 장으로 넘어가도 되지만 궁금하다면 한 번쯤 읽어 봐도 좋습니다.

첫 명령어(curl --proto '=https' --tlsv1.2 https://sh.rustup.rs -sSf | sh)를 실행한 후의 메시지는 다음과 같습니다. 이는 저의(hige.yy) 환경에서 출력된 메시지입니다. 러스트는 계속 진화하는 언어이므로 여러분이 실제로 보는 메시지는 조금 다를 수 있습니다.

```
info: downloading installer
Welcome to Rust!
This will download and install the official compiler for the Rust
programming language, and its package manager, Cargo.
Rustup metadata and toolchains will be installed into the Rustup
home directory, located at:
  /Users/hige.yy/.rustup
This can be modified with the RUSTUP_HOME environment variable.
The Cargo home directory is located at:
  /Users/hige.yy/.cargo
This can be modified with the CARGO_HOME environment variable.
The cargo, rustc, rustup and other commands will be added to
Cargo's bin directory, located at:
  /Users/hige.yy/.cargo/bin
This path will then be added to your PATH environment variable by
modifying the profile files located at:
  /Users/hige.yy/.profile
  /Users/hige.yy/.bashrc
  /Users/hige.yy/.zshenv
You can uninstall at any time with rustup self uninstall and
these changes will be reverted.
Current installation options:
   default host triple: aarch64-apple-darwin
     default toolchain: stable (default)
               profile: default
  modify PATH variable: yes
1) Proceed with standard installation (default - just press enter)
2) Customize installation
3) Cancel installation
```

먼저 '이 명령어를 실행하면 러스트 공식 컴파일러와 패키지 매니저 카고가 설치된다'는 설명이 나옵니다.

다음은 rustup 관련 설명이 이어집니다.

rustup 홈 디렉터리의 기본값은 ~/.rustup이며 여기에 메타 데이터와 도구가 설치됩니다.

홈 디렉터리는 환경 변수 RUSTUP_HOME을 통해 변경할 수 있습니다.

rustup은 러스트 본체의 설치를 관리하는 도구입니다. rustup으로 러스트 업데이트와 안정 버전, 베타 버전, 개발 버전을 전환할 수 있습니다. 따라서 새로운 러스트가 출시되면 다음 명령어를 실행해 새로운 버전을 설치할 수 있습니다.

```
$ rustup update
```

일반적인 개발은 안정 버전으로 충분하지만 베타 버전이나 개발 버전에서 출시 전 최신 기능을 시험해 보려면 공식 가이드라인을 참조해 설치해 보기 바랍니다.

그다음에는 카고 관련 설명이 이어집니다.

- 카고 홈 디렉터리의 기본값은 ~/.cargo입니다.
- 홈 디렉터리는 환경 변수 CARGO_HOME에서 변경할 수 있습니다.
- cargo, rustup, rustc 등의 명령어는 ~/.cargo/bin에 설치됩니다.

카고는 러스트 빌드 시스템이자 패키지 관리자입니다. 러스트 코드를 컴퓨터에서 실행하는 데 필요하며 코드 빌드나 크레이트 의존 관계 해결 같은 다양한 작업을 처리합니다. rustc, clippy를 비롯한 다양한 도구도 기본적으로 카고를 통해 실행합니다.

마지막으로 출력 메시지 후반부는 경로 설정에 대한 설명입니다. 원래 설치된 도구를 실행하려면 설치된 위치를 포함한 전체 경로를 지정해야 합니다. 하지만 경로를 설정해 두면 전체 경로를 지정하지 않아도 명령어를 실행할 수 있습니다. 기본 설치를 선택하면 설치 프로그램이 알아서 처리하므로 크게 신경 쓰지 않아도 됩니다.

다음은 1번 기본 설정으로 설치할 때 출력되는 메시지입니다.

```
info: profile set to 'default'
info: default host triple is aarch64-apple-darwin
info: syncing channel updates for 'stable-aarch64-apple-darwin'
info: latest update on 2023-11-16, rust version 1.74.0 (79e9716c9 202311-13)
info: downloading component 'cargo'
info: downloading component 'clippy'
info: downloading component 'rust-docs'
 14.4 MiB / 14.4 MiB (100 %) 12.1 MiB/s in 1s ETA: 0s
info: downloading component 'rust-std'
 24.1 MiB / 24.1 MiB (100 %) 16.7 MiB/s in 1s ETA: 0s
info: downloading component 'rustc'
```

```
 54.6 MiB / 54.6 MiB (100 %) 26.4 MiB/s in 2s ETA: 0s
info: downloading component 'rustfmt'
info: installing component 'cargo'
info: installing component 'clippy'
info: installing component 'rust-docs'
 14.4 MiB / 14.4 MiB (100 %) 7.2 MiB/s in 1s ETA: 0s
info: installing component 'rust-std'
 24.1 MiB / 24.1 MiB (100 %) 21.1 MiB/s in 1s ETA: 0s
info: installing component 'rustc'
 54.6 MiB / 54.6 MiB (100 %) 23.7 MiB/s in 2s ETA: 0s
info: installing component 'rustfmt'
info: default toolchain set to 'stable-aarch64-apple-darwin'
stable-aarch64-apple-darwin installed - rustc 1.74.0 (79e9716c9 202311-13)
Rust is installed now. Great!
To get started you may need to restart your current shell.
This would reload your PATH environment variable to include
Cargo's bin directory ($HOME/.cargo/bin).
To configure your current shell, run:
source "$HOME/.cargo/env"
```

메시지에 등장하는 도구를 간단히 설명합니다. 이런 도구는 나중에 자세히 설명하겠습니다.

- Cargo(카고)

  러스트 빌드 도구, 패키지 매니저

- rustc

  러스트 컴파일러

- clippy

  정적 분석 도구(린터)로, 코드를 분석해 더 나은 작성법과 자주 하는 실수를 알려 주는 도구

- rustfmt

  러스트 코드를 권장 스타일에 맞게 자동으로 정리하는 도구

- rustdoc

  러스트 코드에 주석을 작성하면 HTML 문서로 정형화하는 도구

2.2 러스트로 프로그램 작성하기

그러면 러스트로 코드를 작성하고 실행해 봅시다.

2.2.1 코드를 작성하기 전에

코드를 작성하기 전에 먼저 에디터를 설치합니다. 메모장에 코드를 작성하는 용감한 분도 있지만 일반적으로는 Visual Studio Code(VS Code, 코드 에디터)와 같은 고급 에디터의 자동 완성 기능으로 코드를 작성하고는 합니다. 고급 에디터 중에서도 VS Code는 설정과 사용법이 간단하고 러스트에서 가장 많이 지원하는 에디터입니다. 여기서는 VS Code를 사용하므로 설치해 보기 바랍니다. 러스트 코딩에 유용한 설정은 2장 후반부에서 다룹니다.

공식 홈페이지[2]를 참고하면 간단히 설치할 수 있습니다. 설치된 VS Code를 실행하면 다음처럼 환영 페이지가 표시됩니다.

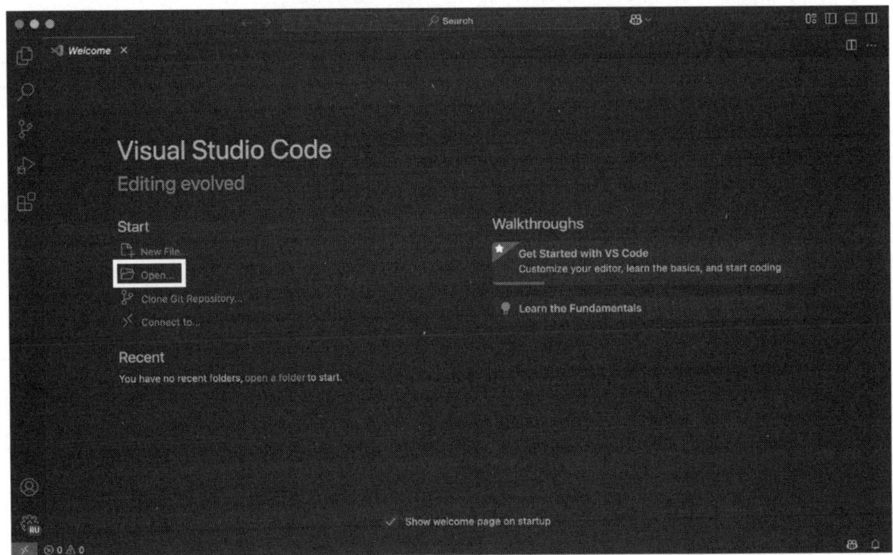

그림 2-1 VS Code 시작 화면

시작 화면이 열렸으면 이제 작업할 장소를 만들어 봅시다. 먼저 Start 항목 아래의 **Open...**을 클릭해 VS Code에서 작업할 폴더를 만듭니다. 폴더 위치는 어디든 상관없지만 여기서는 `~/projects`에 만들겠습니다(~는 사용자의 홈 디렉터리를 의미).

2 *https://code.visualstudio.com*

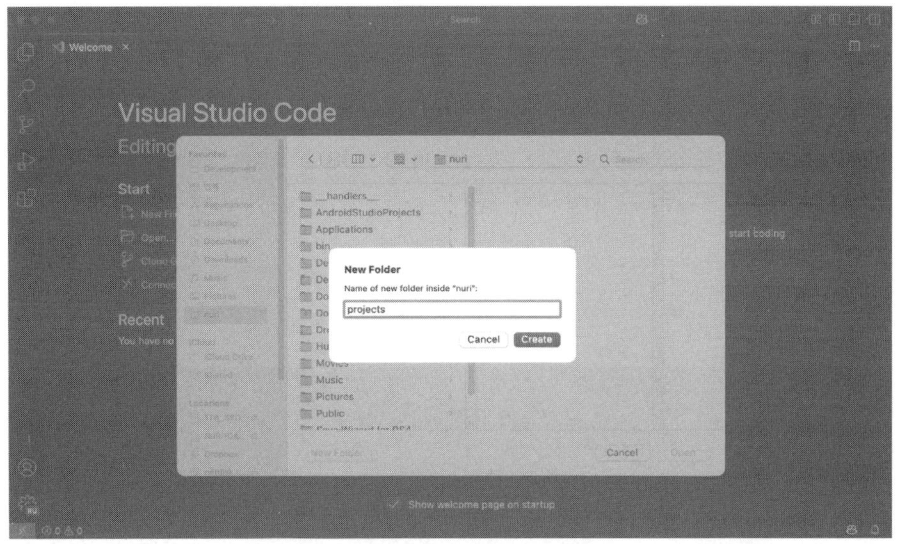

그림 2-2 작업할 폴더 생성

이렇게 새로운 폴더를 만들고 projects 폴더를 선택해 엽니다.[3]

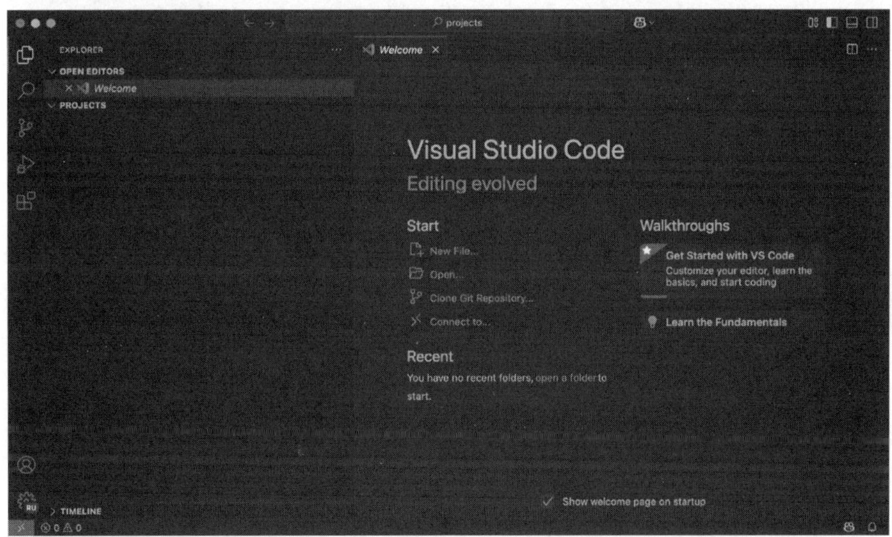

그림 2-3 워크스페이스 열기

이것으로 코드를 작성할 준비가 끝났습니다.

3 (옮긴이) 해당 폴더를 신뢰하는지 묻는 창이 표시되면 Yes를 선택합니다.

2.2.2 rustc 사용하기

새로운 프로그래밍 언어를 배울 때는 Hello, world!를 화면에 출력하는 작은 프로그램을 만들기 마련입니다. 이번에도 그렇습니다.

먼저 main.rs 파일을 만듭니다. 러스트 파일은 언제나 .rs 확장자를 사용합니다. 러스트에서는 명명 규칙에 따라 파일 이름에 두 단어 이상이 들어가면 hello world.rs나 hello-world.rs가 아니라 hello_world.rs처럼 _(언더스코어)를 사용해야 합니다.

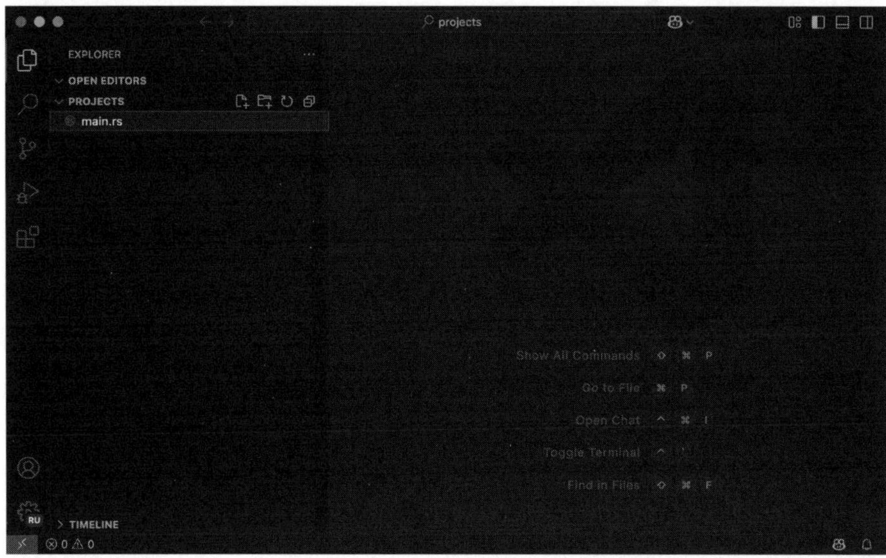

그림 2-4 main.rs 생성

main.rs 파일을 만들었으면 그 안에 다음과 같은 코드를 작성합니다. 내용은 아직 이해하지 못해도 괜찮습니다. fn main ... 부분은 일종의 주문이라고 생각하면 됩니다.

```
fn main() {
    println!("Hello, world!");
}
```

편집한 파일을 저장하고 터미널을 실행해 보겠습니다. 에디터 화면 상단의 돋보기 아이콘을 클릭하면 다음과 같이 표시됩니다.

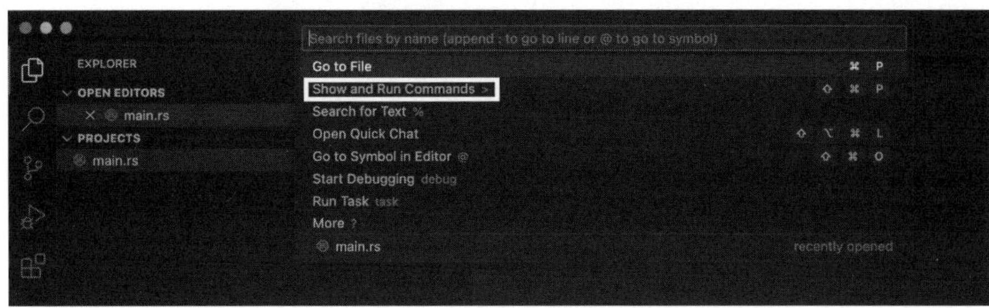

그림 2-5 명령어 검색 화면

Show and Run Commands를 선택하고 toggle terminal을 입력합니다. 다음 그림처럼 선택지가 표시되면 View: Toggle Terminal을 선택합니다.

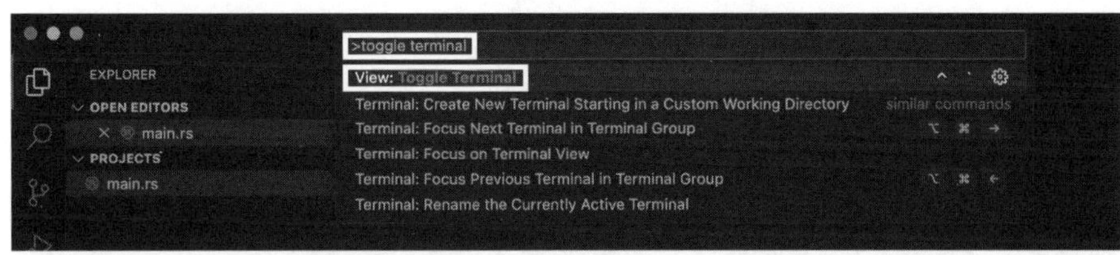

그림 2-6 터미널 표시 선택

그러면 화면 하단에 터미널이 표시됩니다. 기본 설정 상태에서는 단축키 ctrl+` 로 실행할 수도 있습니다.

그림 2-7 터미널 창이 열린 모습

터미널이 표시되면 작성한 코드를 실행해 봅시다. 터미널에서 다음 명령어를 실행합니다.

```
$ rustc ./main.rs
```

projects 디렉터리에 새로운 main 파일이 작성됩니다. 이 파일이 실행 파일이므로 다음 명령어를 실행해 봅시다.

```
$ ./main
```

Hello, world!가 출력됩니다. 이제 여러분도 러스터션(Rustacean, 러스트 애호가의 애칭)의 일원이 되었습니다.

그림 2-8 main 실행 결과

러스트는 프로그램을 실행하기 전에 rustc 명령어에 소스 파일을 전달해 컴파일러로 컴파일해야 합니다.

예제처럼 간단한 프로그램은 외부 라이브러리에 대한 의존이 없어서 rustc만으로도 충분했지만 더 복잡한 프로그램을 구현하려면 다양한 의존 라이브러리를 추가하게 될 것입니다. 이러한 의존 관계를 자동으로 해결하고 프로그램을 빌드하기 위해 카고를 사용합니다. 카고는 내부적으로 rustc를 사용해 프로그램을 컴파일합니다.

2.2.3 Cargo 사용하기

러스트를 사용하는 대부분의 사람은 카고로 프로젝트를 관리합니다. 이 책에서도 카고를 사용할 예정이므로 먼저 카고가 설치되어 있는지 확인해 봅시다. 다음 명령어를 실행한 후 버전 정보가 출력되면 설치된 것입니다.

```
$ cargo --version
```

2.2.4 cargo new로 신규 프로젝트 작성하기

이번에도 앞의 예제와 마찬가지로 Hello, world!를 출력하는 프로그램을 작성합니다.

먼저 카고를 사용하여 패키지 디렉터리를 만듭니다. 패키지는 어떤 기능을 제공하는 하나 이상의 크레이트(crate)를 의미하지만, 지금은 깊게 생각하지 않고 '어떤 기능을 제공하는 묶음을 패키지라고 하는구나' 정도로 이해해도 됩니다. 앞에서 작성한 ~/projects 디렉터리로 이동해 cargo new 명령어를 실행하면 패키지 디렉터리의 템플릿이 생성됩니다. Hello, world!를 출력하는 프로그램을 만들 것이므로 패키지명은 hello_world라고 지정했습니다.

```
$ cargo new hello_world
```

~/projects 아래에 hello_world 디렉터리가 만들어지고 다음과 같은 구조로 파일이 배치됩니다.

```
hello_world
├── Cargo.toml
└── src
    └── main.rs
```

Cargo.toml 파일은 TOML(Tom's Obvious Minimal Language) 형식으로 작성된 카고 설정 파일입니다. 이 파일에는 해당 패키지의 내용과 설정이 기록되어 있고 이 파일이 있어야 러스트 패키지임을 알 수 있습니다. 이번에 자동으로 생성된 Cargo.toml 파일은 다음과 같은 내용일 것입니다.[4]

```
[package]
name = "hello_world"
version = "0.1.0"
edition = "2024"
[dependencies]
```

필요에 따라 패키지 정보나 의존 관계 등을 추가하고 수정할 수 있지만 이번에는 기본값을 그대로 사용합니다.

다음으로 src/main.rs를 열어 봅니다. 앞에서 작성한 예제와 같은 코드가 생성되어 있습니다.

```
fn main() {
    println!("Hello, world!");
}
```

앞에서 작성한 프로그램과 카고로 생성한 프로젝트의 차이는 src 디렉터리에 main.rs가 있다는 점과 최상위 디렉터리에 Cargo.toml 파일이 있다는 점입니다.

2.2.4.1 카고로 실행하기

러스트는 실행하기 전에 컴파일해야 합니다. 이미 코드가 작성되어 있으므로 컴파일과 프로그램 실행을 할 수 있는 상태입니다. hello_world 디렉터리로 이동한 후 다음 명령어를 실행합니다.

```
$ cargo build
```

다음과 같이 빌드 결과가 출력됩니다.

4 (옮긴이) 설치한 버전에 따라 파일 내용은 조금 다를 수 있습니다.

```
   Compiling hello_world v0.1.0 (/Users/hige.yy/projects/hello_world)
    Finished `dev` profile [unoptimized + debuginfo] target(s) in 0.44s
```

빌드를 시작하면 컴파일이 실행되고 실행 파일은 target/debug/hello_world에 생성되므로 다음과 같이 프로그램을 실행할 수 있습니다.

```
$ target/debug/hello_world
Hello, world!
```

rustc로 프로그램을 생성했을 때와 똑같이 Hello, world!가 출력되었습니다.

cargo build를 실행하면 hello_world 디렉터리에 Cargo.lock 파일이 생성됩니다. 이 파일에는 프로젝트의 정확한 의존 관계가 기록되며 사용자가 직접 수정하지 않습니다. 이 내용은 카고가 자동으로 관리하므로 그대로 두면 됩니다.

앞에서는 빌드를 실행하고 실행 파일을 지정해 프로그램을 실행하는 순서로 작업했지만 cargo run으로 이런 절차를 한꺼번에 실행합니다.

```
$ cargo run
    Finished `dev` profile [unoptimized + debuginfo] target(s) in 0.03s
     Running `target/debug/hello_world`
Hello, world!
```

아까처럼 Hello, world!가 출력되었습니다.

방금 전에 cargo build를 실행했을 때와 다르게 Compiling... 부분이 출력되지 않음을 알 수 있습니다. 이는 이미 실행 파일이 생성되었고 카고가 코드에 변경 사항이 없다고 감지했기 때문에 컴파일을 다시 하지 않은 것입니다. 그러면 src/main.rs를 수정해 보겠습니다.

```
fn main() {
    println!("Hello, Rust!");
}
```

Hello, world!를 Hello, Rust!로 수정했습니다. 다시 cargo run을 실행하면 다음과 같이 출력됩니다.

```
$ cargo run
   Compiling hello_world v0.1.0 (/Users/hige.yy/projects/hello_world)
    Finished `dev` profile [unoptimized + debuginfo] target(s) in 0.49s
     Running `target/debug/hello_world`
Hello, Rust!
```

컴파일을 실행한다는 내용이 출력되면서 결과도 Hello, Rust!로 바뀌었습니다.

지금까지 cargo run과 cargo build로 컴파일할 때는 아무 옵션도 지정하지 않았는데, 그러면 개발용 설정으로 컴파일되므로 실행 파일이 최적화 없이 디버깅에 유용한 정보가 많이 포함된 채로 생성됩니다.

개발이 끝나고 배포할 때는 최적화를 적용한 설정으로 컴파일합니다. 다음처럼 --release 옵션을 지정하면 됩니다.

```
$ cargo build --release
   Compiling hello_world v0.1.0 (/Users/hige.yy/projects/hello_world)
    Finished `release` profile [optimized] target(s) in 0.58s
```

개발용 설정으로 컴파일하면 실행 파일은 target/debug에 생성되지만, 릴리스용 설정으로 컴파일하면 target/release에 생성됩니다.

릴리스용 실행 파일은 최적화가 이루어져서 개발용 설정을 사용했을 때보다 실행 속도가 빠릅니다.

2.2.4.2 rustfm과 clippy 사용하기

2.1절에서 러스트 개발에 사용하는 도구들이 설치된다고 설명했는데 카고로 이런 도구를 실행할 수 있습니다. 어떤 파일에 실행할지는 카고가 알아서 판단하므로 간단한 명령만으로 이 도구들을 사용할 수 있습니다.

먼저 clippy부터 시도해 봅시다. src/main.rs를 다음과 같이 수정합니다. Hello, Rust!를 출력한 후에 빈 줄을 출력한 다음 Hello, Cargo!를 출력합니다.

```
fn main() {
    println!("Hello, Rust!");
    print!("\n");
    println!("Hello, Cargo!");
}
```

일단 cargo run으로 실행해 봅시다.

```
$ cargo run
   Compiling hello_world v0.1.0 (/Users/hige.yy/projects/hello_world)
    Finished `dev` profile [unoptimized + debuginfo] target(s) in 0.42s
     Running `target/debug/hello_world`
Hello, Rust!
Hello, Cargo!
```

이번에는 코드를 수정했기 때문에 다시 컴파일이 실행되고 새로운 문자열이 출력되었습니다. `Hello, Rust!` 다음 줄은 빈 줄이고 `Hello, Cargo!`가 출력됩니다. 이제 `clippy`를 실행해 봅시다.

```
$ cargo clippy
```

다음과 같은 내용이 출력됩니다.

```
    Checking hello_world v0.1.0 (/Users/hige.yy/projects/hello_world)
warning: using `print!()` with a format string that ends in a single newline
 --> src/main.rs:3:5
  |
3 |     print!("\n");
  |     ^^^^^^^^^^^^
  |
  = help: for further information visit https://rust-lang.github.io/
rust-clippy/master/index.html#print_with_newline
  = note: `#[warn(clippy::print_with_newline)]` on by default
help: use `println!` instead
  |
3 -     print!("\n");
3 +     println!();
  |
warning: `hello_world` (bin "hello_world") generated 1 warning (run `cargo
clippy --fix --bin "hello_world"` to apply 1 suggestion)
    Finished `dev` profile [unoptimized + debuginfo] target(s) in 0.32s
```

`clippy`가 경고를 출력하는 것을 확인했습니다.

`print!("\n");` 대신에 `println!();`을 사용하라는 내용입니다. 다음 명령어를 실행하면 `clippy`가 추천한 작성 방식으로 자동 수정됩니다.

```
$ cargo clippy --fix --allow-dirty
```

실행했으면 src/main./rs를 확인해 봅시다. clippy가 추천한 코드 작성 방식으로 수정되었습니다.

```
fn main() {
    println!("Hello, Rust!");
    println!();
    println!("Hello, Cargo!");
}
```

이번에는 rustfmt를 사용해 봅시다. src/main.rs를 열어서 다음처럼 중간에 빈 줄을 하나 추가하고 들여쓰기를 수정합니다.

```
fn main() {
   println!("Hello, Rust!");
    println!();
    println!("Hello, Cargo!");
}
```

rustfmt는 다음 명령어로 실행할 수 있습니다.

```
$ cargo fmt
```

실행했으면 src/main.rs를 확인합니다. 추가했던 빈 줄이 사라지고 들여쓰기도 재정렬됩니다.

```
fn main() {
    println!("Hello, Rust!");
    println!();
    println!("Hello, Cargo!");
}
```

2.2.5 프로그램 작성하기 요약

- rustc 명령어를 사용해 컴파일할 수 있습니다.
- cargo new 명령어로 패키지를 작성할 수 있습니다.

- `cargo build` 명령어로 빌드할 수 있습니다.
- `cargo run` 명령어로 프로그램을 실행할 수 있습니다.

2.3 개발 환경 만들기

2.1절과 2.2절에서 러스트로 프로그램을 작성하는 방법을 배웠습니다. 지금부터 좀 더 편리한 러스트 사용 환경을 만들어 봅시다.

2.3.1 VS Code를 더 편리하게 사용하기

2.3.1.1 rust-analyzer 사용하기

VS Code는 확장 기능을 지원하므로 다양한 기능을 추가할 수 있습니다. rust-analyzer를 설치하면 입력 완성, 문법 실수 확인 등을 자동으로 실행합니다.

에디터 왼쪽에 표시된 아이콘에서 **Extensions**를 선택하고 검색창에 **rust-analyzer**를 입력합니다. rust-analyzer 확장 기능이 표시되면 **Install** 버튼을 눌러서 설치합니다. 추가가 끝나면 다시 `src/main.rs`를 열어 봅시다.

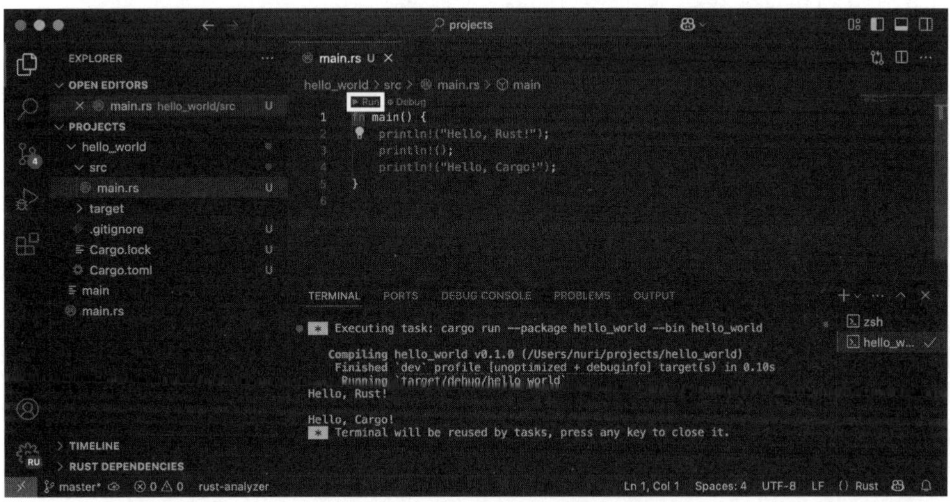

그림 2-9 rust-analyzer를 설치한 에디터 화면

`fn main() {` 위에 Run | Debug 메뉴가 작게 표시되어 있습니다. Run을 클릭하면 다음처럼 `main` 함수가 실행됩니다. 이것도 rust-analyzer 기능 중 하나입니다. rust-analyzer를 사용하면 프로그램을 실행하거나 문법과 데이터 타입을 자동으로

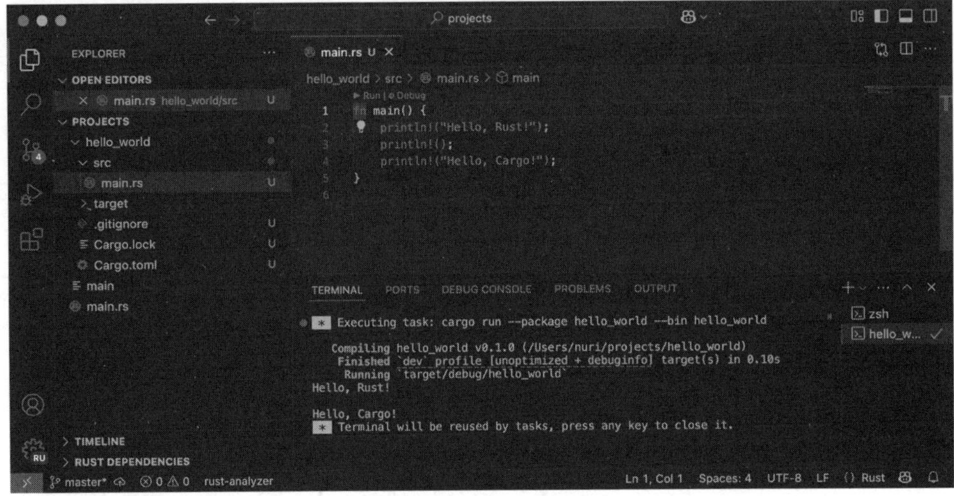

그림 2-10 Run 메뉴로 함수 실행하기

확인해 주기 때문에 러스트로 편하게 프로그래밍할 수 있습니다.

2.3.1.2 rustfmt, clippy 설정하기

rustfmt와 clippy가 자동으로 적용되도록 설정해 봅시다.

먼저 설정을 저장할 .vscode/settings.json 파일을 만듭니다. 그리고 파일 내용을 다음과 같이 작성합니다. 이 설정은 러스트 코드를 작성할 때 파일을 저장하면 자동으로 포매팅하며 포매터로 rust-analyzer를 사용하도록 지정합니다.

```
{
    "[rust]": {
    "editor.defaultFormatter": "rust-lang.rust-analyzer",
    "editor.formatOnSave": true
    }
}
```

설정 파일을 저장한 후에 main.rs에 불필요한 빈 줄을 추가하고 저장해 보면 추가한 빈 줄이 사라지는 것을 볼 수 있습니다.[5] 이렇게 저장할 때 자동으로 포매터를 적용하면 에디터 가로 너비를 넘어가는 긴 줄이 있을 때 적절한 길이로 자동으로 줄바꿈하거나 연속된 빈 줄을 하나로 합치는 등 여러 사람이 코드를 편집하더라도

5 (옮긴이) 잘 안 된다면 명령어 팔레트(Cmd 또는 Ctrl + Shift + p 키)를 열고 'Open Workspace Settings (JSON)' 메뉴를 선택해 설정 파일을 다시 작성해 보기 바랍니다.

자동으로 코드 스타일의 일관성을 유지할 수 있습니다.

이제 clippy가 자동으로 실행되도록 설정을 바꿔 보겠습니다. 기본 설정에서는 파일을 저장할 때 cargo check 명령어가 자동으로 실행되어 컴파일할 수 있는지 확인합니다. 저장할 때 실행되는 명령어를 clippy로 바꾸면 러스트에서 권장하는 작성 방식까지 함께 알려 줍니다.

작성한 .vscode/settings.json을 다음처럼 수정합니다. 파일을 저장할 때 check를 실행하고 check를 실행할 때 clippy를 실행하도록 설정했습니다.

```
{
    "[rust]": {
        "editor.defaultFormatter": "rust-lang.rust-analyzer",
        "editor.formatOnSave": true,
    },
    "rust-analyzer.checkOnSave": true,
    "rust-analyzer.check.command": "clippy",
}
```

설정 파일을 저장하고 clippy 작동을 확인하기 위해 다시 src/main.rs를 열어서 앞에서 했던 것처럼 print!("\n");으로 코드를 수정해 봅시다. 파일을 저장하면 다음과 같이 clippy가 물결 표시로 수정해야 할 사항을 알려 줍니다. 코드에 마우스 커서를 올리면 상세 정보가 표시됩니다.

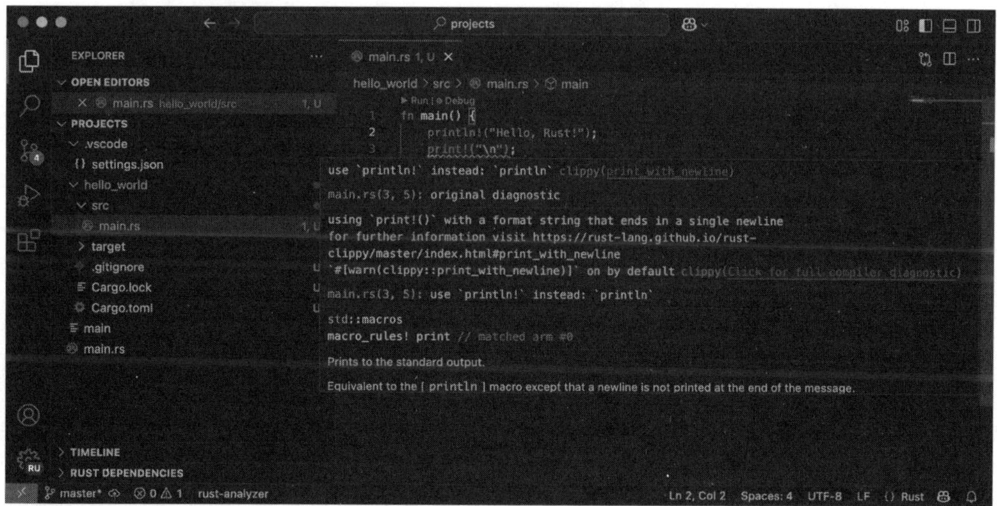

그림 2-11 clippy 실행 결과

정리

앞으로 여러분은 코드를 많이 작성하면서 러스트를 계속 배우게 됩니다. 러스트를 막 쓰기 시작했을 때는 '어떻게 코드를 작성하지? 어떻게 써야 컴파일이 될까?' 궁금하기도 하고 새로운 도전을 할 때마다 어려움을 겪을 수도 있습니다. 지금 소개한 개발 환경을 사용하면 문법 오류나 바람직하지 않은 작성법을 바로 알려주므로 이를 참고해 코드를 작성하다 보면 점점 러스트에 익숙해질 수 있습니다.

처음에는 영어 메시지가 많이 나와서 당황스러울 수 있지만 점점 그 내용도 이해할 수 있게 됩니다. 친절한 컴파일러와 `clippy`를 활용하며 함께 러스트를 배워 봅시다!

3장

R u s t P r o g r a m m i n g

인터랙티브 프로그램 만들기 [계산 퀴즈]

앞 장에서 Hello, world!를 출력하는 프로그램을 러스트로 작성하고 실행해 보았습니다. 이 프로그램은 println!에 작성한 내용이 터미널에 그대로 출력되므로 지금 상태라면 Hello, world!만 출력하는 프로그램입니다.

Hello, world!는 실제 실행 환경에서 프로그램이 올바로 작동하는지 확인하기 위한 프로그램입니다. 하지만 사람이 실제로 사용하는 애플리케이션에서는 사용자 입력에 따라 다른 처리를 하거나 프로그램을 종료하는 등 프로그램과 직접 상호 작용할 수 있어야 합니다.

이 장에서는 계산 퀴즈 프로그램을 만들면서 프로그래밍의 기초 개념과 입출력을 다루는 방법을 설명합니다.

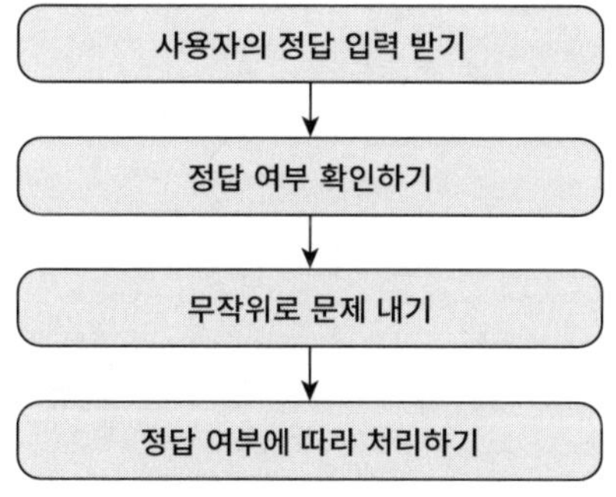

그림 3-0 계산 퀴즈를 만드는 과정

3.1 애플리케이션 사양

다음은 이 장에서 작성할 프로그램의 사양입니다.

- 두 자릿수의 덧셈/뺄셈 퀴즈를 출제하고 사용자는 결과를 입력합니다.
  - 모든 값은 정수입니다.
  - 오답이라면 정답을 맞힐 때까지 같은 형식의 문제를 출제합니다.
- 문제마다 정답 여부를 표시합니다.
- 정답을 3개 맞히면 종료합니다.

3.1.1 실행 예

```
$ cargo run
61 + 59 = ??
??의 값을 입력하세요:
3
오답!
4 + 87 = ??
??의 값을 입력하세요:
91
정답!
21 - 87 = ??
??의 값을 입력하세요:
-66
정답!
52 - 43 = ??
??의 값을 입력하세요:
9
정답!
성공!
```

3.2 준비 작업

계산 퀴즈 프로그램을 작성하기 전에 프로그램 작성에 필요한 기초 개념을 설명합니다.

3.2.1 코드 안 주석

소스 코드에는 실제 프로그래밍 언어 처리에 필요한 명령 외에도 처리에 영향을 주지 않는 설명문인 **주석**(comment)을 작성할 수 있습니다. 러스트는 두 가지 방식으로 주석을 작성할 수 있습니다.

```
// 슬래시 2개로 시작하는 줄은 프로그램에서 무시됩니다.
println!("Hello, world!");  // 어떤 처리 뒤에 슬래시 2개가 있으면
                            // 슬래시부터 해당 줄 끝까지 작성된 주석은 무시됩니다.
/*
주석을 여러 줄로 작성하려면
/* ~ */로 감쌉니다.
*/
```

이 책의 예제 코드에서도 이와 같은 방식으로 주석을 덧붙입니다.

3.2.2 값과 데이터 타입

프로그램은 다양한 데이터를 다룹니다. 프로그램에서 처리할 데이터를 **값**(value)이라고 부릅니다.

데이터는 메모리에서 0과 1의 나열(비트열)로 표현되며 0 또는 1의 값을 다루는 최소 단위가 비트(bit)입니다. 우리가 평소에 사용하는 0~9 숫자 표현법을 10진수라고 하고 0과 1로 이루어진 숫자 표현법을 2진수라고 합니다. 그런데 모든 숫자를 2진수로 표현하면 자릿수가 길어져서 다루기 어려워집니다. 그래서 컴퓨터에서는 8비트를 하나로 묶은 바이트(byte) 단위로 데이터를 다룹니다.

컴퓨터가 프로그램을 처리할 때는 숫자뿐만 아니라 다양한 종류의 데이터를 바이트 나열로 다룹니다. 알파벳 a는 1바이트 문자열 10100001입니다.

하지만 사람이 0과 1로 이루어진 데이터를 직접 다루는 건 현실적으로 불가능합니다. 또한 다양한 데이터를 비트열로 다룬다고 해도 데이터 종류에 따라 실행할 수 있는 작업이 다르기 때문에 프로그램에서는 데이터 종류도 관리하고자 합니다. 이런 데이터 종류를 데이터 타입이라고 하며 대표적으로 정수 타입과 문자열 타입 등이 있습니다.

러스트를 비롯한 프로그래밍 언어에는 데이터를 표현하는 형식인 **리터럴**(literal)이 있습니다. 데이터 타입에 따라 숫자 리터럴, 문자 리터럴 등이 있으며 다음은 모두 다른 데이터 타입을 나타냅니다.

```
1       // 정수 타입
1.0     // 부동소수점 타입
```

```
'1'      // 문자 타입
"1"      // 문자열 타입
```

값에는 리터럴 외에도 뒤에서 설명할 식을 평가한 결과가 들어가기도 합니다.

다음 표는 대표적인 데이터 타입입니다.

표 3-1 데이터 타입

	타입	값 예시	설명
정수 타입 (integer)	i32	• 1 • -2 • 4_i32	음의 정수(signed integer)를 포함합니다. 이외에도 i8, i16, i64, isize 등 메모리 크기에 따라 다양한 종류가 있습니다.
	u32	• 1 • 4_u16	0 이외의 정수(unsigned integer)를 포함하며 이외에도 u8, u16, u64, usize 등 메모리 크기에 따라 다양한 종류가 있습니다.
부동소수점 타입 (float)	f32	• 1.2 • 0.48_f32	1배수 정밀도 f32와 배정밀도 f64(double)가 있습니다.
문자 타입 (character)	char	• 'a' • '0'	리터럴은 작은 따옴표(')로 둘러쌉니다.
불리언 타입 (boolean)	bool	• true • false	참(true)과 거짓(false)을 뜻하는 2개뿐입니다.

이외에도 다양한 데이터 타입이 있지만 열거형 타입(enum)과 구조체(struct)는 4장에서, Option 타입은 이 장의 끝에서 설명합니다. 지금은 계산 퀴즈 문제와 답에서 사용하는 문자열 타입을 살펴봅시다.

표에 있는 char는 한 문자를 표현하는 데이터 타입입니다. 문자열을 나타내는 리터럴은 작은 따옴표(')로 삼싸야 합니다. 러스트는 char 타입과 문자열을 나타내는 문자열 타입을 구별합니다. 문자열 리터럴은 큰 따옴표(")로 감싸서 표현합니다.

```
let char_a = 'a';  // char 타입
let str_a = "a";   // &str 타입
let string_b = "b".to_string();  // String 타입
let b_a = string_b + str_a;      // String 타입
println!("{}", b_a);             // => "ba"
```

러스트에서 문자열을 나타내는 데이터 타입은 몇 가지가 있는데 그중에서 &str 타입과 String 타입이 자주 등장합니다. 두 타입의 차이점은 5장에서 자세히 설명하므로 지금은 문자열을 나타내는 타입이 몇 가지 있다고만 기억해 두어도 충분합니다.

3.2.3 변수

값은 `let` 키워드를 사용해 `let 변수명 = 값;` 형태로 작성합니다. 좌변의 식별자를 변수명으로 선언하고 우변의 값을 바인딩(연결)합니다. 다음 예제에서는 one이 변수명이 됩니다. 이렇게 선언하면 앞으로 이 변수명으로 값을 참조할 수 있습니다.

`dbg!(변수명);`은 프로그램을 실행할 때 변숫값을 출력합니다.

실제 업무에서 작성하는 최종 코드에서는 사용하지 않는 방법이지만 개발 도중 값을 확인할 때 편리합니다. 여기서는 짧은 예제 코드에서 관심 있는 변숫값을 확인할 때 사용합니다.

다음 예에서는 세 번째 줄에서 변수 one의 값이 1인지 확인합니다.

```
let one = 1;
dbg!(one);  // => 1
```

변수 선언과 값의 바인딩 시점을 다음과 같이 구분할 수 있습니다. 다음 예에서도 dbg 시점에는 one 값이 1입니다.

```
let one;
one = 1;
dbg!(one);  // => 1
```

변수는 선언할 때 메모리에 영역을 확보하여 호출할 수 있게 됩니다. 변수를 호출할 수 있는 기간은 정해져 있으며 이를 **변수 스코프**(variable scope)라고 부릅니다. 변수 스코프는 변수가 `let` 키워드로 선언된 블록({ }로 감싼 스코프)을 빠져나올 때까지입니다.

따라서 다음 예에서 두 곳의 변수 참조 결과는 달라집니다.

```
fn main() {
    {
        let one = 1;
        dbg!(one);  // => 1
    }               // 여기서 변수 one의 스코프가 끝남
    dbg!(one);      // => 오류가 발생해 컴파일 실패
                    // cannot find value `one` in this scope
}
```

이 예제는 단순한 블록({ })을 사용했지만 그 외에도 이 장에서 소개하는 제어 구문과 5장에서 설명할 함수 등 블록을 포함하는 다양한 구문이 있습니다. 블록({ })을 코드에서 발견하면 변수 스코프를 함께 고려해야 합니다.

3.2.4 표현식과 구문

변수 선언과 바인딩은 모두 **문장**(statement)입니다. 문장은 결과를 반환하지 않는 처리 단위입니다.

문장과는 반대로 평가한 결과를 반환하는 처리 단위를 **표현식**(expression)이라고 합니다. 예를 들어 `1 + 2`, `1`, `"hello World"`는 표현식입니다.

다음과 같은 코드로 변수를 정의하면 변수 `six`는 우변의 표현식(`three * 2`) 계산 결과인 `6`에 바인딩됩니다.

```
let three = 1 + 2;
let six = three * 2;
dbg!(three);  // => 3
dbg!(six);    // => 6
```

이 예제는 수식이 `1 + (2 * 2)`가 아니라 `(1 + 2) * 2` 순서로 평가되며, 표현식 `three * 2` 중에서도 부분 표현식 `three(1 + 2)`가 먼저 평가됩니다. 연산자(예제의 `+`와 `*`) 종류는 산술 연산자나 조건 연산자 이외에도 많으므로 공식 문서[1]를 참고하기 바랍니다.

러스트의 대다수 제어 구문은 평가할 때 최종적으로 값을 반환하므로 표현식 지향 언어라고 부릅니다. 앞으로 다양한 제어 구문이 등장할 텐데 각 구문이 최종적으로 어떤 값을 반환할지 떠올리면서 코드를 읽으면 좋습니다.

3.2.5 불변성과 가변성

러스트에서는 변수가 기본적으로 **불변**으로 설정되어 있으며 같은 변수에 다시 값을 대입할 수 없습니다.

```
let one = 1;
one = one * 2;  // 다시 대입할 수 없음
```

1 *https://doc.rust-lang.org/reference/expressions/operator-expr.html*

```
// 다음과 같이 컴파일 오류가 발생
cannot mutate immutable variable `one` rust-analyzer(E0384)
```

다음처럼 같은 이름의 변수를 다시 정의할 수는 있습니다. 이를 **섀도잉**(shadowing)이라고 합니다.

```
let one = 1;
let one = "1";
```

섀도잉된 변수는 섀도잉 이전의 변수와는 전혀 관계가 없는 완전히 다른 변수입니다. 따라서 이 예제에서 정수 타입을 문자열 타입으로 바꾸는 것처럼 이전과 다른 타입의 값으로도 바인딩할 수 있습니다. 섀도잉 후에는 섀도잉 이전의 값에 접근할 수 없게 됩니다.

변수가 상태를 갖지 않는(=불변) 편이 코드를 작성하는 사람이든, 코드를 처리하는 입장이든 더 단순하게 다룰 수 있습니다. 그래서 러스트의 변수는 기본적으로 불변 변수로 정의되지만 `mut` 키워드를 붙이면 가변 변수로 만들 수 있습니다.

```
let mut one = 1;
one = one * 2;
dbg!(one);  // => 1이 아니라 2가 됨
```

3장에서 만드는 애플리케이션에서는 퀴즈 정답 개수 상태 관리와 사용자 입력 저장에 가변 변수를 사용합니다.

3.3 퀴즈 정답 판정하기

3.3.1 프로젝트 작성

2장에서 러스트 개발 환경을 구축했으니 터미널을 열고 `cargo` 명령어로 프로젝트를 만들어 봅시다.

```
$ cargo new arithmetic-operations-quiz
```

명령어를 실행하면 다음과 같은 프로젝트용 디렉터리와 파일이 생성됩니다.

```
$ tree arithmetic-operations-quiz
arithmetic-operations-quiz
├── Cargo.toml
├── src
│   └── main.rs
```

다음 명령어로 프로젝트 디렉터리로 이동합니다.

```
$ cd arithmetic-operations-quiz
```

다음 명령어를 실행해 프로젝트 작성에 문제가 없는지 확인합니다.

```
$ cargo run
Hello, world!
```

여기까지는 2장에서 다뤘던 내용입니다.

3.3.2 사용자 입력 받기

2장에서 Hello, world!를 출력할 때처럼 문제를 터미널에 출력하고 표시하려면 println!() 매크로를 사용합니다. 매크로의 자세한 설명은 다음 장에서 설명하는 함수와 트레이트(trait) 등 고급 지식이 필요하므로 이 책에서는 깊이 다루지 않습니다. 지금은 예제 코드처럼 작성하면 실행한 터미널에서 문자열과 변수를 출력할 수 있는 편리한 도구라고만 생각해도 됩니다.

```
fn main() {
    println!("1 + 1 = ??");
    println!("??의 값을 입력하세요:");
    let mut ans_input = String::new();  // 사용자의 답을 저장하는 변수
    // 표준 입력으로 한 줄을 받아서 ans_input에 대입
    std::io::stdin().read_line(&mut ans_input).unwrap();
    dbg!(ans_input);  // => 키보드로 입력한 값 확인
}
```

이 예제처럼 arthmetic-operations-quiz/src/main.rs 파일을 수정하고 2장에서 배운 대로 VS Code에서 Run으로 실행하면 다음과 같이 출력되면서 프로그램이 멈춘 것처럼 보입니다.

```
Executing task: cargo run --package arithmetic-operations-quiz --bin
arithmetic-operations-quiz

    Finished `dev` profile [unoptimized + debuginfo] target(s) in 0.00s
     Running `target/debug/arithmetic-operations-quiz`
1 + 1 = ??
??의 값을 입력하세요:
// <= 커서가 여기에 표시됨
```

이는 `std::io::stdin().read_line(&mut ans_input).unwrap();`가 실행되어 사용자 입력을 대기하는 상태입니다. 터미널에서 커서 위치로 이동해 3을 입력하고 Enter 를 누르면 다음과 같이 출력됩니다.

```
1 + 1 = ??
??의 값을 입력하세요:
3
[chapter3/a/src/main.rs:7:5] ans_input = "3\n"
```

이제 프로그램에서 사용자의 키보드 입력을 받을 수 있습니다.

일반적인 프로그램은 '입력 → 처리 → 출력'으로 구성됩니다. 입력과 출력이 없는 경우도 있고 특정 파일을 사용하기도 합니다. 예시처럼 별도로 지정하지 않으면 입력은 터미널을 통한 키보드 입력이 되는데, 이를 **표준 입력**이라고 부릅니다. 마찬가지로 문제(??의 값을 입력하세요:)가 표시되는 부분은 **표준 출력**입니다.

`println!`은 표준 출력으로 값을 출력하는 매크로입니다. 출력에는 표준으로 제공되는 두 가지 경로가 있는데 표준 출력 외에 **표준 오류 출력**이 있습니다. `dbg!` 출력이 표준 오류 출력이며 터미널에서는 표준 출력과 표준 오류 출력이 함께 표시됩니다.

☑ 하고 싶은 일이 생기면?

러스트는 공식 문서를 비롯해 개발자와 사용자 커뮤니티가 활발합니다.

구글에서 'standard input site:*https://doc.rust-lang.org*'를 검색하면 한 줄짜리 키보드 입력을 받는 예제 코드가 실린 `stdin` 함수 관련 페이지를 찾을 수 있습니다.

- `stdin` 관련 홈페이지: *https://doc.rust-lang.org/std/io/fn.stdin.html*

이 책을 보면서 굵은 글씨의 키워드를 기억해 두면 무언가 해 보고 싶을 때 자연스럽게 검색 키워드가 떠오를 것입니다.

해 보고 싶은 것이 생기면 우선 다음 사이트를 중심으로 검색해 보기 바랍니다.

- 러스트 공식 문서: *https://doc.rust-lang.org/*
- 러스트 공식 문서 한국어 번역 홈페이지: *https://doc.rust-kr.org/*

3.3.3 덧셈 문제 만들기: if 문

지금까지 사용자에게 퀴즈 답변을 받는 방법을 배웠습니다. 이 절에서는 사용자가 퀴즈 정답을 맞히면 '정답!', 틀리면 '오답!'이라고 정답 판정을 해 봅시다.

조건에 따라 처리를 분기하는 제어 흐름으로 `if` 문을 사용합니다. `if` 문 형식은 다음과 같습니다.

```
if 조건식 {
    // 조건식이 true일 때의 코드
} else {
    // 조건식이 false일 때의 코드
}
```

조건식은 `bool` 타입이어야 합니다. `bool`은 `true`와 `false`로만 이루어진 타입입니다.

앞에서 작성한 예제 코드에서는 문제가 `1 + 1`이므로 이 값이 변수 `ans_input`과 같은지 비교하기 위해 `==` 연산자를 사용했습니다. 하지만 ``can't compare `String` with `{integer}` `` 오류가 발생합니다.

```
let mut ans_input = String::new();
std::io::stdin().read_line(&mut ans_input).unwrap();
if ans_input == 1 + 1 {  // 오류 발생
    println!("정답!");
} else {
    println!("오답!");
}
```

`String`(문자열) 타입인 `ans_input`과 `integer`(정수) 타입을 비교하려고 한다는 오류입니다. `ans_input` 값은 `ans_input = "3\n"`으로, 문자 3과 `\n`(개행 문자)이 붙어 있어 한 줄 전체가 `ans_input`에 문자열로 입력되어 있습니다.

사용자 입력을 정수로 다루도록 다음과 같이 수정합니다.

```
fn main() {
    println!("1 + 1 = ??");
    println!("??의 값을 입력하세요:");

    // 사용자가 입력한 내용을 저장하는 변수
    let mut ans_input = String::new();

    // 표준 입력에서 한 줄을 받아서 ans_input에 대입
    std::io::stdin().read_line(&mut ans_input).unwrap();

    // ans_input을 trim()으로 줄바꿈을 제거하고 parse()로 정수(u32) 타입으로 변환
    let ans_input = ans_input.trim().parse::<u32>().unwrap();

    dbg!(ans_input);  // => cargo run으로 입력한 값 확인 가능
    if dbg!(ans_input == 1 + 1) {
        println!("정답!");
    } else {
        println!("오답!");
    }
}
```

if 문의 조건식 부분도 dbg!를 사용해 조건식이 어떻게 평가되었는지 출력으로 확인할 수 있습니다.

정답과 오답에 따라 어떻게 처리되는지 입력값을 바꿔 보면서 실행해 봅시다.

```
1 + 1 = ??
??의 값을 입력하세요:
2
[chapter3/arithmetic-operations-quiz/src/main.rs:14:5] ans_input = 2
[chapter3/arithmetic-operations-quiz/src/main.rs:16:8] ans_input == 1 + 1 =
true
정답!
1 + 1 = ??
??의 값을 입력하세요:
11
[chapter3/arithmetic-operations-quiz/src/main.rs:14:5] ans_input = 11
[chapter3/arithmetic-operations-quiz/src/main.rs:16:8] ans_input == 1 + 1 =
false
오답!
```

이제 1 + 1 문제에 대한 사용자 답변이 정답 여부에 따라 처리되는 것을 확인했습니다.

3.3.4 뺄셈 문제 만들기: unsigned/signed

이번에는 덧셈 문제뿐만 아니라 뺄셈 문제도 처리할 수 있도록 만들어 봅시다. 덧셈 코드 부분을 그대로 복사해 문제와 정답 판정 부분의 덧셈을 뺄셈으로 바꾸면 될 것 같습니다('여기를 수정' 주석 참고).

```
fn main() {
    println!("1 + 1 = ??");
    println!("??의 값을 입력하세요:");
    let mut ans_input = String::new();
    std::io::stdin().read_line(&mut ans_input).unwrap();
    let ans_input = ans_input.trim().parse::<u32>().unwrap();
    dbg!(ans_input);
    if dbg!(ans_input == 1 + 1) {
        println!("정답!");
    } else {
        println!("오답!");
    }
    println!("1 - 4 = ??");  // 여기를 수정
    println!("??의 값을 입력하세요:");
    let mut ans_input = String::new();
    std::io::stdin().read_line(&mut ans_input).unwrap();
    let ans_input = ans_input.trim().parse::<u32>().unwrap();
    dbg!(ans_input);
    if dbg!(ans_input == 1 - 4) {  // 여기를 수정
        println!("정답!");
    } else {
        println!("오답!");
    }
}
```

실행하면 다음과 같이 터미널에 오류가 출력됩니다.

```
error: this arithmetic operation will overflow
   |
19 |     if dbg!(ans_input == 1 - 4) {
   |                          ^^^^^ attempt to compute `1_u32 - 4_u32`,
which would overflow
```

오류 메시지를 잘 읽어 봅시다. 계산하면 오버플로(overflow)가 발생한다는 뜻입니다.

정수 타입은 앞에서 설명한 메모리 영역을 얼마나 사용하느냐(8, 16, 32, 64비트)와 비트열로 음수를 표현할 수 있느냐에 따라 다음 표처럼 패턴이 나뉩니다.

표 3-2 정수 타입

크기	부호 있음	부호 없음
8비트	i8	u8
16비트	i16	u16
32비트	i32	u32
64비트	i64	u64
아키텍처 의존	isize	usize

방금 전에 발생한 오류는 사용자가 입력한 값을 u32, 즉 양의 정수만 받는 unsigned (부호 없음) 정수로 가정했지만 1_u32 - 4_u32처럼 계산 결과가 음수가 되어 발생한 것입니다.

이 애플리케이션의 사양을 보면 양수뿐만 아니라 음수도 다룰 수 있어야 하므로 데이터 타입을 u32에서 i32로 바꿉니다.

```
fn main() {
    println!("1 + 1 = ??");
    println!("??의 값을 입력하세요:");
    let mut ans_input = String::new();  // 사용자 입력을 저장하는 변수
    std::io::stdin().read_line(&mut ans_input).unwrap();
    let ans_input = ans_input.trim().parse::<i32>().unwrap();  // 여기를 수정
    dbg!(ans_input);
    if dbg!(ans_input == 1 + 1) {
        println!("정답!");
    } else {
        println!("오답!");
    }
    println!("1 - 4 = ??");
    println!("??의 값을 입력하세요:");
    let mut ans_input = String::new();  // 사용자 입력을 저장하는 변수
    std::io::stdin().read_line(&mut ans_input).unwrap();
    let ans_input = ans_input.trim().parse::<i32>().unwrap();  // 여기를 수정
    dbg!(ans_input);
    if dbg!(ans_input == 1 - 4) {
        println!("정답!");
    } else {
        println!("오답!");
    }
    println!("i32 데이터 범위: {} ~ {}", i32::MIN, i32::MAX);
    println!("u32 데이터 범위: {} ~ {}", u32::MIN, u32::MAX);
}
```

코드를 수정하면 다음 결과처럼 각각의 정수 타입이 다루는 데이터 범위를 u32::MAX, u32:MIN 등으로 확인할 수 있습니다.

```
1 + 1 = ??
??의 값을 입력하세요:
2
[chapter3/arithmetic-operations-quiz/src/main.rs:7:5] ans_input = 2
[chapter3/arithmetic-operations-quiz/src/main.rs:8:8] ans_input == 1 + 1 =
true
정답!
1 - 4 = ??
??의 값을 입력하세요:
-3
[chapter3/arithmetic-operations-quiz/src/main.rs:18:5] ans_input = -3
[chapter3/arithmetic-operations-quiz/src/main.rs:19:8] ans_input == 1 - 4 =
true
정답!
i32 데이터 범위: -2147483648 ~ 2147483647
u32 데이터 범위: 0 ~ 4294967295
```

☑ 또 다른 오버플로

음수와 양수 경계에서 오버플로가 발생했지만 그 외에도 숫자 연산에서 오버플로가 발생하기도 합니다.

러스트는 오버플로가 발생하면 어떻게 처리할지 개발자가 선택할 수 있도록 여러 메서드를 제공합니다. 이 장에서는 작성한 프로그램을 실제로 실행해 보는 데 중점을 두어 오버플로 대응법 같은 자세한 부분은 생략했지만, 어떤 상황에 오버플로가 발생하고 오버플로가 발생했을 때 어떻게 처리해야 하는지 꼭 한번 생각해 보기 바랍니다.

참고: *https://doc.rust-lang.org/book/ch03-02-data-types.html#integer-overflow*

3.3.5 무작위 문제 생성하기

이제 덧셈과 뺄셈에서 음과 양의 정수를 모두 다룰 수 있게 되었습니다. 하지만 언제나 같은 문제가 출제된다면 의미가 없으므로 실행할 때마다 문제를 무작위로 바꿔 봅시다.

난수 생성에는 rand 크레이트를 사용합니다. 크레이트는 7장에서 자세히 설명하겠습니다. 지금은 고성능 라이브러리를 간단히 사용할 수 있다는 점만 경험해 봅시다.

프로젝트에서 사용할 크레이트를 추가하려면 cargo add 명령어를 사용합니다.

```
$ cargo add rand
```

이 명령어를 터미널에서 실행하면 사용할 rand 크레이트 의존성이 Cargo.toml 파일에 추가됩니다.

```
[dependencies]
rand = "0.9.1"
```

이렇게 하면 rand 크레이트에 있는 함수를 프로그램에서 사용할 수 있습니다. rand::rng().random_range(0..100)을 호출하면 0~99 범위에 포함된 정수를 무작위로 생성합니다.

예제 코드에서 문제 출력 부분과 정답 판정 부분을 rand 크레이트로 생성한 난수를 담는 변수로 바꿉니다.

```
use rand::Rng;  // 추가

fn main() {
    let op1 = rand::rng().random_range(0..100);  // 수정
    let op2 = rand::rng().random_range(0..100);  // 수정
    println!("{} + {} = ??", op1, op2);          // 수정
    println!("??의 값을 입력하세요:");
    let mut ans_input = String::new();
    std::io::stdin().read_line(&mut ans_input).unwrap();
    let ans_input = ans_input.trim().parse::<i32>().unwrap();
    dbg!(ans_input);
    if dbg!(ans_input == op1 + op2) {
        println!("정답!");
    } else {
        println!("오답!");
    }
    let op1 = rand::rng().random_range(0..100);  // 수정
    let op2 = rand::rng().random_range(0..100);  // 수정
    println!("{} - {} = ??", op1, op2);          // 수정
    println!("??의 값을 입력하세요:");
    let mut ans_input = String::new();
    std::io::stdin().read_line(&mut ans_input).unwrap();
    let ans_input = ans_input.trim().parse::<i32>().unwrap();
    dbg!(ans_input);  // => cargo run으로 입력한 값 확인 가능
    if dbg!(ans_input == op1 - op2) {
```

```
        println!("정답!");
    } else {
        println!("오답!");
    }
}
```

다음은 이 프로그램을 두 번 실행한 결과입니다.

```
// 첫 번째
50 + 47 = ??
??의 값을 입력하세요:
97
[chapter3/arithmetic-operations-quiz/src/main.rs:11:5] ans_input = 97
[chapter3/arithmetic-operations-quiz/src/main.rs:12:8] ans_input == op1 +
    op2 = true
정답!
31 - 65 = ??
??의 값을 입력하세요:
97
[chapter3/arithmetic-operations-quiz/src/main.rs:24:5] ans_input = 97
[chapter3/arithmetic-operations-quiz/src/main.rs:25:8] ans_input == op1 -
    op2 = false
오답!

// 두 번째
81 + 79 = ??
??의 값을 입력하세요:
160
[chapter3/arithmetic-operations-quiz/src/main.rs:11:5] ans_input = 160
[chapter3/arithmetic-operations-quiz/src/main.rs:12:8] ans_input == op1 +
    op2 = true
정답!
69 - 89 = ??
??의 값을 입력하세요:
-20
[chapter3/arithmetic-operations-quiz/src/main.rs:24:5] ans_input = -20
[chapter3/arithmetic-operations-quiz/src/main.rs:25:8] ans_input == op1 -
    op2 = true
정답!
```

난수 생성 크레이트를 사용하는 간단한 변경만으로 사용자가 지루해하지 않을 게임이 되었습니다.

크레이트 구조 소개와 실제로 크레이트를 직접 만드는 작업은 7장에서 설명합니다.

3.4 다양한 제어 흐름 사용하기

앞 절에서 조건에 따라 분기하는 제어 흐름을 if 문으로 구현했습니다. 그 외에도 if 문처럼 패턴 매칭으로 분기를 구현하는 match 문, 반복 실행하는 for in, loop, while 같은 제어 흐름문이 있습니다.

3.4.1 종료 판정하기: for in/while

for in은 정해진 횟수만큼 반복하거나 여러 데이터에서 값을 하나씩 꺼내 사용하는 제어 흐름입니다. 형식은 다음과 같습니다.

```
for n in 1..100 {
    // n은 1에서 99까지 순서대로
}
```

while은 조건식이 true인 동안 반복하는 제어 흐름입니다. 다음과 같이 작성하면 조건식에 따라 반복 횟수가 정해집니다.

```
while 조건식 {
    // 조건식이 true인 동안 반복 실행
}
```

이번에는 문제를 3개 맞히면 '클리어!'라고 출력하는 프로그램의 종료 판정을 while을 사용해 작성해 봅시다.

```
use rand::Rng;

fn main() {
    let mut num_of_correct = 0;  // 정답 횟수를 저장하는 변수 추가
    while num_of_correct < 3 {
        let op1 = rand::rng().random_range(0..100);
        let op2 = rand::rng().random_range(0..100);
        println!("{} + {} = ??", op1, op2);
        println!("??의 값을 입력하세요:");
        let mut ans_input = String::new();
        std::io::stdin().read_line(&mut ans_input).unwrap();
        let ans_input = ans_input.trim().parse::<i32>().unwrap();
        if ans_input == op1 + op2 {
            println!("정답!");
            num_of_correct += 1;  // 정답이면 정답 횟수에 1 추가
```

```
            if num_of_correct >= 3 {
                break;
            }; // 정답이 3개이면 반복문에서 빠져나옴
        } else {
            println!("오답!");
        }
        let op1 = rand::rng().random_range(0..100);
        let op2 = rand::rng().random_range(0..100);
        println!("{} - {} = ??", op1, op2);
        println!("??의 값을 입력하세요:");
        let mut ans_input = String::new();
        std::io::stdin().read_line(&mut ans_input).unwrap();
        let ans_input = ans_input.trim().parse::<i32>().unwrap();
        if ans_input == op1 - op2 {
            println!("정답!");
            num_of_correct += 1;  // 정답이면 정답 횟수에 1 추가
        } else {
            println!("오답!");
        }
    }
    println!("클리어!")
}
```

이 코드는 while 반복문을 한 바퀴 돌면서 덧셈과 뺄셈 퀴즈를 모두 처리합니다. whlie 조건식 외에 덧셈 퀴즈를 맞혔을 때도 정답 횟수를 확인해 정답 횟수가 3 이상이면 break로 반복문을 빠져나옵니다. 이 처리가 없다면 예를 들어 첫 번째 문제부터 세 번째 문제까지 연속으로 정답을 맞혀 두 번째 while 반복에서 num_of_correct가 3이 되어도 뺄셈 문제까지 계속 풀게 됩니다.

3.4.2 퀴즈 종류 나누기: match

match 분기를 활용해 반복문 하나당 퀴즈 하나만 나오도록 바꿔 봅시다. match의 형식은 다음과 같으며 식을 평가한 값 패턴에 따라 제어 흐름을 나눕니다.

```
match 식 {
    패턴1 => {
        // 식의 값이 패턴1일 때의 코드
    }
    패턴2 => {
        // 식의 값이 패턴2일 때의 코드
    }
    _ => {
```

```
        // 그 외의 경우
    }
}
```

match에서는 식의 값에 대응하는 암(arms, 패턴과 처리의 쌍)에 누락이 없는지 컴파일러가 확인합니다. 따라서 패턴 누락을 감지할 수 있으며 이는 match의 큰 장점입니다. _는 match 내부에서 암이 명시되지 않은 모든 경우에 해당하는 특별한 패턴을 뜻합니다.

```
use rand::Rng;

fn main() {
    let mut num_of_correct = 0;
    while num_of_correct < 3 {
        // quiz_mode를 무작위로 1 또는 2로 설정
        let quiz_mode = rand::rng().random_range(1..=2);
        match quiz_mode {
            1 => {
                // quiz_mode가 1이면 덧셈 퀴즈
                let op1 = rand::rng().random_range(0..100);
                let op2 = rand::rng().random_range(0..100);
                println!("{} + {} = ??", op1, op2);
                println!("??의 값을 입력하세요:");
                let mut ans_input = String::new();
                std::io::stdin().read_line(&mut ans_input).unwrap();
                let ans_input = ans_input.trim().parse::<i32>().unwrap();
                if ans_input == op1 + op2 {
                    println!("정답!");
                    num_of_correct += 1;  // break가 필요없음
                } else {
                    println!("오답!");
                }
            }
            2 => {
                // quiz_mode가 2이면 뺄셈 퀴즈
                let op1 = rand::rng().random_range(0..100);
                let op2 = rand::rng().random_range(0..100);
                println!("{} - {} = ??", op1, op2);
                println!("??의 값을 입력하세요:");
                let mut ans_input = String::new();
                std::io::stdin().read_line(&mut ans_input).unwrap();
                let ans_input = ans_input.trim().parse::<i32>().unwrap();
                if ans_input == op1 - op2 {
                    println!("정답!");
```

```
                    num_of_correct += 1;
                } else {
                    println!("오답!");
                }
            }
            _ => unreachable!(),
        }
    }
    println!("클리어!")
}
```

코드를 실행하면 다음처럼 덧셈 또는 뺄셈 문제가 무작위로 출제됩니다. while 반복당 한 문제만 처리하므로 break 분기가 필요 없고 whlie 조건식(num_of_correct < 3)만으로 종료를 판정할 수 있습니다.

```
1 - 58 = ??
??의 값을 입력하세요:
-57
정답!
20 + 10 = ??
??의 값을 입력하세요:
30
정답!
37 - 34 = ??
??의 값을 입력하세요:
3
정답!
클리어!
```

3.4.3 정답을 맞힐 때까지 문제 반복하기: loop

오답이면 정답을 맞힐 때까지 같은 종류의 문제를 출제하도록 해 봅시다. 여기서는 무한 반복하는 loop를 소개합니다. loop 형식은 다음과 같습니다.

```
loop {
    // break가 나올 때까지 무한 반복
}
```

quiz_mode에 따라 실행되는 블록을 각각 loop 블록으로 바꾸고 정답이면 break하도록 수정합니다.

```
use rand::Rng;

fn main() {
    let mut num_of_correct = 0;
    while num_of_correct < 3 {
        let quiz_mode = rand::rng().random_range(1..=2);
        match quiz_mode {
            1 => loop {
                let op1 = rand::rng().random_range(0..100);
                let op2 = rand::rng().random_range(0..100);
                println!("{} + {} = ??", op1, op2);
                println!("??의 값을 입력하세요:");
                let mut ans_input = String::new();
                std::io::stdin().read_line(&mut ans_input).unwrap();
                let ans_input = ans_input.trim().parse::<i32>().unwrap();
                if ans_input == op1 + op2 {
                    println!("정답!");
                    num_of_correct += 1;
                    break;
                } else {
                    println!("오답!");
                }
            },
            2 => loop {
                let op1 = rand::rng().random_range(0..100);
                let op2 = rand::rng().random_range(0..100);
                println!("{} - {} = ??", op1, op2);
                println!("??의 값을 입력하세요:");
                let mut ans_input = String::new();
                std::io::stdin().read_line(&mut ans_input).unwrap();
                let ans_input = ans_input.trim().parse::<i32>().unwrap();
                if ans_input == op1 - op2 {
                    println!("정답!");
                    num_of_correct += 1;
                    break;
                } else {
                    println!("오답!");
                }
            },
            _ => unreachable!(),
        }
    }
    println!("클리어!")
}
```

처음에 만들고자 했던 다음 사양을 모두 만족하는 프로그램이 완성되었습니다.

- **두 자릿수의 덧셈/뺄셈 퀴즈가 출제되며 사용자는 계산 결과를 입력합니다.**
  - 모든 값은 정수입니다.
  - 오답이라면 정답을 맞힐 때까지 같은 형식의 문제를 출제합니다.
- **문제마다 정답 여부가 표시됩니다.**
- **문제 3개를 맞히면 종료합니다.**

☑ 다중 break

반복문이 중첩되면 안쪽 반복문뿐 아니라 바깥쪽 반복문까지 한 번에 빠져나가고 싶을 때가 있습니다.

```
// 예: 구구단에 56이 포함되는지 확인
let mut flag = false;
for i in 1..=9 {  // 1..9는 9를 포함하지 않지만 1..=9는 9를 포함함
    for j in 1..=9 {
        if i * j == 56 {
            flag = true;
            // 56이 포함되는 것을 확인했으므로 바깥쪽 반복문까지 한 번에 탈출하고 싶음
            break;
        }
    }
}
```

이럴 때는 레이블을 사용해 어느 레벨까지 탈출할지 지정할 수 있습니다.

```
// 예: 구구단에 56이 포함되는지 확인
let mut flag = false;
'outer: for i in 1..=9 {  // 바깥쪽 반복문에 'outer라고 이름 지정
    for j in 1..=9 {
        if i * j == 56 {
            flag = true;
            // 'outer 바깥으로 탈출
            break 'outer;
        }
    }
}
```

☑ Option 타입

러스트에는 `Option` 타입이 있습니다. 이 타입은 **값이 없을 수도 있는** 값을 표현하는 데 사용합니다.

예를 들어 앞의 코드에서 사용자에게 받은 문자열을 `i32`로 바꾸는 부분은 다음과 같이 작성했

습니다.

```
let ans_input = ans_input.trim().parse::<i32>().unwrap();
```

이는 사용자가 입력한 문자열이 모두 숫자이고 i32 타입 범위에 속한다면 i32 타입 정수가 됩니다. 하지만 그렇지 않은 경우에는 오류를 출력하고 프로그램이 종료됩니다.

이런 경우에는 사용자 입력을 i32 타입으로 변환할 수 있으면 값을 넣고, i32 타입으로 변환할 수 없으면 값을 넣지 않는 변수를 만들어 처리하고자 합니다. 이런 변수는 다음과 같이 만들 수 있습니다.

```
let ans_input = ans_input.trim().parse::<i32>().ok();
```

이때 ans_input은 Option<i32> 타입이 됩니다. 사용자 입력을 i32 타입으로 변환할 수 있으면 Some(i32)가 되고 변환할 수 없으면 None이 대입됩니다.

match 문을 사용하면 Option에서 값을 가져올 수 있습니다. 다음 코드를 봅시다.

```
match ans_input {
    Some(ans_input) => {
        println!("{}이/가 입력되었습니다.", ans_input);
    }
    None => {
        println!("입력한 값을 i32 변환에 실패했습니다.");
    }
}
```

Option 타입을 사용해 값 자체뿐만 아니라 값의 유무도 나타낼 수 있으므로 변수 하나로 표현할 수 있는 내용이 많아집니다.

☑ null과 Option

여러 프로그래밍 언어에서는 값이 없다는 것을 표현하기 위해 null을 사용합니다. 언어에 따라 다르지만 null은 어떤 타입의 변수에도 대입할 수 있습니다. 예를 들어 String 타입 변수라도 그 내용이 null이어서 값이 없을 수 있습니다. 그런 언어는 프로그래머가 늘 변수가 null인지 아닌지를 의식해야 합니다. 변숫값을 참조할 때 그 내용이 null이라서 프로그램이 강제 종료되는 경우는 역사적으로도 자주 발생하는 골칫거리로 프로그래머를 괴롭혀 왔습니다.

러스트는 값이 없을 가능성이 있다면 반드시 Option 타입을 사용해야 합니다. 반대로 Option 타입이 아니라면 반드시 값이 있습니다. 이는 컴파일러가 기계적으로 처리하기 때문에 프로그래머가 변수에 값이 있는지 의식할 필요가 없습니다. 이렇듯 null 유무를 프로그래머가 신경 쓰지 않아도 되는 점이 러스트의 안전성을 높여 주는 요인입니다.

 **정리**

지금까지 러스트 프로그래밍 기초 개념을 간략히 살펴보고 명령줄 애플리케이션을 만들어 보았습니다. 입출력을 다루고 프로그램 기본이 되는 분기와 반복 제어 구문도 사용할 수 있게 되었습니다. 이 장에서 만든 애플리케이션처럼 구현해야 할 사양이 여러 개이더라도 구현할 때 작은 단위로 변경해 단계적으로 진행하면 전체를 구현할 수 있습니다.

이번 장은 다음과 같은 단계로 구분해 각 단계에 필요한 지식을 배우고 구현했습니다.

- 사용자가 답변을 입력하도록 만들었습니다.
- 정답 여부를 판정했습니다.
- 무작위 문제를 냈습니다.
- 정답 여부에 따라 제어 흐름을 구성했습니다.

만들고 싶은 프로그램이 복잡해 보이더라도 이를 구성하는 작은 단계는 무엇일지 꼭 생각해 보기 바랍니다.

4장

R u s t P r o g r a m m i n g

다양한 자료 구조 다루기 [포커 게임]

4장에서는 3장에서 배운 명령줄 애플리케이션을 바탕으로 유지보수성을 높일 수 있는 구조체와 컬렉션을 사용하는 방법을 배웁니다.

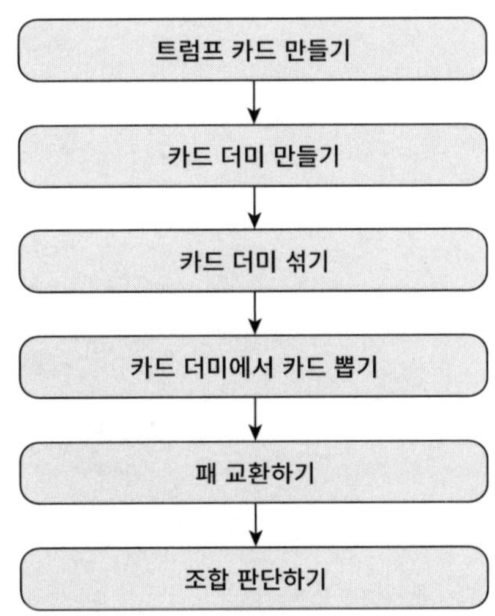

그림 4-0 포커 게임을 만드는 과정

4.1 애플리케이션 사양

이 장에서는 간단한 포커 게임을 만들며 다음 내용을 학습합니다.

- 구조체를 다루는 방법
- 열거형 타입을 다루는 방법
- 컬렉션(Vec)을 다루는 방법

간단한 포커 게임 사양은 다음과 같습니다.

- 카드 더미에서 카드 5장을 뽑습니다.
- 패를 원하는 장수만큼 교환합니다.
- 조합을 판정해 표시합니다.

다음과 같은 순서로 포커 게임을 작성합니다.

1. 트럼프 카드를 정의합니다.
2. 카드 더미를 작성합니다.
3. 카드 더미를 섞습니다.
4. 카드 더미에서 카드를 뽑습니다.
5. 패를 교환합니다.
6. 조합을 판정합니다.

4.1.1 실행 예

```
$ cargo run
---Hand---
1: Club 3
2: Club 4
3: Heart 5
4: Spade 5
5: Diamond 6
교환하고 싶은 카드 번호를 입력하세요(예: 1 2 3)
1 2 3
---Hand---
Spade 5
Diamond 6
Club 7
Club 10
Heart 11
노 페어...
```

4.2 프로젝트 작성하기

먼저 터미널을 열고 cargo 명령어로 프로젝트를 만듭니다.

```
$ cargo new simple-poker
```

명령어를 실행하면 다음과 같은 디렉터리와 파일이 생성됩니다.

```
$ tree simple-poker
simple-poker
├── Cargo.toml
└── src
    └── main.rs
```

작성한 프로젝트로 이동합니다.

```
$ cd simple-poker
```

코드를 실행해 Hello, world!가 표시되는지 확인합니다.

```
$ cargo run
Hello, world!
```

4.3 트럼프 카드 정의하기

트럼프 카드를 떠올려 봅시다.

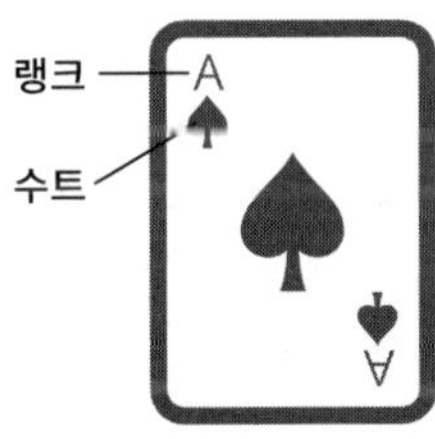

그림 4-1 트럼프 카드 모양

트럼프 카드에는 숫자와 기호가 있습니다. 숫자를 랭크, 기호를 수트라고 부릅니다.

이제 트럼프 카드를 러스트로 표현해 봅시다.

```
// 열거형 타입
enum Suit {
    Club,
    Diamond,
    Heart,
    Spade,
}

// 구조체
struct Card {
    // 위에서 정의한 열거 타입 사용
    suit: Suit,
    rank: i32,
}
```

열거형(enum) **타입**은 가질 수 있는 값이 미리 정해진 타입입니다. 이번 예제에서는 Club, Diamond, Heart, Spade만 가질 수 있습니다.

열거형 타입은 미리 정의한 값만 들어갑니다. 열거형 타입을 사용하면 정의하지 않거나 의도하지 않은 데이터가 섞이는 것을 막을 수 있고 가질 수 있는 값이 명확해져 팀 개발에서 유지보수성이 높아집니다.

구조체(struct)는 여러 변수를 한꺼번에 관리하는 자료 구조입니다. 이번 예제에서는 랭크와 수트를 한꺼번에 관리해 한 장의 카드를 표현합니다.

구조체를 사용하면 이처럼 현실 세계에 있는 사물을 알기 쉽게 정의할 수 있습니다.

☑ 유지보수성이란?

기존 코드에 기능을 추가하거나 버그를 수정해야 할 때가 있습니다. 관련된 기능을 정리하고 열거형 타입 같은 프로그래밍 언어의 특성을 효과적으로 활용하면 수정이 쉬워집니다. 이때 프로그램을 얼마나 쉽게 변경할 수 있는지를 나타내는 정도를 유지보수성이라고 합니다. 백엔드 엔지니어로 일하다 보면 한 번 작성한 코드가 곧바로 최종 코드가 되는 일은 거의 없습니다. 기능 추가나 버그 수정 때문에 몇 번이고 손을 보게 됩니다. 따라서 코드를 작성할 때부터 나중에 변경하기 쉽도록 유지보수성을 고려하면서 작업하는 자세가 중요합니다.

4.4 트럼프 카드를 변수에 대입하기

앞서 정의한 Suit와 Card를 사용해 봅시다.

```
let card = Card {       // 구조체 인스턴스 생성
    suit: Suit::Club,   // 열거형 타입
    rank: 1,
};
```

열거형 타입은 **타입명::열거자** 형태로 사용할 수 있습니다.

구조체는 각 필드에 구체적인 값을 지정해 구조체 인스턴스를 생성해 사용합니다. 구조체는 필드명과 변수가 같으면 다음과 같이 짧게 작성할 수 있습니다.

```
let suit = Suit::Club;              // 열거형
let rank = 1;
let card = Card { suit, rank };  // 구조체 인스턴스 생성
```

구조체가 잘 만들어졌는지 화면에 표시해 확인해 봅시다.

```
#[derive(Copy, Clone, PartialEq, Debug)]  // 추가
enum Suit {
    Club,
    Diamond,
    Heart,
    Spade,
}

#[derive(Copy, Clone, PartialEq, Debug)]  // 추가
struct Card {
    suit: Suit,
    rank: i32,
}

fn main() {
    let suit = Suit::Club;              // 열거형
    let rank = 1;
    let card = Card { suit, rank };  // 구조체 인스턴스 생성
    println!("{:?}", card);             // 추가
}
```

다음과 같이 표시되면 성공입니다.[1]

```
Card { suit: Club, rank: 1 }
```

4.5 52장 카드 더미 만들기

이제 카드를 52장 준비해 카드 더미를 만들어 봅시다. (조커는 제외합니다.)

카드 더미(deck)는 트럼프 카드 52장의 묶음이라고 생각할 수 있습니다. 러스트는 이렇게 같은 데이터를 한꺼번에 묶어서 다룰 때 Vec 컬렉션을 사용합니다.

카드를 한 장씩 정의하다 보면 끝이 없으니 3장에서 배운 for in 문을 사용하겠습니다.

```
fn main() {
    ...
    // Vec 준비
    let mut deck: Vec<Card> = Vec::new();
    let suits = [Suit::Club, Suit::Diamond, Suit::Heart, Suit::Spade];

    // 카드 더미 작성
    for suit in suits {
        for rank in 1..=13 {
            // Vec에 카드 추가
            deck.push(Card { suit, rank });
        }
    }

    println!("{:?}", deck);
}
```

다음과 같은 출력이 나오면 됩니다.

```
[Card { suit: Club, rank: 1 }, Card { suit: Club, rank: 2 }, Card { suit:
Club, rank: 3 },
...
Card { suit: Spade, rank: 11 }, Card { suit: Spade, rank: 12 }, Card {
suit: Spade, rank: 13 }]
```

1 (옮긴이) 코드에 추가한 #[derive(Copy, Clone, PartialEq, Debug)]는 구조체나 열거형에 자동으로 트레이트(특성)를 구현하도록 지시하는 컴파일러 지시자(attribute)입니다. Copy는 얇은 복사, Clone은 명시적 복제, PartialEq는 비교 연산자, Debug는 {:?} 포맷으로 디버깅할 수 있도록 합니다.

4.6 카드 더미 섞기

이대로라면 카드 순서가 언제나 똑같기 때문에 위에서부터 5장을 뽑았을 때 매번 같은 카드가 나옵니다. 따라서 3장에서 사용한 rand 크레이트를 활용하겠습니다.

다음 명령어로 rand 크레이트를 사용할 수 있도록 만듭니다.

```
$ cargo add rand
```

```
use rand::seq::SliceRandom;  // 추가

fn main() {
    // Vec 준비
    let mut deck: Vec<Card> = Vec::new();
    let suits = [Suit::Club, Suit::Diamond, Suit::Heart, Suit::Spade];
    // 카드 더미 작성
    for suit in suits {
        for rank in 1..=13 {
            // Vec에 카드 추가
            deck.push(Card { suit, rank });
        }
    }
    // 카드 더미 섞기
    let mut rng = rand::rng();  // 추가
    deck.shuffle(&mut rng);     // 추가
    println!("{:?}", deck);
}
```

실행하면 이전과 달리 무작위 순서로 섞인 카드가 표시됩니다.

```
[Card { suit: Club, rank: 10 }, Card { suit: Club, rank: 2 }, Card { suit:
Diamond, rank: 10 },
...
Card { suit: Heart, rank: 6 }, Card { suit: Club, rank: 9 }, Card { suit:
Club, rank: 6 }]
```

4.7 카드 더미에서 카드 뽑기

카드를 섞었으니 이제 패를 만들어 봅시다. 카드 더미와 마찬가지로 Vec을 사용합니다.

```
fn main() {
    ...
    // 패용 Vec 준비
    let mut hand: Vec<Card> = Vec::new();
    // 카드 5장 뽑기
    for _ in 0..5 {
        hand.push(deck.pop().unwrap());
    }
}
```

패를 표시해 봅시다.

```
fn main() {
    ...
    // 패 표시
    println!("---Hand---");
    for (i, card) in hand.iter().enumerate() {
        println!("{:}: {:?} {:}", i + 1, card.suit, card.rank);
    }
}
```

다음처럼 표시되면 성공입니다. rand 크레이트를 사용하기 때문에 실행할 때마다 표시되는 값이 달라집니다.

```
---Hand---
1: Heart 7
2: Spade 8
3: Diamond 6
4: Spade 3
5: Diamond 1
```

조합을 판정하기 쉽도록 랭크 순서대로 정렬하겠습니다.

```
fn main() {
    ...
    // 패 정렬
    hand.sort_by(|a, b| a.rank.cmp(&b.rank));  // 추가

    // 패 표시
    println!("---Hand---");
    for (i, card) in hand.iter().enumerate() {
```

```
        println!("{:}: {:?} {:}", i + 1, card.suit, card.rank);
    }
}
```

4.8 패 교환

다음은 패 교환을 구현합니다. 교환할 카드를 선택할 수 있도록 사용자 입력을 받는 부분을 구현해 봅시다.

```
fn main() {
    ...
    println!("교환하고 싶은 카드 번호를 입력하세요(예: 1 2 3)");
    // 사용자에게 받은 입력을 저장할 변수
    let mut input = String::new();
    // 사용자가 입력한 내용을 변수에 저장
    std::io::stdin().read_line(&mut input).unwrap();
}
```

그리고 선택한 카드를 카드 더미에서 꺼낸 카드로 교환합니다.

```
fn main() {
    ...
    // 다루기 쉽게 Vec로 변환
    let numbers: Vec<usize> = input
        .split_whitespace()          // 문자열을 스페이스 단위로 분할
                                     // (예: "1 2 3" -> ["1", "2", "3"])
        .map(|x| x.parse().unwrap()) // 문자열을 숫자로 변환
                                     // (예: ["1", "2", "3"] -> [1, 2, 3])
        .collect::<Vec<usize>>();    // Vec로 변환
    // 지정한 위치의 카드를 카드 더미에서 꺼낸 카드로 교환
    for number in numbers {
        hand[number - 1] = deck.pop().unwrap();
    }
}
```

실제로 교환되었는지 표시해 봅시다.

```
fn main() {
    ...
    // 패 정렬
    hand.sort_by(|a, b| a.rank.cmp(&b.rank));
```

```
    // 패 표시
    println!("---Hand---");
    for card in &hand {
        println!("{:?} {:}", card.suit, card.rank);
    }
}
```

무사히 패가 교환된 것을 확인할 수 있습니다.

4.9 조합 판정

포커의 카드 조합은 다양하지만, 여기서는 간단하게 몇 가지 조합만 사용하여 판정하는 프로그램을 구현합니다.

- **플러시**

  수트가 모두 같음

  예: ♡1 ♡2 ♡5 ♡7 ♡9
- **원 페어**

  랭크가 같은 카드가 1쌍

  예: ♡1 ♤1 ◇3 ♡4 ♧5
- **투 페어**

  랭크가 같은 카드가 2쌍

  예: ♡1 ♤1 ◇3 ♡3 ♧5
- **쓰리 카드**

  랭크가 같은 카드가 3장 이상

  예: ♡1 ♤1 ◇1 ♡4 ♧5

```
fn main() {
    ...
    // 플러시 확인
    let suit = hand.first().unwrap().suit;
    let flash = hand.iter().all(|c| c.suit == suit);
    // 페어 확인
    let mut count = 0;
    for i in 0..hand.len() - 1 {
        for j in i + 1..hand.len() {
            if hand[i].rank == hand[j].rank {
```

```
                count += 1;
            }
        }
    }

    if flash {
        println!("플러시!");
    } else if count >= 3 {
        println!("쓰리 카드!");
    } else if count == 2 {
        println!("투 페어!");
    } else if count == 1 {
        println!("원 페어!");
    } else {
        println!("노 페어...")
    }
}
```

이와 같이 수정하면 카드를 교환한 후에 일치하는 조합이 있으면 그 조합을 표시하고 없으면 **"노 페어..."**라고 표시합니다.

 **정리**

이 장에서는 구조체와 열거형 등을 사용해 명령줄에서 작동하는 간단한 포커 게임을 만들었습니다. 구조체와 열거형으로 트럼프 카드처럼 현실 세계의 사물을 정의할 수 있었습니다. 실제 소프트웨어 개발에서는 현실 세계에 있는 사물을 적절하게 표현하는 방법이 중요합니다. 주변에서 볼 수 있는 사물을 러스트로 어떻게 표현할지 생각해 보면 구조체를 다루는 연습이 되므로 꼭 한번 해 보기 바랍니다.

5장

R u s t P r o g r a m m i n g

함수와 메서드 다루기 [메모리 기능이 있는 계산기]

4장에서는 다양한 자료 구조를 다루는 방법을 배웠습니다. 지금까지는 표준 입력을 읽는 `std::io::stdin()`과 `Vec` 타입의 값 요소를 정렬하는 `sort_by()` 등 다양한 기능을 사용했습니다. 이러한 기능은 러스트에서 함수와 메서드 형태로 제공됩니다.

5장에서는 메모리 기능이 있는 계산기를 만들어 보면서 함수와 메서드를 직접 작성하고 프로그램의 처리 과정을 정리하고 재사용하는 방법을 배웁니다.

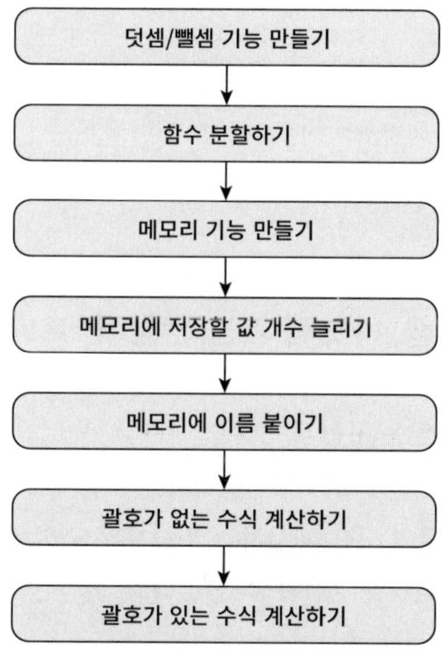

그림 5-0 메모리 기능이 있는 계산기를 만드는 과정

5.1 애플리케이션 사양

이 장은 다음과 같은 프로그램을 작성합니다.

- 계산식을 한 줄씩 읽어서 처리합니다.
- 계산 결과는 정수 타입이 아니라 실수 타입(f64)으로 관리합니다.
- 공백 문자로 구분한 **숫자 산술연산자 숫자** 형태로 입력하고 계산 결과를 표시합니다.
- mem+와 mem-만 입력하면 직전 계산 결과를 메모리에 더하거나 뺍니다.
- 계산식 **숫자** 부분이 mem이면 숫자 대신에 메모리에 저장된 값을 사용합니다.
- 메모리에는 이름을 붙일 수 있습니다.

5장 전반부에서는 간단한 구현을 위해 입력할 수 있는 연산자를 하나로 제한하지만 이 장 마지막에서는 덧셈, 뺄셈, 곱셈, 나눗셈과 괄호를 포함한 수식을 계산할 수 있도록 확장합니다. 다만 이런 부분은 이해하기 어려운 내용이 담겨 있으므로 건너뛰고 다음 장으로 넘어가도 괜찮습니다.

끝까지 완성하면 다음과 같은 계산을 할 수 있습니다.

```
1 + 2
  => 3     // 1 + 2 = 3
mem+
  => 3     // 빈 메모리에 3을 더하므로 메모리는 3이 됨
3 - 4 * 5
  => -17   // (3 - 4) * 5가 아니라 3 - (4 * 5)
mem / 6
  => 0.5   // 메모리 값은 변함없이 3이므로 6으로 나누면 0.5
( 3 - 1 ) * ( 4 + 1 )
  => 10    // 괄호를 고려해 계산
```

5.2 덧셈, 뺄셈, 곱셈, 나눗셈 기능 만들기

5.2.1 함수를 사용하지 않는 구현

한꺼번에 모든 기능을 구현하기는 어렵습니다. 먼저 메모리 기능은 무시하고 간단한 **숫자 산술연산자 숫자** 형태의 식을 계산하는 기능부터 구현해 봅시다. 이 기능은 4장까지 배운 내용만으로 충분히 구현할 수 있습니다. 새 프로젝트를 생성하면서 시작합니다.

```
use std::io::stdin;

fn main() {
    for line in stdin().lines() {
        // 한 줄씩 읽고 빈 줄이면 종료
        let line = line.unwrap();
        if line.is_empty() {
            break;
        }
        // 공백 문자로 구분
        let tokens: Vec<&str> = line.split(char::is_whitespace).collect();
        // 수식 계산
        let left: f64 = tokens[0].parse().unwrap();
        let right: f64 = tokens[2].parse().unwrap();
        let result = match tokens[1] {
            "+" => left + right,
            "-" => left - right,
            "*" => left * right,
            "/" => left / right,
            _ => {
                // 입력이 올바르지 않으면 여기로
                unreachable!()
            }
        };
        // 결과 표시
        println!("  => {}", result);
    }
}
```

다음과 같이 작동하면 성공입니다.

```
$ cargo run
1 + 2
  => 3
3 - 4
  => -1
5 * 6
  => 30
7 / 8
  => 0.875
            // 빈 줄을 입력하면 종료
```

프로그램 전체가 하나의 큰 for 루프로 구성되어 있습니다. for 루프에서 stdin().lines()를 반복 대상으로 사용해 표준 입력에서 한 줄씩 계속 읽어 들입니다. 이렇게만 두면 프로그램이 끝나지 않으므로 for 루프 시작 부분에 빈 줄이 입력되면 종료하는 종료 조건을 추가합니다.

입력된 줄을 공백 문자로 분할하는 `line.split(char::is_whitespace).collect()`는 관용적인 표현입니다. 이 구문은 입력된 문자열을 의미 있는 단위(token)로 나눕니다. 참고로 이러한 관용구의 자세한 문법적인 의미는 이 책의 범위를 벗어나므로 따로 설명하지 않습니다.

수식을 계산하는 부분에서는 먼저 공백으로 구분된 "12345"와 "314" 같은 문자열을 12345나 314처럼 숫자 타입으로 변환합니다. 그리고 연산자 종류에 따라 수식 값을 계산합니다. `match` 문은 문자열에도 사용할 수 있습니다. 예제에서는 `tokens[1]`(입력된 수식에서 연산자 부분)이 어떤 문자열과 일치하느냐에 따라 계산식을 전환합니다. 문자열을 대상으로 `match` 문을 사용하면 컴파일 타임에 패턴 완전성(exhaustiveness) 검사를 하므로 어떤 문자열과도 일치하지 않는 경우까지 처리해야 합니다. 이 예제에서는 반드시 +, -, *, / 중 하나가 입력될 것이므로 그런 경우는 발생하면 안 된다는 뜻으로 `unreachable!()`을 사용했습니다.

5.2.2 함수 정의와 호출 방법

그러면 5장의 주제인 **함수**를 써서 이 프로그램을 다시 작성해 봅시다.

함수란 이름이 붙은 하나의 처리 단위를 말합니다.

일반적으로 어떤 처리를 실행할 때는 그 바탕이 되는 입력 데이터와 처리 결과가 있습니다. 따라서 함수를 직접 작성(정의)할 때는 입력 데이터, 처리 결과, 처리 내용, 세 요소를 함께 고려해야 합니다.

5.2.2.1 함수 정의하기

함수를 정의하려면 다음과 같이 작성합니다. 함수 정의는 원칙적으로 파일 최상위 레벨(`fn main() {...}` 외부)에 작성합니다.

```
fn 함수명(매개변수...) -> 반환값 타입 {
    처리
}
```

함수명은 함수의 이름이며 사용할 수 있는 문자는 변수명과 같습니다. 함수명은 다른 처리 도중에 해당 함수를 사용(이를 **함수를 호출한다**고 함)할 때 사용합니다.

매개변수(parameter)는 함수 처리에 필요한 값(입력 데이터) 목록입니다. 매개변수는 없을 때도 있지만 괄호는 반드시 필요합니다. 함수 정의에 있는 변수는 매개변수, 함수를 호출할 때 넘기는 실젯값은 **인수**(argument)라고 부릅니다.

반환값은 함수의 처리 결과입니다. 대부분의 함수는 어떤 반환값을 돌려주는데 문자열만 표시하는 함수처럼 반환값이 없을 때도 있습니다. 반환값이 없다면 **-> 반환값** 부분을 작성하지 않습니다.

그러면 몇 가지 함수 정의 예제를 살펴봅시다.

가장 간단한 함수는 아무 인수도 받지 않고 아무 처리도 하지 않으며 아무 값도 반환하지 않는 함수입니다. 이런 함수는 다음과 같이 작성합니다.

```
fn do_nothing() {}
```

매개변수도 처리 내용도 없지만 괄호는 생략할 수 없으므로 이렇게 작성합니다.

마찬가지로 매개변수도 반환값도 없지만 화면에 `Hello, world!`를 출력하는 함수는 이렇게 작성합니다.

```
fn say_hello() {
    println!("Hello, world!");
}
```

☑ main 함수

`say_hello` 함수는 2장에서 작성한 프로그램과 많이 닮았습니다. 사실 지금까지 작성한 예제의 `fn main() {...}`은 `main`이라는 이름의 함수를 정의하는 구문입니다. 러스트 프로그램은 반드시 `main` 함수에서 실행을 시작하도록 정해져 있습니다. 따라서 `main` 함수가 프로그램 본체가 됩니다.

매개변수가 있을 때, 예를 들어 `f64` 타입의 값을 표시하는 함수는 다음과 같이 작성합니다.

```
fn print_value(value: f64) {
    println!("The value is {}", value);
}
```

매개변수는 **매개변수명:타입명** 형태로 작성합니다. 변수 선언과 달리 `let`을 사용하면 안 되니 주의하기 바랍니다.

매개변수가 여러 개라면 콤마(,)로 구분합니다. f64 타입 값 2개를 더하는 함수는 다음과 같습니다.

```
fn add_values(left: f64, right: f64) -> f64 {
    left + right
}
```

함수 반환값은 함수 마지막에 있는 구문의 실행 결과가 사용됩니다. 이때 마지막 구문 끝에는 세미콜론(;)을 쓰지 않으니 주의하기 바랍니다.

f64 이외의 타입을 매개변수나 반환값으로 사용하려면 따로 고려할 사항이 있으므로 5.4.3절에서 설명합니다.

이제 함수를 직접 정의할 수 있게 되었습니다.

☑ 블록식

러스트는 { } 괄호로 감싼 코드 블록을 표현식으로 다룹니다. 블록식의 값은 코드 블록 마지막에 있는 표현식의 값을 사용합니다. 따라서 함수 안에서 이렇게 사용할 수 있습니다.

```
fn main() {
    let some_value: i32 = {
        // 한 줄씩 읽고 정수로 변환
        let line = std::io::stdin()::read_line();
        line.parse().unwrap()
    };
    println!("{}", some_value);
    // line 변수는 코드 블록 내부에서만 유효하고 외부에서는 사용 불가
    // println!("{}", line);
}
```

이 코드는 some_value에 line.parse().unwrap() 결과를 대입합니다. 마지막 구문에 세미콜론(;)이 없다는 점에 주의합시다. line 변수는 코드 블록 안에서만 유효하므로 밖에서는 사용할 수 없습니다.

5.2.2.2 함수 호출하기

정의한 함수를 호출하려면 이렇게 작성합니다. 함수에 반환값이 있다면 표현식에서 이렇게 작성할 수 있습니다.

```
함수명(인수...)
```

예를 들어 앞에서 정의한 do_nothing, say_hello, print_value, add_values 함수를 각각 호출해 봅시다.

```
fn main() {
    // 매개변수가 없어도 괄호는 필수
    do_nothing();

    // 위와 같음
    say_hello();

    // 인수를 넘길 때 괄호 안에 쓰기. 타입명은 불필요
    print_value(123);

    // 인수가 여러 개면 콤마로 구분
    // 반환값이 있으므로 표현식 안에서도 사용 가능
    let result = add_values(1.0, 2.0) + 3.0;

    // 한 번 정의한 함수는 여러 번 호출 가능
    print_value(result);
}
```

print_value 함수를 두 번 사용했는데 한 번 정의한 함수는 여러 번 호출해도 문제없습니다. 한 번도 호출하지 않아도 상관없지만 그렇게 하면 변수를 선언해 놓고 그 값을 사용하지 않았을 때와 마찬가지로 컴파일 시 경고가 표시됩니다.

5.2.3 처리를 함수로 분할하기

함수 정의 예제에 있던 print_value 함수와 add_values 함수를 계산기 프로그램에 적용해 봅시다. 덧셈 외의 사칙연산에도 각각의 함수를 만들겠습니다.

```
        // 생략

        // 수식 계산 수정
        let left: f64 = tokens[0].parse().unwrap();
        let right: f64 = tokens[2].parse().unwrap();
        let result = match tokens[1] {
            "+" => add_values(left, right),
            "-" => subtract_values(left, right),
            "*" => multiply_values(left, right),
```

```
            "/" => divide_values(left, right),
            _ => {
                // 입력이 올바르지 않으면 여기로
                unreachable!()
            }
        };
        // 결과 표시 수정
        print_value(result);
    }
}
// 함수 정의 추가
fn print_value(value: f64) {
    println!("  => {}", value);
}
fn add_values(left: f64, right: f64) -> f64 {
    left + right
}
fn subtract_values(left: f64, right: f64) -> f64 {
    left - right
}
fn multiply_values(left: f64, right: f64) -> f64 {
    left * right
}
fn divide_values(left: f64, right: f64) -> f64 {
    left / right
}
```

이 코드는 main 함수 뒤쪽에 함수를 정의하고 main 함수 안에서 이 함수를 사용합니다. 변수의 경우에는 사용하기 전에 let foo = ...와 같이 변수를 선언해야 했지만 함수는 사용하려는 코드보다 뒤쪽에 정의를 작성할 수 있습니다.

5.2.4 함수의 장점

함수를 정의해도 프로그램 작동은 별로 달라지지 않았습니다. 그렇다면 왜 굳이 함수를 사용해야 할까요?

함수를 사용하는 경우는 크게 두 가지로 나눌 수 있습니다.

- 함수를 사용하지 않으면 작성할 수 없는 경우
- 함수를 사용하면 프로그램을 쉽게 읽고 쓸 수 있는 경우

첫째로 '함수를 사용하지 않으면 작성할 수 없는 경우'는 그다지 많지 않습니다. 주로 7장처럼 어떤 기능을 다른 사람도 쓸 수 있게 만들거나 5장 마지막에 설명하는

재귀를 실행하는 경우에 해당합니다.

둘째로 '함수를 사용하면 프로그램을 쉽게 읽고 쓸 수 있는 경우'는 다음 세 가지 장점이 있습니다.

- 처리 의도가 명확해집니다.
- 같은 기능을 반복 사용할 수 있습니다.
- 함수를 호출하는 쪽에서는 내부 구현을 신경 쓰지 않아도 됩니다.

예를 들어 코드에 `println!("  => {}", value);`라고 되어 있을 때 이 코드가 계산기의 결과를 출력하기 위한 코드인지, 디버깅하려고 임시로 썼다가 다시 삭제할 코드인지 구분하기 어렵습니다. 하지만 이 코드에 `print_value` 같이 이름을 붙여 두면 임시로 쓸 코드가 아니라 의도적으로 작성한 코드라는 점이 드러나게 됩니다. 또한 함수명을 `print_output`이나 `print_result`처럼 작성하면 구현한 사람의 의도가 코드를 읽는 사람에게 더 잘 전달됩니다.

'같은 기능을 반복해서 쓸 수 있다'거나 '함수를 호출하는 쪽에서는 내부 구현을 신경쓰지 않아도 된다'는 점은 이 장을 읽다 보면 자연스럽게 이해하게 될 겁니다.

반대로 이런 장점이 별다른 역할을 하지 못하는 상황에서 코드를 함수로 분할하면 오히려 프로그램이 읽기 어려워질 수 있습니다. 앞에서 본 예제에서는 사칙연산을 `add_values` 함수 등으로 분리했지만 원래 `left + right`만으로도 의도가 명확하게 전달됩니다. 덧셈 처리를 반복 사용할 일은 없어 보이고 함수 이름만 봐도 어떻게 구현할지 다 보입니다. 따라서 `add_values` 함수 등으로 나누지 않고 원래대로 작성하는 쪽이 훨씬 보기 편합니다.

그러면 가독성을 고려하면서 코드를 수정해 봅시다.

```
// 생략

// 수식 계산
let left: f64 = tokens[0].parse().unwrap();
let right: f64 = tokens[2].parse().unwrap();
let result = match tokens[1] {
    "+" => left + right,  // 수정
    "-" => left - right,  // 수정
    "*" => left * right,  // 수정
    "/" => left / right,  // 수정
    _ => {
        // 입력이 올바르지 않으면 여기로
```

```
                unreachable!()
            }
        };
        // 결과 표시
        print_output(result);  // 수정
    }
}
fn print_output(value: f64) {  // 수정
    println!("  => {}", value);
}
// add_values 등은 삭제
```

결국 처음의 구현과 크게 달라지지 않았지만 지금은 이 정도로 충분합니다.

함수를 활용해 프로그램을 쉽게 읽을 수 있게 합시다.

5.3 메모리 기능 구현하기

사칙연산 기능을 구현했으므로 이제 메모리 기능을 구현해 보겠습니다. 그리고 앞에서는 다루지 않은 f64 이외의 타입 값을 인수로 넘기는 방법을 배우겠습니다.

5.3.1 메모리 읽고 쓰기

전자계산기의 메모리 기능 사양을 다시 떠올려 봅시다. 메모리 관련 내용은 두 가지입니다.

- mem+와 mem-만 입력하면 직전 계산 결과를 메모리에 더하거나 뺍니다.
- 계산식 **숫자** 부분이 mem이면 숫자 대신에 메모리에 저장된 값을 사용합니다.

아직 f64 이외의 값을 함수에 넘기는 방법은 모르므로 우선은 새로운 함수를 정의하지 않고 구현해 봅시다.

```
use std::io::stdin;

fn main() {
    let mut memory: f64 = 0.0;         // 추가
    let mut prev_result: f64 = 0.0;  // 추가
    for line in stdin().lines() {
        // 한 줄씩 읽고 빈 줄이면 종료
        let line = line.unwrap();
        if line.is_empty() {
            break;
```

```
        }
        // 공백 문자로 구분
        let tokens: Vec<&str> = line.split(char::is_whitespace).collect();
        // 메모리에 기록
        if tokens[0] == "mem+" {
            memory += prev_result;
            print_output(memory);
            continue;
        } else if tokens[0] == "mem-" {
            memory -= prev_result;
            print_output(memory);
            continue;
        }
        // 수식 계산, 기존 코드를 다음과 같이 수정
        // let left: f64 = tokens[0].parse().unwrap();
        // let right: f64 = tokens[2].parse().unwrap();
        let left = if tokens[0] == "mem" {
            memory
        } else {
            tokens[0].parse().unwrap()
        };
        let right = if tokens[2] == "mem" {
            memory
        } else {
            tokens[2].parse().unwrap()
        };
        // 여기까지가 수정 내용
        let result = match tokens[1] {
            "+" => left + right,
            "-" => left - right,
            "*" => left * right,
            "/" => left / right,
            _ => {
                // 입력이 올바르지 않으면 여기로
                unreachable!()
            }
        };
        // 결과 표시
        print_output(result);
        prev_result = result;  // 추가
    }
}
fn print_output(value: f64) {
    println!("  => {}", value);
}
```

다음과 같이 실행되면 성공입니다.

```
$ cargo run
1 + 2
  => 3
mem+
  => 3
mem * 3
  => 9
mem-
  => -6
```

메모리에 값을 기록하고 계산에 사용할 값을 메모리에서 읽어 오도록 수정했습니다. 또한 현시점의 메모리 값과 직전 계산 결과를 저장할 memory와 prev_result 변수를 추가했습니다.

메모리 기록은 공백 문자로 구분한 결과가 mem+ 또는 mem-로 시작하면 직전 계산 결과 prev_result를 더하거나 빼서 구현했습니다.

메모리 값을 읽는 부분은 입력값이 **숫자**가 아니라 mem이면 메모리 값을 사용하도록 구현했습니다. 이전 코드와 다르게 let left: f64 = ...가 let left = ...처럼 타입 지정이 생략되었는데, 이는 if ... else ...의 두 코드 블록의 값 타입이 일치해야 한다는 러스트의 규칙 때문입니다. if ... 타입이 memory 타입, 즉 f64이므로 else ... 타입도 f64로 간주되어 타입 추론이 가능하기 때문입니다.

그런데 let left = ...와 let right = ... 부분은 서로 비슷합니다. 따라서 이 부분을 함수로 바꿔 봅시다. 코드를 비교해 보면 다음과 같은 공통 부분이 있습니다.

```
if ○○ == "mem" {
    memory
} else {
    ○○.parse().unwrap()
}
```

원래 코드에서 ○○ 부분은 token[???]에 해당합니다. 문제는 ○○ 부분이 앞 절과 다르게 문자열 타입 &str이라는 점입니다. 앞 절에서 배운 f64 타입을 인수로 받는 함수 정의 방식에서 유추하면 이 부분만 함수로 분리해 다음과 같이 쓸 수 있습니다.

```
fn eval_token(token: &str, memory: f64) -> f64 {
    if token == "mem" {
        memory
```

```
    } else {
        token.parse().unwrap()
    }
}
```

○○는 러스트 변수명으로 쓸 수 없는 문자이므로 ○○ 대신에 token을 사용합니다. 매개변수로 memory를 받아야 한다는 점을 잊지 않도록 주의하기 바랍니다.

문자열을 인수로 받을 때도 함수 매개변수 작성법은 같습니다. 함수를 사용하는 쪽도 마찬가지입니다. 문자열을 함수에 넘길 수 있게 되었으므로 match 문 부분도 알기 쉽게 함수로 따로 분리해 봅시다.

```
fn main() {
    // 생략

    // 수식 계산
    let left: f64 = eval_token(tokens[0], memory);
    let right: f64 = eval_token(tokens[2], memory);
    let result = eval_expression(left, tokens[1], right);

    // 생략
}
fn print_output(value: f64) {
    println!("  => {}", value);
}
// 함수 추가
fn eval_token(token: &str, memory: f64) -> f64 {
    if token == "mem" {
        memory
    } else {
        token.parse().unwrap()
    }
}
fn eval_expression(left: f64, operator: &str, right: f64) -> f64 {
    match operator {
        "+" => left + right,
        "-" => left - right,
        "*" => left * right,
        "/" => left / right,
        _ => {
            // 입력이 올바르지 않으면 여기로
            unreachable!()
        }
    }
}
```

실행해 봅시다. 함수로 따로 분리하기 전과 같은 결과가 출력되면 성공입니다.

그런데 메모리 기록하기도 비슷한 일을 하는데 왜 함수로 만들지 않을까요? 그 이유는 함수를 호출하면 호출한 위치에 함수의 코드가 그대로 삽입되는 것이 아니라 호출된 함수의 내부로 점프해 실행되기 때문입니다. 그래서 함수 자체로 끝나지 않는 연산은 함수로 분리하기가 어렵습니다.

메모리 쓰기 부분을 함수로 분리한다면 다음과 같이 작성하고 싶을 것입니다.[1,2]

```
fn main() {
    // 생략

    // 메모리 쓰기
    if tokens[0] == "mem+" {
        add_and_print_memory(memory, prev_result);
    } else if tokens[0] == "mem-" {
        add_and_print_memory(memory, -prev_result);
    }

    // 생략
}
fn add_and_print_memory(mut memory: f64, prev_result: f64) {
    memory += prev_result;
    print_output(memory);
    continue;
}
```

그러나 이 코드는 컴파일되지 않습니다. continue는 for 문 같은 반복문 내부에서만 쓸 수 있는데 add_and_print_memory 자체만 보면 반복문이 없는데도 continue가 등장하기 때문입니다. continue를 함수 밖으로 빼내면 코드를 다음과 같이 작성할 수는 있습니다.

```
fn main() {
    // 생략

    // 메모리 쓰기
    if tokens[0] == "mem+" {
        add_and_print_memory(memory, prev_result);
        continue;
```

1 뺄셈은 부호를 반전시킨 숫자를 더하는 것과 같은 결과가 되므로 이렇게 공통화할 수 있습니다.

2 memory += prev_result하기 때문에 add_and_print_memory 함수의 매개변수 memory는 변경할 수 있어야 합니다. mut memory: f64는 매개변수를 변경할 수 있다는 표기법입니다.

```
    } else if tokens[0] == "mem-" {
        add_and_print_memory(memory, -prev_result);
        continue;
    }

    // 생략
}
fn add_and_print_memory(mut memory: f64, prev_result: f64) {
    memory += prev_result;
    print_output(memory);
}
```

이렇게 수정한 add_and_print_memory 함수로 프로그램을 실행해 봅시다.

```
$ cargo run
1 + 2
  => 3
mem+
  => 3
mem * 3
  => 0
mem-
  => 0
```

mem 관련 계산 결과가 이상합니다. 왜 그럴까요?

5.3.2 참조 전달과 값 전달

메모리 쓰기 처리를 add_and_print_memory 함수로 만들었더니 프로그램이 다르게 작동한 이유는 add_and_print_memory 함수에 복사된 memory 값이 전달되었기 때문입니다.

add_and_print_memory 함수의 매개변수 memory와 호출하는 곳의 원래 변수 memory는 서로 다른 변수입니다. 앞에서 '함수가 호출될 때는 함수 내부 처리가 호출한 쪽에 삽입되는 것이 아니'라고 말했는데 이해를 돕기 위해 억지로 호출한 쪽에 삽입해 바꿔 보면 다음과 같이 됩니다.

```
// 기존 코드
if &tokens[0] == "mem+" {
    add_and_print_memory(memory, prev_result);
    continue;
```

```
}
// 생략
fn add_and_print_memory(mut memory: f64, prev_result: f64) {
    memory += prev_result;
    print_output(memory);
}
// 함수 호출 과정
if &tokens[0] == "mem+" {
    {
        // 다음 변수는 섀도잉으로 기존 변수와 다른 변수가 됨
        let mut memory: f64 = memory;
        let prev_result: f64 = prev_result;
        memory += prev_result;
        print_output(memory);
    }
    // 블록식 내부에 선언된 변수는 밖에서는 보이지 않으므로
    // 블록식 밖에서는 섀도잉 이전의 memory와 prev_result 그대로가 됨
    continue;
}
// 생략
```

이해하기 쉽게 변수명이 중복되지 않도록 다시 작성하면 다음과 같이 됩니다.

```
// 함수 호출 과정
if &tokens[0] == "mem+" {
    {
        // memory와 prev_result 값이 복사됨
        let mut local_memory: f64 = memory;
        let local_prev_result: f64 = prev_result;

        local_memory += local_prev_result;
        print_output(local_memory);
    }
    // memory와 prev_result 값은 변하지 않음
    continue;
}
// 생략
```

호출하는 쪽의 memory와는 다른 변숫값을 변경하는 셈이므로 함수 안에서 값을 변경해도 실제 인수에는 영향이 없습니다.

함수에서 실제 인수를 덮어쓰려면 값 자체가 아니라 값이 저장된 장소를 넘겨야 합니다. 값이 저장된 장소를 **값에 대한 참조**(reference)라고 합니다. 값에 대한 참조를 얻으려면 &를, 값에 대한 참조에서 값 자체를 얻으려면 *를 사용합니다. 값 자

체를 꺼내는 것을 **역참조**(dereference)라고 합니다. 변수에 가변과 불변이 있는 것처럼 참조에도 값을 변경할 수 있는 **가변 참조**와 변경할 수 없는 **불변 참조**가 있습니다. &mut **변수명**은 가변 참조, &**변수명**은 불변 참조가 됩니다.

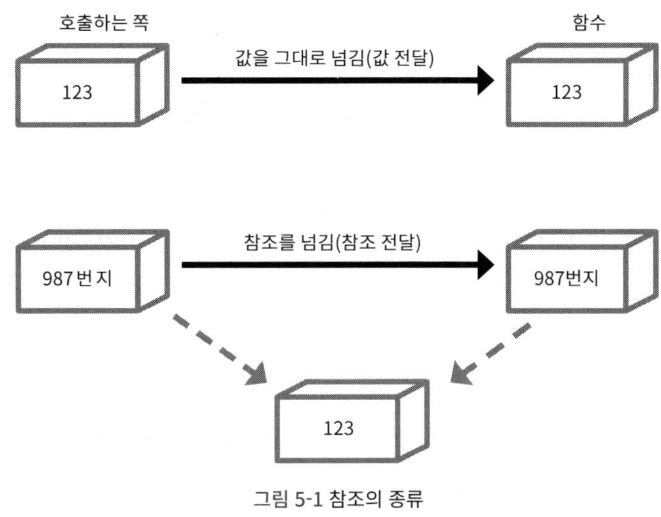

그림 5-1 참조의 종류

그러면 memory를 참조 전달해 봅시다. memory는 값을 덮어써야 하니 가변 참조로 전달합니다. 값 전달과 마찬가지로 호출되는 모습은 다음과 같습니다.

```
// 가변 참조를 전달하는 모습
if tokens[0] == "mem+" {
    {
        // local_memory에 memory에 대한 가변 참조 전달
        let local_memory: &mut f64 = &mut memory;
        let local_prev_result: f64 = prev_result;

        // 값을 사용할 때는 *를 붙여야 함
        *local_memory += local_prev_result;
        print_output(*local_memory);
    }
    continue;
}
...
```

local_memory에 memory 값이 저장된 위치를 값 변경이 가능한 상태로 전달합니다. 그리고 local_memory는 값 자체가 아니라 참조이므로 값을 갱신하거나 읽을 때는 *local_memory처럼 *를 붙여서 값을 사용합니다.

함수 형태로 다시 작성하면 다음과 같습니다. 새로운 add_and_print_memory 함수의 매개변수 중에서 memory처럼 인수를 참조로 넘기는 것을 **참조 전달**, prev_result처럼 값을 그대로 넘기는 것을 **값 전달**이라고 합니다.

```
if tokens[0] == "mem+" {
    add_and_print_memory(&mut memory, prev_result);  // &mut 추가
    continue;
}
...
// 다음처럼 수정
fn add_and_print_memory(memory: &mut f64, prev_result: f64) {
    *memory += prev_result;
    print_output(*memory);
}
```

호출하는 쪽을 &mut memory로 변경해야 한다는 것을 잊지 마세요.

이 상태로 실행해 메모리 기능을 함수로 분리하기 전과 같은 결과가 출력되면 성공입니다.

5.4 메모리 기능 확장하기

메모리 기능을 구현했지만 메모리가 하나밖에 없으므로 아직 부족합니다. 메모리 기능을 확장해 여러 값을 저장할 수 있도록 바꿔 봅시다.

5.4.1 메모리를 10개로 늘리기

값을 무한하게 저장하기는 어려우므로 우선 메모리를 0부터 9까지 10개로 늘려 봅시다. 지금까지 mem+라고 쓰면 첫 번째 메모리에 접근할 수 있었지만 지금부터는 mem1+로 입력하면 1번 메모리에 더하는 형태로 변경합니다. 번호로 접근하므로 메모리를 배열로 저장합니다. 앞 절에서 배운 방법으로 참조를 구현합시다.

```
fn main() {
    let mut prev_result: f64 = 0.0;
    // 다음과 같이 수정
    let mut memories: Vec<f64> = vec![0.0; 10];

    // 생략
```

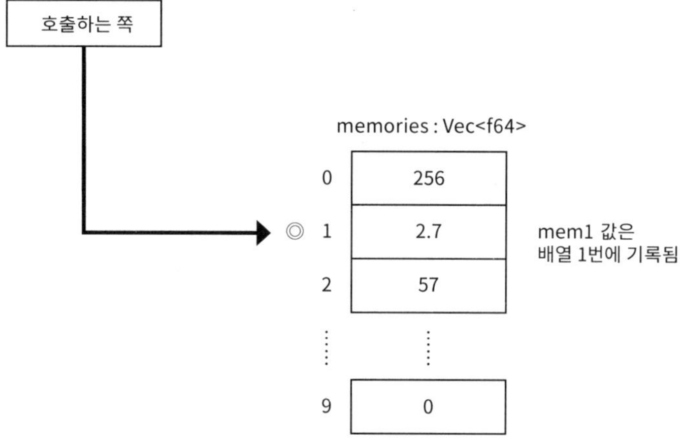

그림 5-2 배열 참조

```
    // 메모리 쓰기
    let is_memory = tokens[0].starts_with("mem");
    if is_memory && tokens[0].ends_with('+') {
        add_and_print_memory(&mut memories, tokens[0], prev_result);
        continue;
    } else if is_memory && tokens[0].ends_with('-') {
        add_and_print_memory(&mut memories, tokens[0], -prev_result);
        continue;
    }

    // 수식 계산
    let left: f64 = eval_token(tokens[0], memories);
    let right: f64 = eval_token(tokens[2], memories);
    let result = eval_expression(left, tokens[1], right);

    // 생략
}

// 다음 함수를 수정
fn add_and_print_memory(memories: &mut Vec<f64>, token: &str, prev_result:
f64) {
    let slot_index: usize = token[3..token.len() - 1].parse().unwrap();
    memories[slot_index] += prev_result;
    print_output(memories[slot_index]);
}

fn eval_token(token: &str, memories: Vec<f64>) -> f64 {
    if token.starts_with("mem") {
        let slot_index: usize = token[3..].parse().unwrap();
        memories[slot_index]
```

```
    } else {
        token.parse().unwrap()
    }
}
```

메모리 타입을 f64에서 f64 타입 배열 Vec<f64>로 바꾸고 add_and_print_memory 함수와 eval_token 함수가 각각 Vec<f64> 메모리를 받도록 수정했습니다. 앞에서 배운 것처럼 add_and_print_memory 함수는 memories 내용을 덮어써야 하므로 메모리를 참조 전달로 넘깁니다.

add_and_print_memory 함수의 첫 번째 줄의 token[3..token.len() - 1]과 eval_token 함수의 두 번째 줄의 token[3..]은 처음 등장한 구문입니다. **문자열[시작..종료]**는 문자열의 **시작** 위치부터 **종료** 위치 바로 앞까지 추출한 문자열이 됩니다. **시작**과 **종료**는 생략할 수 있으며 생략하면 처음부터 끝까지를 의미합니다. add_and_print_memory 함수에서는 mem1+라고 써서 메모리 1번을 지정했습니다. mem1+에서

문자열 끝에 + 또는 -가 없는 경우

※ 이해를 돕기 위해 수를 늘렸습니다.

token:

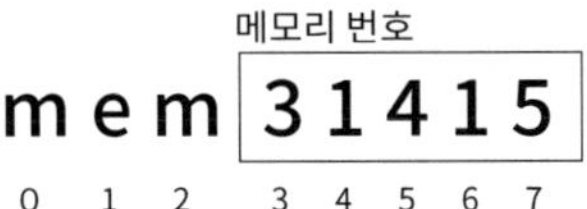

0 1 2 3 4 5 6 7

→ 메모리 번호는 token의 인덱스 3 이후이므로
token[3..]을 숫자로 변환하면
메모리 번호를 얻을 수 있습니다.

문자열 끝에 + 또는 -가 있는 경우

메모리 번호

token: vmem 31415 +

0 1 2 3 4 5 6 7 8

→ 메모리 번호는 token의 인덱스 3부터
8 바로 앞까지입니다.
3이라는 값은 token 길이에 따라 변하지 않지만
8은 바뀌므로 (token 길이) - 1이 됩니다.
따라서 token[3..token.len() - 1]을 숫자로 변환하면
메모리 번호를 얻을 수 있습니다.

그림 5-3 접미 기호(+/-) 유무에 따른 token의 메모리 번호 계산 규칙

세 번째 문자(1)부터 'mem1+의 길이 - 1'(즉 네 번째 문자인 +) 직전까지 추출하므로 1이라는 문자열만 추출합니다.[3] eval_token 함수는 mem1로, 메모리 1번을 가리키므로 mem1의 세 번째 문자(1)부터 mem1의 끝까지, 즉 마찬가지로 1이라는 문자열만 추출합니다(그림 5-3).

그런데 코드를 이렇게 수정하면 컴파일 오류가 발생합니다.

```
$ cargo build
error[E0382]: use of moved value: `memories`
  --> src/main.rs:28:47
   |
6  |     let mut memories: Vec<f64> = vec![0.0; 10];
   |         ------------ move occurs because `memories` has type
`Vec<f64>`, which does not implement the `Copy` trait
7  |
8  |     for line in stdin().lines() {
   |     --------------------------- inside of this loop
...
28 |         let left: f64 = eval_token(tokens[0], memories);
   |                                               ^^^^^^^^ value used here
after move
29 |         let right: f64 = eval_token(tokens[2], memories);
   |                                                -------- value moved
here, in previous iteration of loop
   |
note: consider changing this parameter type in function `eval_token` to
borrow instead if owning the value isn't necessary
  --> src/main.rs:61:38
   |
61 | fn eval_token(token: &str, memories: Vec<f64>) -> f64 {
   |    ---------- in this function       ^^^^^^^^ this parameter takes
ownership of the value
help: consider moving the expression out of the loop so it is only moved
once
   |
8  ~     let mut value = eval_token(tokens[2], memories);
9  ~     for line in stdin().lines() {
10 |         // 한 줄씩 읽고 빈 줄이면 종료
...
29 |         let left: f64 = eval_token(tokens[0], memories);
30 ~         let right: f64 = value;
```

3 (옮긴이) mem1+ 문자열과 인덱스 대응입니다.

인덱스	0	1	2	3	4
문자열	m	e	m	1	+

```
   |
help: consider cloning the value if the performance cost is acceptable
   |
29 |         let right: f64 = eval_token(tokens[2], memories.clone());
   |                                                         ++++++++
(생략)
```

오류 메시지가 상당히 길지만 차분히 내용을 확인하면 `use of moved value`와 `takes ownership of the value`처럼 익숙하지 않은 문구가 등장합니다. 의미를 알 수 없는 오류는 두렵기 마련입니다. 이런 오류 의미를 이해하려면 러스트의 소유권 개념을 이해해야 합니다.

5.4.2 소유권 시스템

러스트에서 **소유권 시스템**(ownership)은 메모리[4] 확보과 해제, 변경 여부를 통합적으로 관리하는 구조입니다. 소유권 시스템이 있기 때문에 메모리를 가볍고 안전하게 다룰 수 있습니다. 또한 소유권 시스템 덕분에 데이터베이스 연결이나 파일 같은 메모리 외의 다양한 리소스도 같은 방식으로 관리할 수 있습니다. 소유권 시스템은 러스트를 안전하면서도 고성능 언어로 만드는 가장 중요하고 특징적인 기능이라고 할 수 있습니다.

러스트 소유권 시스템은 동시에 여러 곳에서 값을 편집하지 않는 한 동시에 여러 곳에서 값을 읽어도 안전하다는 기본 원칙을 바탕으로 구축되어 있습니다.

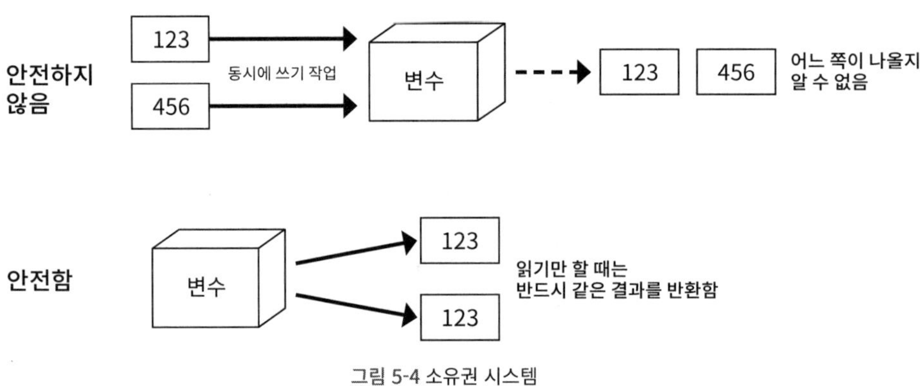

그림 5-4 소유권 시스템

4 여기서 말하는 메모리는 작성 중인 전자계산기의 기록(memory) 기능이 아니라 컴퓨터에 탑재된 기억 장치인 메모리(메인 메모리)를 의미합니다.

러스트는 이러한 대원칙을 지키면서 프로그램을 작성할 수 있도록 **수명**(lifetime), **소유권**(ownership), **대여**(borrow) 개념을 사용합니다. 이 개념을 대략적으로 설명하면 다음과 같습니다.

- 수명: 값 또는 참조의 유효기간
- 소유권: 값에 대한 생사여탈권
- 대여: 값 참조를 일시적으로 빌리기

각 개념을 자세히 살펴봅시다.

5.4.2.1 수명

수명은 값 또는 참조의 유효기간을 의미합니다. 값의 수명을 **값의 스코프**(scope)라고 부르기도 합니다.

유효기간이 지난 값과 참조는 사용할 수 없으며 사용하려고 하면 컴파일 오류가 발생합니다.

5.4.2.2 소유권

소유권은 값의 생사여탈을 쥐는 권리입니다. 값에는 반드시 소유권을 가진 소유자가 딱 하나 있습니다. 소유자가 항상 하나만 있도록 러스트의 소유권은 다음과 같은 규칙을 가집니다.

- 변수는 값의 소유자가 될 수 있습니다.
- 변수 외에도 값 자체가 다른 값의 소유자가 될 수 있습니다.
    - 예를 들어 구조체 필드에 저장된 값은 해당 필드를 가진 구조체 값이 소유자입니다.
- 아무도 소유하지 않은 상태가 되면 값의 스코프는 종료되고 값은 폐기됩니다.[5]
- 소유권은 다른 변수나 값으로 이전(이를 이동(move)한다고 함)할 수 있습니다. 소유권을 이전하면 원래 변수나 값에서는 사용할 수 없게 됩니다.

소유자가 반드시 하나이므로 값의 스코프는 항상 한 곳에서 종료됩니다. 따라서 값의 스코프가 시작될 때 확보한 메모리를 중복 없이 확실하게 해제할 수 있습니다.

5 메모리를 해제해 해당 영역을 사용할 수 없도록 하는 것도 편집의 일종입니다.

5.4.2.3 대여

소유자는 값의 생사여탈권을 가지고 있으므로 값을 자유롭게 사용할 수 있습니다. 하지만 소유자만 값을 사용할 수 있다면 프로그램에서 동시에 한 곳에서만 값을 사용할 수 있어 매우 불편합니다.

따라서 값의 소유자에게 값에 접근하기 위한 참조를 일시적으로 빌려야 합니다. 이것이 참조 **대여**입니다.

'동시에 여러 곳에서 값을 편집하지 않는 한 동시에 여러 곳에서 값을 읽어도 안전하다.'는 기본 원칙을 지키고자 참조와 대여는 다음과 같은 규칙을 따릅니다.

- 소유권을 가진 값을 빌려서 가변 참조와 불변 참조를 만들 수 있습니다. 다만, 가변 참조를 만들려면 원래 값이 가변이어야 합니다.
- 다른 참조가 유효한 동안에는 가변 참조를 만들 수 없습니다. 즉 같은 값에 대한 참조는 다음 중 하나가 됩니다.
    - 단 하나의 가변 참조가 있습니다.
    - 0개 이상의 불변 참조가 있고 가변 참조는 없습니다.
- 가변 참조는 불변 참조로 변경할 수 있지만 그 반대는 성립하지 않습니다.
- 참조 수명은 참조를 사용할 수 없게 되는 시점에 종료됩니다.

참조 대상값의 스코프는 참조의 수명보다 길어야 합니다.

그러면 실제 코드에서 수명, 소유권, 대여를 살펴보겠습니다.

```
fn main() {
    // (1)
    let mut foo: Vec<i32> = Vec::new();

    // (2)
    foo.push(123);

    // (3)
    println!("{}", foo.len());

    // (4)
    // let hoge = &foo;
    // foo.push(456);
    // println!("{}", hoge.len());
```

```
    // (5)
    let bar = foo;

    // (6)
    // foo.push(456);

    // (7)
    // bar.push(456);

    // (8)
    println!("{}", bar.len());
    {
        // (9)
        let buzz = bar;

        // (10)
    }

    // (11)
    // println!("{}", bar.len());

    // (12)
    // let fuga = {
    //     let buzz: Vec<i32> = Vec::new();
    //     &buzz
    // }
}
```

코드를 순서대로 설명해 보겠습니다.

- (1) Vec::new()로 얻은 값의 소유권을 foo가 획득합니다.
- (2) push는 &mut Vec<i32>와 i32를 받는 메서드입니다. foo는 가변이므로 foo에 대한 가변 참조를 빌려서 메서드에 전달합니다. (메서드가 무엇인지는 나중에 다시 설명하겠습니다. 지금은 함수의 한 형태라고만 이해해도 좋습니다.)
- (3) len은 &Vec<i32>를 받는 메서드입니다. (2)에서 빌린 가변 참조는 (2)에서만 사용할 수 있으므로 가변 참조 수명은 (2)에서 종료됩니다. 따라서 새로운 불변 참조를 빌려서 이를 메서드에 전달합니다.
- (4) hoge는 hoge.len()까지 유효한 foo에 대한 불변 참조입니다. hoge.len() 이전 줄에서 foo.push(456); 하려고 해도 hoge가 살아있기 때문에 그동안 foo에 대한 새 가변 참조를 만들 수 없어서 컴파일 오류가 발생합니다.
- (5) foo의 소유권을 bar로 이동시킵니다. 이렇게 하면 foo는 소유권이 없어집니

다. (1)에서 만든 값은 새로운 소유자가 있으므로 아직 값은 해제되지 않습니다.

- (6) foo는 더 이상 소유권이 없으므로 foo로는 값에 접근할 수 없습니다.
- (7) bar는 소유권을 가지고 있지만 불변이므로 bar에서 가변 참조를 빌릴 수 없습니다.
- (8) 가변 참조는 빌릴 수 없지만 불변 참조는 빌릴 수 있습니다.
- (9), (10) bar에서 buzz로 소유권을 이동시켰습니다. 블록식이 끝나면 buzz가 스코프에서 벗어나므로 (1)에서 만든 값의 소유자가 사라지고 값도 해제됩니다.
- (11) 소유자가 사라졌다고 해도 원래 소유자에게 소유권이 돌아오지 않으며 bar는 아무런 소유권도 가지고 있지 않습니다. 따라서 컴파일 오류가 발생합니다.
- (12) fuga에 buzz에 대한 참조를 대입하려고 하지만 buzz는 블록식이 끝나면 스코프에서 벗어나므로 buzz 값의 수명은 블록식 안으로 한정됩니다. &buzz를 블록식 밖으로 반환하면 참조를 사용하는 기간이 블록식 밖으로 확장됩니다. 따라서 값의 수명보다 참조 수명이 길어져서 컴파일 오류가 발생합니다.

☑ drop 함수

(9) 블록식은 사실상 '변숫값을 사용하는 것은 여기까지이므로 값을 해제하라'는 의미입니다. 코드에서 이를 명시적으로 나타내려면 drop 함수를 활용해 drop(bar);라고 작성합니다.

익숙해지기 전에는 소유권 시스템이 무척 어렵고 답답하게 느껴질 수 있습니다. 하지만 실제로 프로그램을 작성할 때 소유권 시스템을 의식할 일은 많지 않습니다. 러스트는 반드시 실행 전에 미리 컴파일해 소유권 시스템 관련 내용을 확인합니다. 컴파일 성공 여부는 일단 생각하지 말고 코드를 작성하고 나서 컴파일 오류가 발생하면 컴파일러가 지적한 부분을 수정하는 방식으로 고쳐 나가면 됩니다.

5.4.3 재도전: 메모리를 10개로 늘리기

소유권 시스템의 개요를 살펴보았으니 오류가 발생한 예제 코드로 다시 돌아가 봅시다. 오류가 발생한 부분은 다음 함수와 관련된 내용이었습니다.

```
fn eval_token(token: &str, memories: Vec<f64>) -> f64 {
    if token.starts_with("mem") {
        let slot_index: usize = token[3..].parse().unwrap();
```

```
        memories[slot_index]
    } else {
        token.parse().unwrap()
    }
}
```

오류 메시지가 this parameter takes ownership of the value였던 것처럼 memories: Vec<f64>는 호출하는 쪽의 값 소유권을 빼앗는 방식입니다. 이 코드 때문에 let left = eval_token(&tokens[0], memories); 시점에 memories는 소유권을 잃었고 let right = eval_token(&tokens[2], memories);에서 소유권을 넘겨 줄 수 없었던 것입니다. 게다가 이 줄은 반복문 안에 있으므로 let right = ...가 없더라도 반복문 2회째 이후에는 이미 memories가 소유권을 잃었기 때문에 컴파일 오류가 발생합니다.

소유권을 빼앗는 방식은 좋지 않으므로 다음과 같이 수정하면 됩니다.

```
// memories를 참조 전달로 변경
let left = eval_token(tokens[0], &memories);
let right = eval_token(tokens[2], &memories);

// 생략

// memories 타입에 &를 붙임
fn eval_token(token: &str, memories: &Vec<f64>) -> f64 {
    if token.starts_with("mem") {
        let slot_index: usize = token[3..].parse().unwrap();
        memories[slot_index]
    } else {
        token.parse().unwrap()
    }
}
```

이렇게 바꾸면 컴파일에 성공합니다.

하지만 함수의 인수로 Vec에 대한 참조를 직접 받는 경우는 많지 않습니다. 대부분은 그 대신에 **슬라이스**(slice)를 사용합니다.

슬라이스는 배열 일부 또는 전체를 들여다보는 창이라고 할 수 있습니다. 슬라이스를 사용하면 배열 일부를 떼어내어 마치 일반 배열인 것처럼 다룰 수 있습니다. 프로그램에서는 슬라이스에 대한 참조 형태로 자주 등장합니다. 이번 프로그램은

memories를 슬라이스로 받든, Vec에 대한 참조로 받든 그다지 차이가 없습니다. 하지만 배열 길이를 변경하지 않는다면 Vec으로 가능한 일은 슬라이스로도 대부분 가능합니다. 따라서 일반적으로 함수 구현에 영향을 주지 않는다면 인수를 슬라이스 해 받을 때가 잦습니다.

슬라이스는 **배열[시작..종료]** 형태로 만듭니다. 이는 **배열**의 **시작** 요소부터 **종료** 직전 요소까지를 의미합니다. **시작**과 **종료**는 생략할 수 있으며 생략하면 처음부터 끝까지를 나타냅니다. 슬라이스 요소에 접근하는 방법은 일반 배열과 같으며 슬라이스의 첫 번째 요소는 인덱스 0부터 시작합니다.

이 슬라이스를 만드는 구문이 낯익지 않나요? 그렇습니다. add_and_print_memory 함수에서 나왔던 token[3..token.len() - 1]과 같은 표기법입니다.

사실 token[3..token.len() - 1]은 문자열 슬라이스를 만드는 구문입니다. 지금까지 나온 str 타입은 문자열 슬라이스를 나타내는 타입입니다. 문자열은 문자의 배열이므로 배열과 문자열은 서로 조작 방식이 꽤 비슷합니다. str이 문자열 슬라이스를 나타내는 타입이라면 슬라이스 전의 문자열을 다루는 타입도 있을 텐데, 그것이 바로 String 타입입니다. 지금까지 String과 &str 차이를 잘 이해하지 못했는데 이제야 이해할 수 있게 되었습니다.

표 5-1 타입명과 의미 정리

	배열	문자열	사용 빈도
소유권 있음	Vec<T>	String	매우 자주 사용
전체에 대한 가변 참조	&mut Vec<T>	&mut String	자주 사용
전체에 대한 불변 참조	&Vec<T>	&String	잘 사용하지 않음
슬라이스	[T]	str	거의 사용하지 않음
슬라이스에 대한 가변 참조	&mut [T]	&mut str	자주 사용
슬라이스에 대한 불변 참조	&[T]	&str	매우 자주 사용

문자열은 공백 문자로 문자열을 구분하는 등 문자열의 일부를 잘라내서 다루는 일이 배열에 비해 훨씬 많습니다. 러스트의 슬라이스 타입은 배열 전체를 다룰 때와 같이 배열 일부를 효율적으로 사용할 수 있습니다. 또한 러스트 소유권 시스템 덕분에 슬라이스가 참조하는 원래 배열이나 문자열이 갑자기 사라지는 일도 발생하지 않습니다. 이렇게 안전하게 다룰 수 있는 슬라이스가 있어서 러스트는 더욱 고성능 언어가 되었습니다.

그러면 슬라이스로 코드를 수정해 보겠습니다. 슬라이스 타입명은 **[요소 타입]** 형태로 작성합니다. 호출하는 쪽의 코드는 바꾸지 않습니다.[6]

```
// 양쪽 다 memories 타입을 변경
fn add_and_print_memory(memories: &mut [f64], token: &str, prev_result:
f64) {
    let slot_index: usize = token[3..token.len() - 1].parse().unwrap();
    memories[slot_index] += prev_result;
    print_output(memories[slot_index]);
}

fn eval_token(token: &str, memories: &[f64]) -> f64 {
    if token.starts_with("mem") {
        let slot_index: usize = token[3..].parse().unwrap();
        memories[slot_index]
    } else {
        token.parse().unwrap()
    }
}
```

다음과 같이 실행되면 성공입니다.

```
$ cargo run
1 + 2
  => 3
mem1+
  => 3
3 + 4
  => 7
mem2-
  => -7
mem1 * mem2
  => -21
```

☑ 무브 시맨틱스와 카피 시맨틱스

eval_token 함수에 memories 소유권이 아니라 참조를 넘겨서 컴파일 오류를 해결했지만 아직 의문이 하나 남습니다. Vec<f64> 타입의 memories일 때는 오류가 발생하면서 왜 f64 타입 memory를 넘겼을 때는 오류가 발생하지 않을까요?

6 슬라이스에 대한 참조와 배열에 대한 참조는 서로 다른 타입이지만 **타입 강제** 방식으로 타입이 자동으로 변환됩니다.

```
fn eval_token(token: &str, memory: f64) -> f64           // 컴파일 성공
fn eval_token(token: &str, memories: Vec<f64>) -> f64   // 컴파일 오류 발생
```

사실은 러스트에서 값을 대입할 때는 타입에 따라 처리가 달라집니다. Vec<f64> 타입 memories처럼 대입하면 대부분 소유권이 이동하지만, f64 타입은 대입해도 소유권이 이동하지 않고 값을 복사(copy)해 자신의 분신을 대입합니다. 따라서 소유권은 그대로 남아 있습니다. Vec<f64>처럼 소유권이 이동하는 대입을 무브 시맨틱스(move semantics), 소유권을 복사하는 대입을 카피 시맨틱스(copy semantics)라고 합니다.

무브 시맨틱스와 카피 시맨틱스 중 어느 것이 될지는 타입에 따라 달라집니다. 타입을 선언할 때 아무것도 지정하지 않으면 무브 시맨틱스가 됩니다. 자세한 내용은 5장 마지막에 설명하겠지만 구조체 타입 선언 앞에 #[derive(Copy, Clone)]을 지정하면 카피 시맨틱스가 됩니다.

5.2.2.1절에서 f64 이외의 타입을 매개변수나 반환값으로 사용하려면 따로 고려할 사항이 있다고 했던 이유가 바로 무브 시맨틱스와 카피 시맨틱스의 차이 때문이었습니다.

☑ 인수를 받는 방법

- **가변 참조**
  - 전달된 값을 함수 안에서 수정할 때
  - 다른 함수에 가변 참조를 전달할 필요가 있을 때
- **값**
  - 함수 안에서 값의 소유권이 필요할 때
  - 카피 시맨틱스 값을 받을 때
- **불변 참조**
  - 위의 경우에 해당하지 않을 때

5.4.4 메모리 이름 지정하기

이번에는 메모리에 0부터 9까지의 번호 대신에 원하는 이름을 붙여서 memSUM+처럼 이름으로 접근할 수 있도록 해 봅시다.

먼저 준비 단계로 메모리 기능을 구조체로 분리합니다.

```
use std::io::stdin;
fn main() {
```

```
    // 수정
    let mut memory = Memory {
        slots: vec![0.0; 10],
    };
    let mut prev_result: f64 = 0.0;
    for line in stdin().lines() {
        // 한 줄씩 읽고 빈 줄이면 종료
        let line = line.unwrap();
        if line.is_empty() {
            break;
        }
        // 공백으로 구분
        let tokens: Vec<&str> = line.split(char::is_whitespace).collect();
        // 메모리 쓰기
        let is_memory = tokens[0].starts_with("mem");
        if is_memory && tokens[0].ends_with('+') {
            // 수정
            add_and_print_memory(&mut memory, tokens[0], prev_result);
            continue;
        } else if is_memory && tokens[0].ends_with('-') {
            // 수정
            add_and_print_memory(&mut memory, tokens[0], -prev_result);
            continue;
        }
        // 수식 계산
        let left = eval_token(tokens[0], &memory);   // 수정
        let right = eval_token(tokens[2], &memory);  // 수정
        let result = eval_expression(left, tokens[1], right);
        // 결과 표시
        print_output(result);
        prev_result = result;
    }
}

fn print_output(value: f64) {
    println!("  => {}", value);
}

// 추가
struct Memory {
    slots: Vec<f64>,
}

// 수정
fn add_and_print_memory(memory: &mut Memory, token: &str, prev_result: f64)
{
    let slot_index: usize = token[3..token.len() - 1].parse().unwrap();
    memory.slots[slot_index] += prev_result;  // 수정
```

```
    print_output(memory.slots[slot_index]);    // 수정
}

// 수정
fn eval_token(token: &str, memory: &Memory) -> f64 {
    if token.starts_with("mem") {
        let slot_index: usize = token[3..].parse().unwrap();
        memory.slots[slot_index]  // 수정
    } else {
        token.parse().unwrap()
    }
}
// 생략
```

☑ 튜플 구조체

이번 Memory 구조체처럼 필드명에 큰 의미가 없는 경우에는 `struct Memory(Vec<f64>);`처럼 필드명을 생략한 **튜플 구조체**(tuple struct)를 정의할 수 있습니다. 튜플 구조체의 일부 필드에만 이름을 붙일 수는 없으며, 튜플과 마찬가지로 `memory.0` 형태로 마침표(.) 뒤에 첨자를 붙여서 접근할 수 있습니다.

지금까지 배운 문법을 사용해 메모리에 이름을 붙이려면 어떻게 할까요?

메모리 이름과 값의 쌍을 목록으로 관리하는 방법이 있습니다. 구현해 봅시다.

```
fn main() {
    // 수정
    let mut memory = Memory {
        // 처음에는 메모리에 아무 값도 없음
        slots: vec![],
    };

    // 생략
}
struct Memory {
    // 메모리 이름과 값의 쌍을 배열로 저장
    slots: Vec<(String, f64)>,
}
fn add_and_print_memory(memory: &mut Memory, token: &str, prev_result: f64)
{
    let slot_name = &token[3..token.len() - 1];
    // 모든 메모리 탐색
    for slot in memory.slots.iter_mut() {
```

```
        if slot.0 == slot_name {
            // 메모리를 찾았으므로 값을 변경하고 표시
            slot.1 += prev_result;
            print_output(slot.1);
            return;
        }
    }
    // 메모리를 찾지 못하면 마지막 요소에 추가
    memory.slots.push((slot_name.to_string(), prev_result));
    print_output(prev_result);
}
fn eval_token(token: &str, memory: &Memory) -> f64 {
    if token.starts_with("mem") {
        let slot_name = &token[3..];
        // 모든 메모리 탐색
        for slot in &memory.slots {
            if slot.0 == slot_name {
                // 메모리를 찾았으므로 값을 반환
                return slot.1;
            }
        }
        // 메모리를 찾지 못하면 초깃값 반환
        0.0
    } else {
        token.parse().unwrap()
    }
}
// 생략
```

Memory 구조체의 slots 필드를 Vec<(String, f64)> 타입으로 바꾸고 메모리 이름과 값을 저장하도록 했습니다. add_and_print_memory 함수와 eval_token 함수는 slots를 앞에서부터 차례로 살펴 가장 먼저 이름이 일치하는 요소의 값을 사용합니다.

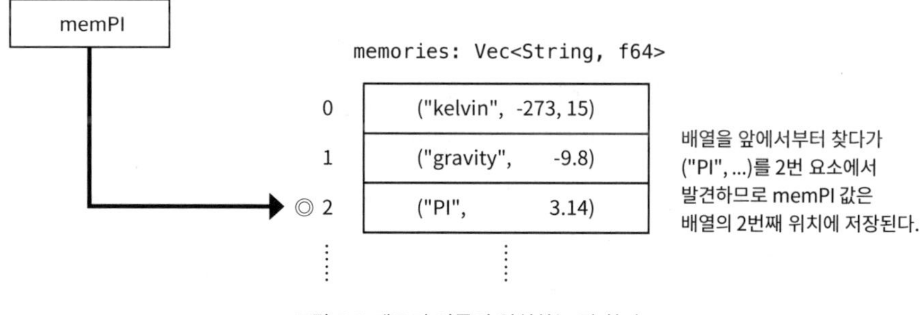

그림 5-5 메모리 이름이 일치하는 값 찾기

return 키워드가 처음으로 등장했는데 이는 함수 실행을 도중에 중단하는 구문입니다. add_and_print_value 함수처럼 값을 반환하지 않는 함수는 단순히 return;이라고 씁니다. eval_token 함수처럼 값을 반환하는 함수는 return **반환값**;처럼 return 뒤에 반환값을 이어서 씁니다. add_and_print_memory 함수의 memory.slots.iter_mut()도 처음 등장하는 문법인데 iter_mut()는 배열 등에서 각 요소의 가변 참조를 하나씩 가져올 때 사용합니다.

그러면 구조체로 바꿨을 때 수정한 코드와 slots 필드를 Vec<(String, f64)> 타입으로 바꿨을 때 수정한 코드를 비교해 봅시다. 같은 함수를 수정했다는 것을 알 수 있습니다. main 함수 맨 앞에서 memory를 만드는 부분은 다르지만 main 함수의 나머지 구현이나 add_and_print_memory 함수와 eval_token 함수의 매개변수 목록과 반환값은 그대로이고, add_and_print_memory 함수와 eval_token 함수의 구현만 달라졌습니다.

러스트에는 이렇게 구조체와 관련된 함수만 모아서 명시하는 방법이 있습니다. 구조체 타입 값에 대한 처리를 **메서드**(method)라고 하며 메서드는 다음과 같이 정의합니다. 그리고 impl 블록 내부에 메서드를 여러 개 정의할 수 있습니다.

```
impl 구조체명 {
    fn 메서드명(매개변수...) -> 반환값 타입 {
        처리
    }
}
```

함수와 메서드는 처리의 집합에 이름을 붙인다는 점에서 기능이 비슷하고 문법도 비슷합니다. 똑같이 fn 키워드를 사용하고 **fn 이름(매개변수...) -> 반환값 타입 { 처리 }** 구조도 같습니다. 반환값이 없는 메서드에는 함수와 마찬가지로 반환값 타입을 작성하지 않습니다.

함수와 메서드의 문법적인 차이는 메서드가 첫 매개변수로 반드시 self를 가진다는 점입니다. self는 반드시 해당 구조체 타입이 되므로 self에 타입명은 붙이지 않습니다. 다만 self로 소유권을 가질지, 불변 참조를 받을지, 가변 참조를 받을지는 상황에 따라 달라집니다. 소유권이 필요한 경우, 불변 참조가 필요한 경우, 가변 참조가 필요한 경우에 따라 각각 self, &self, &mut self라고 작성합니다.

그러면 이전 코드를 메서드로 바꿔 봅시다.

```
        // 생략

        // 메모리 쓰기
        let is_memory = tokens[0].starts_with("mem");
        if is_memory && tokens[0].ends_with('+') {
            // 수정
            memory.add_and_print(tokens[0], prev_result);
            continue;
        } else if is_memory && tokens[0].ends_with('-') {
            // 수정
            memory.add_and_print(tokens[0], -prev_result);
            continue;
        }
        // 수식 계산
        let left = memory.eval_token(tokens[0]);   // 수정
        let right = memory.eval_token(tokens[2]);  // 수정
        let result = eval_expression(left, tokens[1], right);
        // 결과 표시
        print_output(result);
        prev_result = result;
    }
}

fn print_output(value: f64) {
    println!("  => {}", value);
}

struct Memory {
    // 메모리 이름과 값의 쌍을 배열로 저장
    slots: Vec<(String, f64)>,
}
impl Memory {
    fn add_and_print(&mut self, token: &str, prev_result: f64) {
        let slot_name = &token[3..token.len() - 1];
        // 모든 메모리 탐색
        for slot in self.slots.iter_mut() {
            if slot.0 == slot_name {
                // 메모리를 찾았으므로 값을 변경하고 표시
                slot.1 += prev_result;
                print_output(slot.1);
                return;
            }
        }

        // 메모리를 찾지 못하면 마지막 요소에 추가
        self.slots.push((slot_name.to_string(), prev_result));
        print_output(prev_result);
    }
```

```
    fn eval_token(&self, token: &str) -> f64 {
        if token.starts_with("mem") {
            let slot_name = &token[3..];
            // 모든 메모리 탐색
            for slot in &self.slots {
                if slot.0 == slot_name {
                    // 메모리를 찾았으므로 값을 반환
                    return slot.1;
                }
            }
            // 메모리를 찾지 못하면 초깃값 반환
            0.0
        } else {
            token.parse().unwrap()
        }
    }
}

fn eval_expression(left: f64, operator: &str, right: f64) -> f64 {
    // 생략
}
```

먼저 add_and_print_memory 함수와 eval_token 함수를 Memory 구조체 메서드로 바꿨습니다. 그리고 main 함수에서 이런 함수를 호출하던 부분을 메서드 호출로 변경했습니다. 메서드 호출은 self에 넘기는 값.메서드명(인수...) 형태로 작성합니다. 지금까지 starts_with와 parse 같은 마침표(.) 뒤에 함수를 호출하는 구문을 많이 사용했는데 이는 모두 메서드 호출이었습니다.

참고로 메모리 구조체에서 add와 print하는 대상은 메모리 값으로 정해져 있으므로 메서드명을 add_and_print_memory에서 단순히 add_and_print로 변경했습니다.

이렇게 Memory 구조체와 연관이 깊은 조작을 메서드로 추출해 두면 Memory 구조체와 관련된 변경은 모두 Memory 구조체 정의와 메서드 정의에 포함됩니다. 변경 지점을 쉽게 파악할 수 있게 되었으니 다행입니다.

하지만 정말 그럴까요? main 함수 시작 부분의 let mut memory = ... 부분은 Memory 구조체에 변경이 있으면 영향을 받습니다. 이 부분도 Memory 구조체 안으로 옮길 수 없을까요?

사실 impl 블록에는 self를 인수로 받지 않는 함수를 포함할 수 있습니다. 이런 함수를 해당 구조체와 연관이 깊은 함수라는 의미에서 **연관 함수**(associated function)라고 부릅니다. 연관 함수의 대표적인 사용 예가 바로 지금처럼 구조체 타입의 새로운 값을 생성하는 함수입니다.

연관 함수를 사용해 코드를 수정해 봅시다. 연관 함수는 **타입명::함수명(인수...)** 형태로 호출합니다.

```
fn main() {
    let mut memory = Memory::new();
    // 생략
}
impl Memory {
    fn new() -> Self {
        Self { slots: vec![] }
    }
    // 생략
}
```

이제 드디어 Memory 구조체를 변경해도 Memory 구조체 안에서 처리되도록 정리했습니다(이를 Memory 구조체 안의 변경이 닫혀 있다고 합니다.).

그러면 이제부터 메서드와 연관 함수로 정리한 성과를 확인해 봅시다. Memory 구조체를 좀 더 효율적으로 구현하고자 합니다.

지금까지 Memory 구조체 안에서 메모리 목록을 관리할 때는 Vec<(String, f64)> 타입을 사용했습니다. 메모리 이름으로 메모리의 값을 검색하기 위해서입니다. 메모리에 이름을 붙이기 전에 0~9 숫자로 접근할 때는 Vec<f64>를 사용했습니다. 메모리 번호로 메모리 값을 검색하고 싶었기 때문입니다.

이처럼 배열은 0 이상의 정수 인덱스를 사용해 요솟값을 검색할 수 있는 자료 구조입니다. 정수 이외의 값으로 요소를 검색할 수 있는 자료 구조로는 **연관 배열**(associative array, 연관 리스트, 사전, 딕셔너리, 맵 등으로도 불림)이 있습니다. 검색에 사용할 값으로 숫자가 아닌 문자열도 사용할 수 있습니다.

러스트에서 연관 배열을 다루는 타입은 HashMap 타입입니다. HashMap을 사용하면 훨씬 적은 코드로 더 빠르게 값을 검색할 수 있습니다(그림 5-6).

바로 사용해 봅시다.

```
use std::{
    collections::{hash_map::Entry, HashMap},
    io::stdin,
};
```

```
struct Memory {
    slots: HashMap<String, f64>,
}

impl Memory {
    fn new() -> Self {
        Self {
            slots: HashMap::new(),
        }
    }
    fn add_and_print(&mut self, token: &str, prev_result: f64) {
        let slot_name = token[3..token.len() - 1].to_string();
        match self.slots.entry(slot_name) {
            Entry::Occupied(mut entry) => {
                // 메모리를 찾으면 값을 변경하고 표시
                *entry.get_mut() += prev_result;
                print_output(*entry.get());
            }
            Entry::Vacant(entry) => {
                // 메모리를 찾지 못하면 요소를 추가
                entry.insert(prev_result);
                print_output(prev_result);
            }
        }
    }

    fn eval_token(&self, token: &str) -> f64 {
        if token.starts_with("mem") {
            let slot_name = &token[3..];
            // self.slots.get(slot_name) 반환값은 Option<&f64>
            // Option 내용물이 참조라면 값을 돌려줄 수 없으므로
            // copied() 메서드로 Option<f64> 타입으로 변경
            // 또한 메모리를 찾지 못했을 때는 값으로 0.0 사용
            self.slots.get(slot_name).copied().unwrap_or(0.0)
            // 또는 다음과 같이 구현
            // match self.slots.get(slot_name) {
            //     // 메모리를 찾았으므로 값을 반환
            //     Some(value) => *value,
            //     // 메모리를 찾지 못하면 초깃값 반환
            //     None => 0.0,
            // }
        } else {
            token.parse().unwrap()
        }
    }
}
// 생략
```

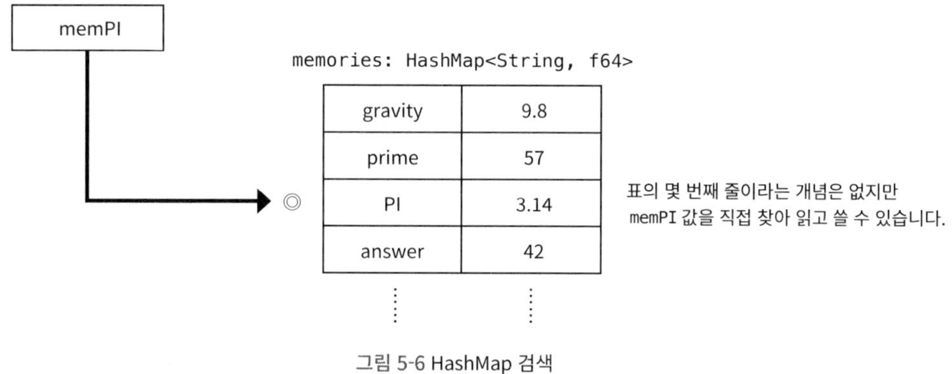

그림 5-6 HashMap 검색

Memory 구조체 외부를 전혀 수정하지 않아도 효율적으로 구현을 변경할 수 있습니다.

add_and_print 메서드와 eval_token 구현에 낯선 match 문이 있는데 자세한 내용은 다음 절에서 설명하겠습니다. 지금은 일단 다음과 같이 기억하면 됩니다.

- 새 요소를 삽입할 때 entry 메서드를 호출합니다.
  - Entry::Occupied는 이미 연관 배열에 요소가 있을 때 실행되는 로직이고 Entry::Vacant는 요소가 없을 때 실행되는 로직입니다. 그리고 () 내부의 변수를 사용하면 get 메서드와 get_mut 메서드로 값을 꺼내거나 insert 메서드로 값을 삽입할 수 있습니다.
  - entry 메서드에는 소유권별로 인수를 전달해야 합니다.
- 단순히 값만 취득한다면 get 메서드로 호출합니다.
- Some은 연관 배열에 요소가 있을 때, None은 요소가 없을 때의 처리입니다. Some 뒤의 () 안에 포함된 내용은 저장된 값에 대한 참조입니다.

마지막으로 코드를 좀 더 다듬어 봅시다.

먼저 eval_token 메서드는 '메모리가 토큰에 엮인 값을 평가해 반환한다'는 점에서 어딘가 이상한 이름입니다. 메모리의 임무는 '값을 올바르게 저장하고 가져오는 일'입니다. 따라서 메모리 값을 가져오는 get 메서드를 추가하고 eval_token 메서드는 원래대로 일반 함수로 되돌립니다.

add_and_print 메서드는 '메모리 값을 올바르게 저장하고 가져온다'는 측면에서 봤을 때 변경 후의 값을 출력하는 일까지 담당하는 것은 불필요한 처리입니다. 따라서 add_and_print 메서드는 add 메서드로 이름을 바꿔 처리 후의 값을 반환하도록 하고 출력은 외부에서 하도록 변경합니다.

두 메서드에서 메모리 이름을 뽑아내는 처리를 어디에서 할지 고민이 되는데, 메모리 이름 지정 방법은 향후 바뀔 가능성이 있다는 점을 고려해 메서드 밖으로 빼도록 합시다.

☑ 제네릭과 트레이트

예제 코드에서 Memory 구조체의 slots 필드 타입이 HashMap이 아니라 HashMap<String, f64> 라는 점을 알아차렸나요? 배열 타입명(String 타입 배열이라면 Vec<String>)과 비슷한 표기법이지만 <>로 감싼 부분에 포함된 타입이 2개로 늘어났습니다. HashMap의 첫 번째 타입은 연관 배열에서 검색하기 위한 키 타입, 두 번째 타입은 키에 대응하는 값 타입을 뜻합니다.

HashMap과 Vec의 표기법이 비슷한 이유는 두 타입 모두 제네릭(generic)으로 정의되어 있기 때문입니다.

자세한 설명은 이 책의 범위를 벗어나므로 아주 간단히 설명하자면 한마디로 제네릭이란, 필드와 인수 등의 타입을 채우면 해당 타입 전용 구조체와 함수를 만들어 주는 구조입니다.

배열과 연관 배열은 용도에 따라 요소에 넣을 값의 타입이 달라집니다. 예를 들어 정수 배열이라면 요소 타입이 i32일 수도 있고 u64 일 수도 있으며, 직접 정의한 구조체를 요소로 갖는 배열을 만들고 싶을 수도 있습니다.

이때 제네릭이 없다면 요소 타입이 변경될 때마다 타입을 스스로 정의해야 합니다. 이런 상황에서는 코드 줄 수가 늘어나서 보기 어렵고, 사용하려는 타입의 자료 구조와 구현을 자세히 알아야 하는 번거로움이 생깁니다.

```
// i32 전용 배열
struct Vec_i32 { ... }
impl Vec_i32 {
    fn new() -> Vec_i32 { ... }
    fn len(&self) -> usize { ... }
    ...
}
// u64 전용 배열
struct Vec_u64 { ... }
impl Vec_u64 {
    fn new() -> Vec_u64 { ... }
    fn len(&self) -> usize { ... }
    ...
}
// 직접 정의한 구조체 전용 배열
struct MyStruct;
```

```
struct Vec_MyStruct;
impl Vec_MyStruct {
    fn new() -> Vec_MyStruct { ... }
    fn len(&self) -> usize { ... }
    ...
}
```

그래서 이 부분에는 '어떤 데이터 타입이 와도 괜찮다'는 의미의 **타입 매개변수**(placeholder)를 두고 타입을 정의하면 타입마다 구현하던 부분을 하나로 합칠 수 있습니다.

```
// 하나로 합친 배열 타입
struct Vec<T> { ... }
// impl 블록 안의 T는 모두 같은 타입을 의미함
impl<T> Vec<T> {
    fn new() -> Vec<T> { ... }
    fn len(&self) -> usize { ... }
    ...
}
```

타입 매개변수를 가질 수 있는 것은 타입 정의뿐만 아니라 함수와 메서드도 마찬가지이며 다음과 같이 작성할 수 있습니다.

```
// 하나로 합친 함수
// 함수 안의 T는 모두 같은 타입을 의미함
fn some_function<T>(arg1: T, arg2: String) -> T {
    // ...
}
```

그런데 아무리 '이 부분에 어떤 데이터 타입이 들어가도 괜찮다'고 타입 매개변수로 정의했어도 정말로 아무 타입이나 타입 매개변수로 전달하면 곤란한 일이 발생합니다.

예를 들어 두 개의 인수를 받아 인숫값의 대소 관계에 따라 1, 0, -1 중 하나의 값을 반환하는 함수 compare를 생각해 봅시다. 인수로 문자열을 받았다면 문자열은 사전순으로 대소 관계를 비교할 수 있으므로 문제가 되지 않습니다.

하지만 문자열이 아닌 복소수라면 상황이 달라집니다. 복소수의 수학적인 대소 관계는 정의할 수 없기 때문에 compare 함수 자체가 무의미합니다. 따라서 대소 관계를 정의할 수 없는 값은 compare 함수에 넘길 수 없게 해 봅시다.

```
// 대소 관계에 따라 1, 0, -1 중 하나를 반환하는 함수
// (이 함수는 컴파일 오류가 발생)
fn compare<T>(left: &T, right: &T) -> i32 {
    if left < right {
        -1  // left가 right보다 작으면 -1
    } else if left > right {
        1   // left가 right보다 크면 1
```

```
    } else {
        0   // left와 right가 같으면 0
    }
}

// 실제로 사용해 보기
let left = "abc".to_string();
let right = "def".to_string();
// OK. 문자열은 비교 가능하므로 compare 함수에 넘겨도 문제 없음
let ordering = compare(&left, &right);

// 복소수 타입
struct Complex {
    re: f64,  // 실수 부분
    im: f64,  // 허수 부분
}

// 실제로 사용해 보기
let left = Complex { re: 1.0, im: 0.0 };   // left = 1
let right = Complex { re: 0.0, im: 1.0 };  // right = i
// NG. 복소수는 대소 관계가 없으므로 compare 함수에 넘기지 않음
let ordering = compare(&left, &right);
```

대소 관계뿐만 아니라 특정 연산을 할 수 있는 타입만 타입 매개변수로 넘길 수 있도록 제한하고 싶을 때가 있습니다. 이와 같은 제약 조건을 **타입 제약**이라고 부릅니다. 타입 제약을 표현할 때 필요한 것이 해당 타입에 어떤 연산이 가능한지를 정리해 둔 **트레이트**(trait)입니다.

예를 들어 표준 라이브러리 Ord 트레이트는 값의 대소 비교와 ==, != 로 비교할 수 있는 트레이트로 정의되어 있습니다. 따라서 앞의 compare 함수에 T: Ord 타입 제약을 추가하면 대소 비교 등을 할 수 없는 타입은 compare 함수에 넘기지 못하게 할 수 있습니다.

```
// 대소 관계에 따라 1, 0, -1 중 하나를 반환하는 함수
// 이 함수는 컴파일 가능
fn compare<T>(left: &T, right: &T) -> i32
where T: Ord {  // T에 대한 타입 제약
    if left < right {
        -1  // left가 right보다 작으면 -1
    } else if left > right {
        1   // left가 right보다 크면 1
    } else {
        0   // left와 right가 같으면 0
    }
}

// 실제로 사용해 보기
let left = "abc".to_string();
let right = "def".to_string();
```

```
// OK. 문자열은 Ord 트레이트를 구현했음
let ordering = compare(&left, &right);

// 복소수 타입
struct Complex {
    re: f64,  // 실수 부분
    im: f64,  // 허수 부분
}

// 실제로 사용해 보기
let left = Complex { re: 1.0, im: 0.0 };   // left = 1
let right = Complex { re: 0.0, im: 1.0 };  // right = i
// 컴파일 오류. Complex 타입은 Ord 트레이트를 구현하지 않았음
let ordering = compare(&left, &right);
```

대표적인 트레이트에는 Ord 외에도 PartialOrd, Eq, PartialEq, Clone, Copy, Iterator, IntoIterator, ToString, Display, Debug, From, Into가 있습니다.

그중에는 컴파일러가 특별하게 인식하는 트레이트가 있습니다. 예를 들어 Copy 트레이트를 구현하면 앞 절에서 설명한 무브 시맨틱스가 아니라 카피 시맨틱스를 사용하라는 지시가 됩니다. 일부 트레이트는 조건이 맞으면 타입 선언 앞에 #[derive(...)]를 사용해 자동으로 구현할 수 있습니다. 구조체 타입 선언 앞에 #[derive(Copy, Clone)]을 지정하는 것은 Copy 트레이트(와 Clone 트레이트. Copy 트레이트 구현은 Clone 트레이트가 필요함)를 구현해 카피 시맨틱스로 전환하라는 지시입니다. 참고로 Copy 트레이트 그 자체에는 (Clone 트레이트에 포함된 것을 제외하고) 고유한 메서드가 없습니다. 이렇게 컴파일러에 지시를 내리기 위해 비어 있는 트레이트를 **마커 트레이트**(marker trait)라고 부릅니다.

타입 제약과 트레이트는 다른 관점으로도 볼 수 있습니다. 타입 제약이 없는 상태에서는 그 타입 값에 대해 어떤 연산을 할 수 있는지 모르기 때문에 제네릭 내부에서 할 수 있는 연산이 없습니다. 그런데 타입 제약을 추가해 어떤 트레이트를 구현하는지 명시하면 그 트레이트에 포함된 메서드를 사용할 수 있습니다. 따라서 제네릭을 사용하는 입장에서 보면 타입 제약은 확실히 전달할 수 있는 타입 종류를 제한하는 조건이 되지만, 반대로 제네릭을 정의하는 입장에서 보면 제네릭 내부에서 할 수 있는 연산이 늘어난다는 점에서 조건이 완화되는 것입니다.

이처럼 제네릭을 사용하는 쪽과 정의하는 쪽에서 타입 제약을 바라보는 관점이 정반대이기 때문에 중립적인 표현으로서 타입 제약을 **트레이트 경계**(trait bound)라고 부르기도 합니다.

5.5 복잡한 수식 계산하기

지금까지 구현한 코드로 메모리 기능이 있는 전자계산기의 기본 기능은 완성했습니다. 이 절에서는 연산자가 하나인 경우뿐만 아니라 일반적인 사칙연산과 괄호를

포함한 복잡한 수식도 계산할 수 있도록 해 봅시다.

이 절의 후반부 내용은 꽤 어려우므로 건너뛰고 다음 장으로 넘어가도 괜찮습니다.

5.5.1 토큰 의미 해석 위치 정리하기

이전 절에서는 토큰 의미 해석을 `eval_token`, `eval_expression`, `main` 각 함수 안에서 따로따로 실행했습니다. 메모리 조작만 보더라도 mem으로 시작하면 메모리 읽기, +나 -로 끝나면 메모리 갱신이라는 해석이 각각의 함수에서 이뤄졌습니다. 토큰 의미 해석과 토큰 내용에 따른 로직을 명확히 구분하면 프로그램의 가독성이 좋아집니다.

지금까지 등장한 토큰은 다음과 같습니다.

- 숫자
- 메모리 값 갱신(mem으로 시작하고 + 또는 -로 끝나는 문자열)
- 메모리 값 참조(위에 해당하지 않는 mem으로 시작하는 문자열)
- 사칙연산 기호(+, -, *, /)

이런 문자열을 열거형으로 표현한 토큰으로 변환하면 다음과 같은 코드가 됩니다.

```
use std::{
    collections::{hash_map::Entry, HashMap},
    io::stdin,
};
fn main() {
    let mut memory = Memory::new();
    let mut prev_result: f64 = 0.0;
    for line in stdin().lines() {
        // 한 줄씩 읽고 빈 줄이면 종료
        let line = line.unwrap();
        if line.is_empty() {
            break;
        }
        // 토큰 나열로 분할
        let tokens = Token::split(&line);
        // 수식 평가
        match &tokens[0] {
            Token::MemoryPlus(memory_name) => {
                // 메모리에 더하기
                let memory_name = memory_name.to_string();
```

```
                let result = memory.add(memory_name, prev_result);
                print_output(result);
            }
            Token::MemoryMinus(memory_name) => {
                // 메모리에 빼기
                let memory_name = memory_name.to_string();
                let result = memory.add(memory_name, -prev_result);
                print_output(result);
            }
            _ => {
                // 수식 계산
                let left = eval_token(&tokens[0], &memory);
                let right = eval_token(&tokens[2], &memory);
                let result = eval_expression(left, &tokens[1], right);
                // 결과 표시
                print_output(result);
                prev_result = result;
            }
        }
    }
}
struct Memory {
    slots: HashMap<String, f64>,
}
impl Memory {
    fn new() -> Self {
        Self {
            slots: HashMap::new(),
        }
    }
    fn add(&mut self, slot_name: String, prev_result: f64) -> f64 {
        match self.slots.entry(slot_name) {
            Entry::Occupied(mut entry) => {
                // 메모리를 찾았으므로 값을 갱신하고 표시
                *entry.get_mut() += prev_result;
                *entry.get()
            }
            Entry::Vacant(entry) => {
                // 메모리를 찾지 못하면 요소를 추가
                entry.insert(prev_result);
                prev_result
            }
        }
    }
    fn get(&self, slot_name: &str) -> f64 {
        self.slots.get(slot_name).copied().unwrap_or(0.0)
    }
}
```

```
#[derive(Debug, PartialEq)]
enum Token {
    Number(f64),
    MemoryRef(String),
    MemoryPlus(String),
    MemoryMinus(String),
    Plus,
    Minus,
    Asterisk,
    Slash,
}
impl Token {
    fn parse(value: &str) -> Self {
        match value {
            "+" => Self::Plus,
            "-" => Self::Minus,
            "*" => Self::Asterisk,
            "/" => Self::Slash,
            _ if value.starts_with("mem") => {
                let mut memory_name = value[3..].to_string();
                if value.ends_with('+') {
                    memory_name.pop();  // 끝에서 글자 하나를 삭제
                    Self::MemoryPlus(memory_name)
                } else if value.ends_with('-') {
                    memory_name.pop();  // 끝에서 글자 하나를 삭제
                    Self::MemoryMinus(memory_name)
                } else {
                    Self::MemoryRef(memory_name)
                }
            }
            _ => Self::Number(value.parse().unwrap()),
        }
    }
    fn split(text: &str) -> Vec<Self> {
        text.split(char::is_whitespace).map(Self::parse).collect()
    }
}
fn eval_token(token: &Token, memory: &Memory) -> f64 {
    match token {
        Token::Number(value) => {
            // 숫자이므로 그 값을 반환
            *value
        }
        Token::MemoryRef(memory_name) => {
            // 메모리 참조이므로 메모리 값 반환
            memory.get(memory_name)
        }
        _ => {
```

```
            // 입력이 올바르지 않으면 여기로
            unreachable!()
        }
    }
}
fn eval_expression(left: f64, operator: &Token, right: f64) -> f64 {
    match operator {
        Token::Plus => left + right,
        Token::Minus => left - right,
        Token::Asterisk => left * right,
        Token::Slash => left / right,
        _ => {
            // 입력이 올바르지 않으면 여기로
            unreachable!()
        }
    }
}
fn print_output(value: f64) {
    println!("  => {}", value);
}
```

새롭게 추가된 Token 열거형이 보입니다. 이전 구현에는 main 함수의 is_memory && tokens[0].ends_with('+')나 eval_token 함수의 tokens[0].starts_with("mem") 같은 한눈에 의도를 파악하기 어려운 코드가 있었습니다. 이러한 부분이 모두 Token::parse 함수로 정리되었습니다. 그리고 앞 절에서 다뤘던 메서드와 연관 함수는 구조체뿐만 아니라 열거형에도 정의할 수 있습니다. 또한 열거형의 각 열거자에는 값을 첨부할 수 있습니다. 첨부할 값은 열거자 이름 뒤의 괄호 안에 작성합니다. 예제 코드에는 나오지 않지만 쉼표(,)를 구분자로 여러 값을 첨부할 수 있습니다. 앞 절에서 match 문에 사용한 Entry::Occupied(mut entry), Entry::Vacant(entry), Some(value)는 모두 값을 첨부한 열거자입니다.

그 외에는 전부 토큰을 문자열이 아니라 열거형으로 받기 위한 수정입니다. eval_token 함수는 Token 열거형 메서드로 만들 수 있지만 이후의 구현 편의성을 위해 독립적인 함수로 남겨 둡니다.

또한 토큰 의미를 해석하는 곳을 하나로 모으면 다음과 같은 부수 효과가 있습니다.

- 토큰 작성 방식을 바꾸고 싶을 때 Token::parse 함수와 Token::split 함수만 수정하면 됩니다.

  - 예: mem 키워드가 너무 길어서 단순하게 m으로 바꾸고 싶을 때
  - 예: 지금까지 반드시 공백 문자로 구분해 입력해야 했지만 공백 문자 없어도 처리할 수 있도록 바꾸고 싶을 때
- 잘못된 값이 입력되었을 때 그 원인이 입력 자체에 있다는 점을 명확히 알 수 있습니다.
  - 예: 123 + -라고 입력하면 지금까지는 -를 숫자로 변환하려고 해서 오류가 발생했지만, 새로운 구현 방법에서는 -가 잘못된 위치에 있다는 오류가 발생합니다.

그런데 `Token::parse` 함수의 `match`식에 낯선 표현이 등장했는데 알아차렸나요? `match` 식은 단순히 값의 일치 여부뿐만 아니라 추가로 조건식을 지정할 수 있습니다.

5.5.2 [심화 내용] 괄호가 없는 수식 계산하기

이제부터 본론입니다. 갑자기 괄호가 있는 식을 계산하기는 어려우니 먼저 괄호가 없는 식부터 계산해 봅시다.

예를 들어 $1*2*3-4*5+6*7+8*9$라는 식을 생각해 봅시다. 이 식은 어떤 구조로 되어 있을까요? 정리하면 다음 그림과 같습니다.

1 * 2 * 3	−	4 * 5	+	6 * 7	+	8 * 9

그림 5-7 식의 구조

식 전체를 보면 덧셈이나 뺄셈이 반복되고 그 안에 곱셈과 나눗셈이 등장하는 형태입니다. 덧셈과 뺄셈이 없는 $7*11*13$ 같은 식도 덧셈과 뺄셈이 0번 반복된다고 생각하면 같은 구조라고 할 수 있습니다.

따라서 연산자 우선 순위를 고려해 식의 값을 계산하려면 대략 다음과 같이 함수를 작성하면 됩니다.

```
fn 전체 식 계산(전체 식) -> f64 {
    덧셈과 뺄셈 계산(전체 식)
}

fn 덧셈과 뺄셈 계산(계산할 토큰 리스트) -> f64 {
```

```
    let mut result = 0.0;
    for 곱셈과 나눗셈 덩어리 in 분할한 토큰 덩어리 {
        let term_value = 곱셈과 나눗셈 계산(곱셈과 나눗셈 덩어리);
        if 덧셈이라면 {
            result += term_value;
        } else {
            result -= term_value;
        }
    }
    result
}

fn 곱셈과 나눗셈 계산(계산할 토큰 리스트) -> f64 {
    ???
}
```

토큰 리스트에서 곱셈과 나눗셈만 하는 덩어리를 어떻게 나눌 수 있을까요? 사실은 무척 단순한 방법으로 구현할 수 있습니다.

식 1*2*3-4*5+6*7+8*9로 돌아가서 생각해 봅시다. 식을 앞에서부터 보면 어디까지가 곱셈과 나눗셈 덩어리일까요? 처음으로 * 또는 / 이외의 기호가 나오기 직전인 1*2*3까지입니다. 그다음은 어디까지일까요? 4부터 시작해 다시 * 또는 / 이외의 기호가 나오기 전인 4*5까지입니다. * 또는 / 이외의 기호가 나오는 부분을 기준으로 나누면 곱셈과 나눗셈으로만 구성된 덩어리로 나눌 수 있습니다.

이를 실제로 구현하면 다음과 같습니다.

```
fn main() {
    // 생략

    // 다음 두 줄은 삭제
    // let left = eval_token(&tokens[0], &memory);
    // let right = eval_token(&tokens[2], &memory);
    let result = eval_expression(&tokens, right);  // 수정

    // 생략
}

fn eval_expression(tokens: &[Token], memory: &Memory) -> f64 {
    eval_additive_expression(tokens, memory)
}
fn eval_additive_expression(
    tokens: &[Token],
    memory: &Memory
```

```
) -> f64 {
    let mut index = 0;
    let mut result;
    (result, index) = eval_multiplicative_expression(
        tokens,
        index,
        memory
    );
    while index < tokens.len() {
        match &tokens[index] {
            Token::Plus => {
                let (value, next) = eval_multiplicative_expression(
                    tokens,
                    index + 1,
                    memory
                );
                result += value;
                index = next;
            }
            Token::Minus => {
                let (value, next) = eval_multiplicative_expression(
                    tokens,
                    index + 1,
                    memory
                );
                result -= value;
                index = next;
            }
            _ => break,
        }
    }
    result
}
fn eval_multiplicative_expression(
    tokens: &[Token],
    index: usize,
    memory: &Memory
) -> (f64, usize) {
    let mut index = index;
    let mut result = eval_token(&tokens[index], memory);
    index += 1;
    while index < tokens.len() {
        match &tokens[index] {
            Token::Asterisk => {
                result *= eval_token(&tokens[index + 1], memory);
                index += 2;
            }
            Token::Slash => {
```

```
                result /= eval_token(&tokens[index + 1], memory);
                index += 2;
            }
            _ => break,
        }
    }
    (result, index)
}
```

코드를 실행해 1*2*3-4*5+6*7+8*9의 계산 결과가 100이 나오면 성공입니다.

지금 구현한 코드를 이전에 구현한 코드와 비교해 보면 식 전체 계산은 eval_expression 함수, 덧셈과 뺄셈 계산은 eval_additive_expression 함수, 곱셈과 나눗셈 계산은 eval_multiplicative_expression 함수에 대응합니다.

각 함수의 역할을 자세히 살펴봅시다.

우선 eval_multiplicative_expression 함수는 곱셈과 나눗셈 덩어리로 나누는 작업과 값을 계산하는 작업을 동시에 합니다. 전체적인 흐름은 eval_additive_expression 함수에서 곱셈과 나눗셈 덩어리를 나누는 방식과 비슷하지만, eval_multiplicative_expression 함수는 곱셈과 나눗셈 덩어리의 계산 결과와 함수를 호출한 쪽에서 다음에 확인할 토큰 위치를 함께 반환합니다. 이 덕분에 곱셈과 나눗셈과 관련된 내용은 모두 이 함수에 맡기는 식으로 책임을 분리할 수 있습니다. 또한 이전의 구현에서는 main 함수에서 직접 eval_token 함수를 호출해 토큰을 left, right라는 이름으로 미리 값을 계산했지만 지금 구조에서는 그런 방식이 어렵습니다. 그래서 eval_token 함수의 호출을 eval_multiplicative_expression 함수 내부로 옮겼습니다.

그리고 eval_additive_expression 함수는 eval_multiplicative_expression 함수에서 계산한 결과를 더하거나 빼면서 함께 반환된 '다음으로 확인할 토큰 위치'를 이용해 현재 토큰 위치를 갱신하는 방식으로 전체 식의 값을 계산합니다.

마지막으로 eval_expression 함수는 eval_additive_expression 함수를 내부에서 호출하기만 합니다. 식의 값을 계산하려고 함수를 호출하는 쪽에서는 식 전체가 덧셈과 뺄셈의 반복인지는 별로 중요하지 않습니다. 또한 식 전체가 덧셈과 뺄셈의 반복인지는 입력할 수 있는 식의 사양에 따라 달라집니다. (예를 들어 mem = 1 + 1 형태로 메모리에 직접 값을 대입하고 싶다고 해 봅시다.) 따라서 호출하는 쪽에서

식의 사양을 신경 쓸 필요가 없도록 보다 범용적으로 식을 계산할 수 있을 것 같은 eval_expression 함수를 준비해 수식 계산 창구로 사용합니다. 메모리에 직접 값을 대입하도록 문법을 확장하고 싶어지더라도 호출하는 쪽의 코드는 거의 손대지 않고 eval_expression 함수만 수정하면 됩니다.[7] 이렇게 세부 구현을 숨기거나 함수를 쓰기 쉽게 만든 함수를 **래퍼 함수**(wrapper function)라고 합니다.

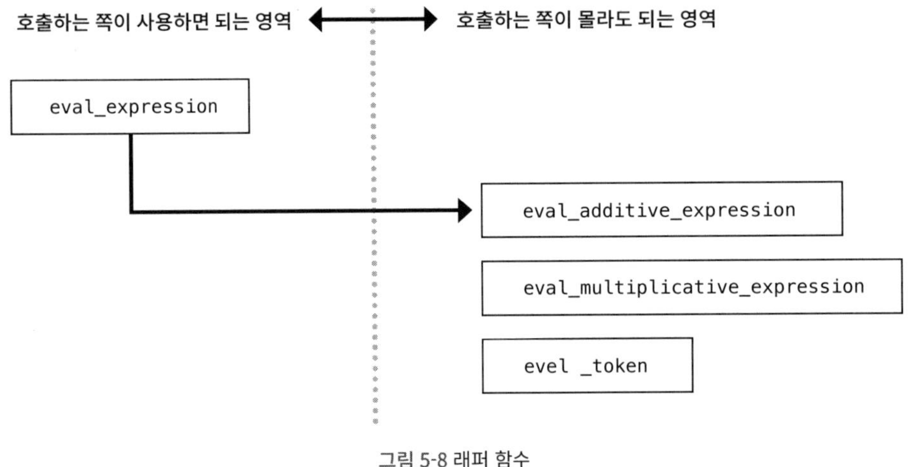

그림 5-8 래퍼 함수

5.5.3 [심화 내용] 괄호가 있는 수식 계산하기

마지막으로 괄호가 있는 수식을 계산할 수 있는 계산기를 만들어 봅시다. 예를 들어 1+2+3+4+(5+6+7−8)*9를 생각해 봅시다. 이 식은 어떤 구조로 되어 있을까요? 정리하면 다음 그림과 같습니다.

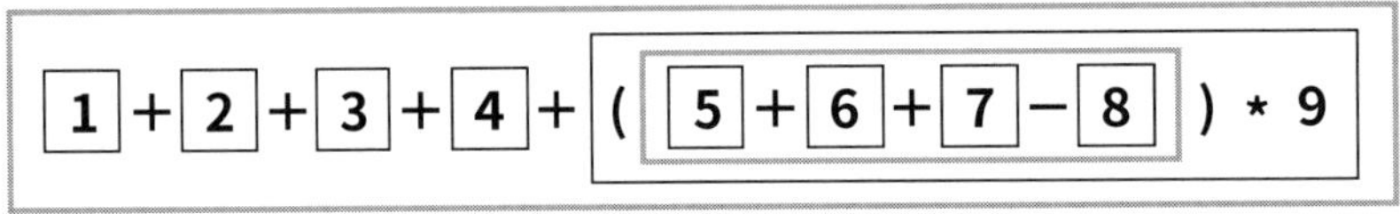

그림 5-9 수식 구조

덧셈과 뺄셈의 반복이고 그 안에 곱셈과 나눗셈이 있는 구조는 괄호가 없을 때와 같습니다. 다른 점은 그 식 안에 또 다른 덧셈과 뺄셈의 반복, 즉 식 전체와 같은 구

7 지금 구현한 eval_expression 함수는 메모리 내용을 변경할 수 없으므로 메모리에 값을 대입할 수 있게 만들려면 eval_expression(&tokens, &mut memory) 형태로 호출 방식을 바꿔야 합니다.

조가 등장한다는 점입니다. 이렇게 어떤 구조를 분해했을 때 그 안에 전체와 같은 구조가 중첩되어 나타나는 것을 재귀적(recursive) 구조라고 부릅니다.

재귀적 구조를 가진 식을 계산하려면 어떻게 할까요? 다시 구현의 큰 틀을 생각해 봅시다. 괄호가 없을 때와 마찬가지로 토큰이 하나뿐인 경우도 수식 덩어리로 보면 다음과 같이 구현할 수 있습니다.

```
fn 전체 식 계산(전체 식) -> f64 {
    덧셈과 뺄셈 계산(전체 식)
}
fn 덧셈과 뺄셈 계산(계산할 토큰 리스트) -> f64 {
    let mut result = 0.0;
    for 곱셈과 나눗셈 덩어리 in 분할한 토큰 덩어리 {
        let term_value = 곱셈과 나눗셈 계산(곱셈과 나눗셈 덩어리);
        if 덧셈이라면 {
            result += term_value;
        } else {
            result -= term_value;
        }
    }
    result
}
fn 곱셈과 나눗셈 계산(계산할 토큰 리스트) -> f64 {
    let mut result = 1.0;
    for 수식 덩어리 in 분할한 토큰 덩어리 {
        let term_value = 수식 덩어리 계산(수식 덩어리);
        if 곱셈이라면 {
            result *= term_value;
        } else {
            result /= term_value;
        }
    }
    result
}
fn 수식 덩어리 계산(계산할 토큰 리스트) -> f64 {
    토큰 값 계산
    또는 괄호 내부의 식, 즉 덧셈과 뺄셈 계산
}
```

이를 어떻게 구현할까요?

괄호가 없는 수식은 **덧셈과 뺄셈 계산**에서 호출되는 **곱셈과 나눗셈 계산** 부분이 계산 결과와 다음으로 확인할 토큰 위치를 반환합니다. 이렇게 곱셈과 나눗셈에 관련된 계산은 이 함수에 모두 맡기면 된다는 식으로 책임 분리가 이루어져 잘 작동했습니다. 마찬가지로 **곱셈과 나눗셈 계산**에서 호출되는 **수식 덩어리 계산**은 수식 덩어리 계산 함수에 모두 맡기고, **수식 덩어리 계산**에서 호출되는 **덧셈과 뺄셈 계산**은 덧셈과 뺄셈 계산 함수에 모두 맡기는 구조로 만들면 좋을 것 같습니다.

그럼 **덧셈과 뺄셈 계산**과 **수식 덩어리 계산**을 **곱셈과 나눗셈 계산**에 맞춰 구현해 봅시다. Token 열거형에 LParen과 RParen(여는 괄호와 닫는 괄호)을 추가하는 것을 잊지 않도록 주의합시다.

```
// 생략
enum Token {
    // 생략
    LParen,
    RParen,
}
impl Token {
    fn parse(value: &str) -> Self {
        match value {
            "(" => Self::LParen,
            ")" => Self::RParen,
            // 생략
        }
    }
}

fn eval_expression(tokens: &[Token], memory: &Memory) -> f64 {
    let (result, index) = eval_additive_expression(tokens, 0, memory);
    // 올바르게 계산했다면 index는 식의 끝을 가리킴
    assert_eq!(tokens.len(), index);
    result
}
fn eval_additive_expression(
    tokens: &[Token],
    index: usize,
    memory: &Memory
) -> (f64, usize) {
    let mut index = index;
    let mut result;
    (result, index) = eval_multiplicative_expression(
        tokens,
        index,
        memory
    );
    while index < tokens.len() {
        match &tokens[index] {
            Token::Plus => {
                let (value, next) = eval_multiplicative_expression(
```

```
                tokens,
                index + 1,
                memory
            );
            result += value;
            index = next;
        }
        Token::Minus => {
            let (value, next) = eval_multiplicative_expression(
                tokens,
                index + 1,
                memory
            );
            result -= value;
            index = next;
        }
        _ => break,
    }
  }
  (result, index)
}
fn eval_multiplicative_expression(
    tokens: &[Token],
    index: usize, memory: &Memory
) -> (f64, usize) {
    let mut index = index;
    let mut result;
    (result, index) = eval_primary_expression(
        tokens,
        index,
        memory
    );
    while index < tokens.len() {
        match &tokens[index] {
            Token::Asterisk => {
                let (value, next) = eval_primary_expression(
                    tokens,
                    index + 1,
                    memory
                );
                result *= value;
                index = next;
            }
            Token::Slash => {
                let (value, next) = eval_primary_expression(
                    tokens,
                    index + 1,
                    memory
```

```
                );
                result /= value;
                index = next;
            }
            _ => break,
        }
    }
    (result, index)
}
fn eval_primary_expression(
    tokens: &[Token],
    index: usize,
    memory: &Memory
) -> (f64, usize) {
    let first_token = &tokens[index];
    match first_token {
        Token::LParen => {
            // 여는 괄호로 시작하므로 괄호의 다음 토큰부터 식 계산 시작
            let (result, next) = eval_additive_expression(
                tokens,
                index + 1,
                memory
            );
            // tokens[next]는 닫는 괄호이어야 함
            // assert_eq!는 8장에서 설명
            assert_eq!(Token::RParen, tokens[next]);
            // 닫는 괄호까지 처리했으므로 다음 토큰 위치를 반환
            (result, next + 1)
        }
        Token::Number(value) => {
            // 숫자이므로 그 값과 다음 위치를 반환
            (*value, index + 1)
        }
        Token::MemoryRef(memory_name) => {
            // 메모리 참조이므로 메모리 값과 다음 위치를 반환
            (memory.get(memory_name), index + 1)
        }
        _ => {
            // 입력이 올바르지 않으면 여기로
            unreachable!()
        }
    }
}
```

변경한 부분은 eval_expression, eval_additive_expression, eval_multiplicative_expression, eval_token 함수입니다. eval_token은 더이상 토큰 값을 계산하는 함수가 아니므로 eval_primary_expression으로 이름을 바꿉니다.

각 함수의 변경 내용을 살펴봅시다.

먼저 eval_additive_expression 함수입니다. 덧셈과 뺄셈만으로 전체 식이 구성되지는 않으므로 eval_multiplicative_expression 함수와 마찬가지로 식 계산을 시작하는 위치를 받고, 괄호가 있는 수식을 계산할 때 닫는 괄호의 위치를 알 수 있도록 다음으로 확인할 토큰 위치도 함께 반환합니다.

eval_expression 함수 변경은 대부분 eval_additive_expression 함수 변경에 따른 수정입니다. 마지막 토큰 위치를 알 수 있게 되었으므로 전체 식을 계산했는지 확인하는 로직(assert_eq!)을 추가했습니다.

다음은 eval_multiplicative_expression 함수입니다. 지금까지 곱셈과 나눗셈을 계산한 값은 반드시 1 토큰이었으므로 index에는 고정값 2(연산자와 값으로 2 토큰)를 더했습니다. 하지만 괄호가 추가되어 토큰 수가 변하기 때문에 eval_additive_expression 함수와 마찬가지로 eval_primary_expression 함수에서 반환된 위치를 사용합니다. 결과적으로 eval_additive_expression 함수와 eval_multiplicative_expression 함수는 상당히 비슷해집니다.

마지막으로 eval_token 함수 대신에 사용하는 eval_primary_expression 함수입니다. 이 함수는 시작 토큰 종류를 확인해 숫자나 메모리 참조라면 그 값을 반환합니다. 여는 괄호라면 그다음 토큰부터 덧셈과 뺄셈 반복 수식으로 값을 계산합니다. eval_additive_expression 함수는 닫는 괄호를 처리할 수 없으므로 eval_additive_expression 함수에서 반환되는 위치는 닫는 괄호를 가리키고 있어야 합니다. 따라서 혹시 모를 상황을 위해 정말 닫는 괄호를 가리키고 있는지 확인하도록 assert_eq!를 사용합니다.

이 함수는 eval_additive_expression → eval_multiplicative_expression → eval_primary_expression → eval_additive_expression → eval_multiplicative_expression → eval_primary_expression → eval_additive_expression → ... 과 같이 돌고 돌면서 자기 자신을 호출합니다. 이렇게 함수 구현 내부에서(직접적이든 간접적이든 관계없이) 자기 자신을 호출하는 방식을 **재귀**라고 부릅니다. 이렇게 자기 자신을 호출하는 함수를 **재귀 함수**라고 합니다.

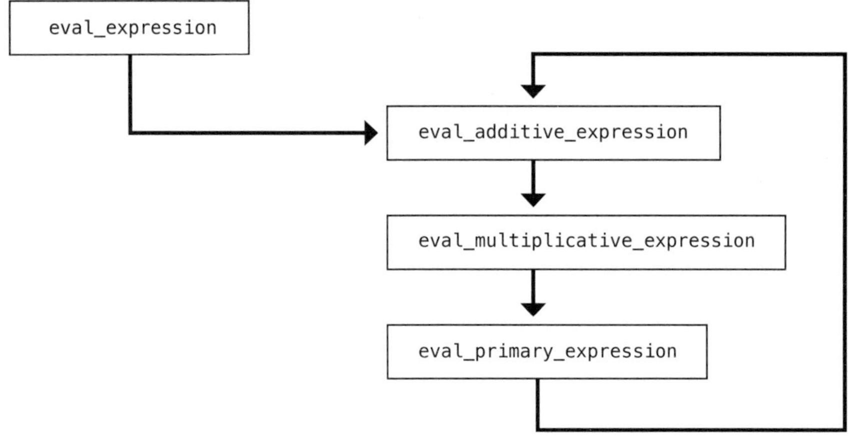

그림 5-10 재귀 함수의 모습

재귀는 함수나 메서드를 사용하지 않으면 작성하기 어려운 작업 중 하나입니다. 재귀적 처리는 코드의 흐름을 따라가기 어려워서 피하게 되기도 하지만, 이 장에서 다루는 식처럼 재귀적인 구조를 다룰 때에는 오히려 매우 자연스럽게 표현할 수 있습니다.

 **정리**

이 장에서는 메모리 기능이 있는 계산기를 구현하면서 함수와 메서드를 중심으로 값 전달과 참조 전달, 소유권 시스템을 배웠습니다.

여기서 다룬 문법은 러스트로 만드는 실용적인 프로그램의 거의 모든 부분에 사용됩니다. 특히 소유권 시스템은 러스트를 러스트답게 만드는 이유라고 해도 과언이 아닙니다.

다만 이 장은 내용이 방대할 뿐만 아니라 소유권 시스템을 비롯해 추상적인 이야기가 많아 따라오기 어려웠을지도 모릅니다.

그럴 때는 모든 내용을 이해한 후에 프로그램을 만들려고 하기보다는 아직 이해하지 못한 부분이 있더라도 이 장에서 만든 프로그램을 조금씩 수정해 보는 등 일단 직접 해 보면서 이해하려고 노력하는 자세가 중요합니다. 프로그램을 잘 만들려면 추상적인 이론뿐만 아니라 만드는 것 자체에 익숙해지는 것도 중요합니다.

6장

R u s t P r o g r a m m i n g

파일 입출력이 있는 명령줄 도구 만들기 [가계부 프로그램]

지금까지는 실행할 때마다 새롭게 시작되는 프로그램을 다루었습니다. 6장에서는 가계부 프로그램을 만들겠습니다. 프로그램을 종료하면 사라지는 메모리 대신 데이터 입출력에 파일을 사용하여 데이터를 저장하고, 다음에 프로그램을 실행해도 이전 상태를 유지할 수 있는 방법을 배웁니다.

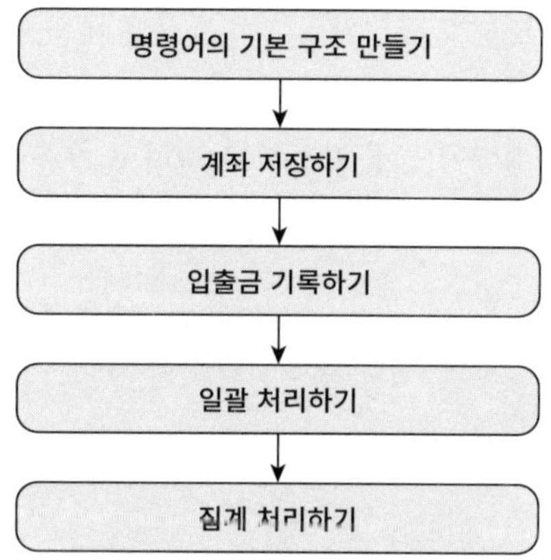

그림 6-0 가계부 프로그램을 만드는 과정

6.1 애플리케이션 사양

가계부 앱 사양을 생각해 봅시다.

1. 수입과 지출(날짜, 용도, 금액)을 관리하는 계좌를 생성할 수 있습니다.
2. 계좌에 입금을 기록합니다.

3. 계좌에 출금을 기록합니다.
4. CSV 파일에서 계좌로 일괄 등록할 수 있습니다.
5. 리포트를 출력할 수 있습니다.

이런 사양을 충족한다면 최소한의 기능을 갖춘 가계부를 만들 수 있습니다.

프로그램을 종료한 후에도 데이터가 계속 저장되는 것을 **영속성**(persistence)이라고 합니다. 영속성 데이터를 다룰 때 기본으로 `Create`(생성), `Read`(참조), `Update`(갱신), `Delete`(삭제) 4가지 기능을 인터페이스로 제공하는 경우가 많은데, 각 기능의 첫 글자를 따서 CRUD라고 부릅니다. 6장에서는 간략화를 위해 본인만 사용한다고 가정하고 사용자 정보를 다루지 않습니다. 또한 `Update`(갱신: 기록을 수정할 수 있는 기능)와 `Delete`(삭제: 기록을 삭제할 수 있는 기능) 구현은 생략했습니다. 실제 애플리케이션이라면 누가 데이터를 생성하고 갱신하고 삭제하느냐 같은 정보가 사용자나 제품의 핵심 관심사이므로 영속 데이터로 관리해야 할 대상이 됩니다.

6.2 명령어 만들기

6.2.1 CLI 명령어 만들기

2장에서 `cargo run`을 실행하면 `Hello, world!`를 출력하는 프로그램을 다루었습니다. 이 장에서 만드는 명령어 이름을 `ledger`로 정하고 가계부 프로젝트를 다음처럼 작성합니다.

```
$ cargo new ledger
$ cd ledger
$ cargo run
=> Hello, world!
$ cargo run ledger
=> Hello, world!
```

명령어를 실행하면 `Hello, world!`가 출력됩니다.

`cargo run XXX`에서 XXX 부분을 `cargo run` 명령어의 인수, **명령줄 인수**라고 부릅니다. 지금 만든 프로그램은 코드에서 명령줄 인수를 사용하지 않으므로 실행 결과가 명령줄 인수와 관계없이 같습니다.

명령줄 인수를 사용하도록 main() 함수를 수정합니다.

```
fn main() {
    // 명령줄 인수 목록 출력하기
    for arg in std::env::args() {
        println!("{}", arg);
    }
}
```

명령줄 인수를 바꿔 가며 프로그램을 실행하면 다음처럼 출력됩니다.

```
// 명령줄 인수가 없는 경우
$ cargo run
target/debug/ledger
// 명령줄 인수가 여러 개인 경우
$ cargo run arg1 arg2
target/debug/ledger
arg1
arg2
// 공백 문자를 포함한 명령줄 인수를 하나의 인수로 다룰 경우
$ cargo run 'arg1 arg2'
target/debug/ledger
arg1 arg2
```

명령줄 인수는 공백 문자로 구분해 인수를 인식합니다. 'arg1 arg2'처럼 작은 따옴표로 묶으면 하나의 인수로 인식합니다.

그런데 target/debug/ledger는 왜 표시될까요?

cargo run 명령어는 내부적으로 build(실행 파일 생성)와 실행 파일 실행, 두 가지 작업을 처리합니다. std::env::args()는 cargo 프로젝트에 연결된 실행 파일(명령어) 경로를 첫 번째 값으로 반환합니다. 따라서 다음은 같은 작업입니다.

```
// cargo run으로 한꺼번에 처리하기
$ cargo run
```

```
// cargo build와 생성된 실행 파일 실행하기
$ cargo build
$ ./target/debug/ledger
```

명령줄 인수는 여러 개를 지정할 수 있어서 여러 파일을 처리하는 명령어를 실행할 때 무척 편리합니다.

6.2.2 서브 명령어 만들기

앞 절에서는 명령줄 인수를 다루는 프로그램을 만들었습니다.

CLI(Command Line Interface) 명령어는 프로그램의 기본적인 단위로, 다른 사람이 만든 프로그램을 사용하거나 자신이 만든 프로그램을 다른 사람에게 제공하는 인터페이스입니다. 이런 인터페이스에는 인수 외에도 -나 --로 시작하는 옵션 또는 명령어 사용법과 관련된 서브 명령어 등이 있습니다. 이러한 사양이 프로그램을 작성하는 사람에 따라 달라지면 사용자 입장에서는 무척 불편합니다. 이 절에서는 명령어 인터페이스를 간단히 만들 수 있는 파서 라이브러리 clap으로 CLI 명령어 관례에 맞는 명령어를 만들겠습니다.

먼저 clap 크레이트를 프로젝트에 추가합니다.

```
$ cargo add clap --features derive
```

Cargo.toml 파일을 보면 다음처럼 clap이 dependencies에 추가되는 것을 확인할 수 있습니다.

```
[package]
name = "ledger"
version = "0.1.0"
edition = "2024"
[dependencies]
clap = { version = "4.5.53", features = ["derive"] }
```

앞에서 만든 프로그램을 clap으로 다시 작성하겠습니다. 다음처럼 main.rs를 수정합니다.

```
use clap::Parser;
#[derive(Parser)]
struct Args {
    arg1: String,
    arg2: String,
}
fn main() {
    // 구조체 Args로 정의한 타입 인수를 받아서 parse 실행
    let _args = Args::parse();
}
```

다음처럼 명령어를 실행합니다.

```
$ cargo build
$ ./target/debug/ledger a
error: the following required arguments were not provided:
  <ARG2>
Usage: ledger <ARG1> <ARG2>
For more information, try '--help'.
```

실행하면 error, usage, suggestion과 관련된 내용이 출력됩니다.

출력된 내용을 보면 ledger 명령어는 <ARG1>과 <ARG2> 명령줄 인수 2개가 필수이지만 <ARG2>에 해당하는 인수가 없다는 오류가 발생했습니다.

'--help'를 실행하라는 명령어 추천이 있으므로 실행해 봅시다.

```
$ ./target/debug/ledger --help
Usage: ledger <ARG1> <ARG2>
Arguments:
  <ARG1>
  <ARG2>
Options:
  -h, --help  Print help
```

-h 또는 --help로 도움말을 출력하는 명령줄 옵션이 ledger 명령어에 포함되어 있습니다.

명령어 버전 정보를 추가해 봅시다. 같은 이름의 프로그램이라도 소프트웨어는 계속 업데이트되므로 버전이 다르면 작동 방식이 달라지거나 특정 버전에서만 발생하는 버그가 있을 수 있습니다. 따라서 새로운 CLI 명령어를 설치하면 버전을 확인하는 습관을 들이기 바랍니다.

```
use clap::Parser;
#[derive(Parser)]
#[clap(version = "1.0")]  // 추가
struct Args {
    arg1: String,
    arg2: String,
}
fn main() {
    let _args = Args::parse();
}
```

다시 도움말을 확인합니다.

```
$ cargo build
$ ./target/debug/ledger --help
Usage: ledger <ARG1> <ARG2>
Arguments:
  <ARG1>
  <ARG2>
Options:
  -h, --help     Print help
  -V, --version  Print version
```

새로운 옵션 -V, --version이 추가되었습니다. 실행해 봅시다.

```
$ ./target/debug/ledger -V
ledger 1.0
```

실행한 명령어의 버전이 ledger 1.0이라고 표시됩니다. 명령어 이름(ledger)은 기본값으로 cargo 프로젝트 이름이 됩니다.

CLI 명령어 중에는 어떤 명령어의 하위 명령어로 다양한 **서브 명령어**를 제공하기도 합니다.

예를 들어 소프트웨어 엔지니어가 많이 사용하는 버전 관리 도구 git 명령어가 있습니다. git에는 add, commit, push 같은 서브 명령어가 있고 각 서브 명령어마다 명령줄 인수와 옵션이 있습니다. git으로 시작하는 명령어라면 add나 push처럼 흔히 쓰이는 동사를 사용하더라도 다른 명령어의 add가 아니라 git add 명령어를 의미한다고 정확하게 전달할 수 있습니다.

```
$ git add .
$ git commit -m "커밋 메시지"
```

ledger 명령어가 가계부 앱 사양을 만족하도록 하는 서브 명령어를 준비해 봅시다. 이 절에서는 ledger 명령어가 제공하는 서브 명령어 목록만 정하고 내부 구현은 다음 절에서 작성합니다. 실제 개발 현장에서도 인터페이스만 미리 정해 두고 인터페이스를 사용하는 쪽과 내부 구현하는 쪽이 보통 서로 업무를 분담해 작업합니다.

다시 한번 사양을 확인해 봅시다.

1. 수입과 지출(날짜, 용도, 금액)을 관리하는 단위로 계좌를 생성할 수 있습니다.
2. 계좌에 입금을 기록합니다.
3. 계좌에 출금을 기록합니다.
4. CSV로 계좌에 일괄 기록할 수 있습니다.
5. 리포트를 출력할 수 있습니다.

각각 독립적인 조작으로 볼 수 있습니다. 이러한 조작은 다음과 같은 서브 명령어를 사용합니다.

1. `new`
2. `deposit`
3. `withdraw`
4. `import`
5. `report`

다섯 가지 서브 명령어를 열거형으로 다음처럼 정의합니다.

```
use clap::{Parser, Subcommand};
#[derive(Parser)]
#[clap(version = "1.0")]
struct App {
    #[clap(subcommand)]
    command: Command,
}
#[derive(Subcommand)]
enum Command {
    /// 신규 계좌 작성
    New,
    /// 계좌 입금
    Deposit,
    /// 계좌 출금
    Withdraw,
    /// CSV에서 가져오기
    Import,
    /// 리포트 작성
    Report,
}
fn main() {
    let _args = App::parse();
}
```

App 구조체의 필드에 clap의 Subcommand를 지정해 App::parse()하면 #[derive(Subcommand)] 매크로가 지정된 열거형이 서브 명령어로 인식됩니다.

```
$ cargo build
$ ./target/debug/ledger -h
Usage: ledger <COMMAND>
Commands:
  new       신규 계좌 생성
  deposit   계좌 입금
  withdraw  계좌 출금
  import    CSV에서 가져오기
  report    리포트 작성
  help      Print this message or the help of the given subcommand(s)
Options:
  -h, --help     Print help
  -V, --version  Print version
```

-h 옵션으로 실행하면 Commands에 추가된 서브 명령어를 확인할 수 있습니다.

각 서브 명령어는 ///로 서브 명령어의 설명을 지정합니다. 예제에서는 신규 계좌 작성, 계좌 입금 같은 서브 명령어 설명이 표시됩니다.

```
$ ./target/debug/ledger new
$ ./target/debug/ledger foo
error: unrecognized subcommand 'foo'
Usage: ledger <COMMAND>
For more information, try '--help'.
```

아직 서브 명령어 내부를 구현하지 않아서 아무 처리도 하지 않습니다. COMMAND 부분에 서브 명령어를 지정하면 오류 없이 정상적으로 실행되지만, 이외의 문자열(예시의 foo)을 지정하면 unrecognized subcommand 오류가 발생합니다.

6.3 CSV 파일 다루기

6.3.1 파일 작성하기: new 명령어 구현하기

6.2절에서 앱에 필요한 조작에 대응하는 서브 명령어 이름을 결정했습니다. 이제 각 서브 명령어를 하나씩 구현해 봅시다.

이 절에서는 ledger 가계부 앱에서 계좌를 신규 생성하는 ledger new 명령어를 구현합니다.

```
use clap::{Parser, Subcommand};
#[derive(Parser)]
#[clap(version = "1.0")]
struct App {
    #[clap(subcommand)]
    command: Command,
}
#[derive(Subcommand)]
enum Command {
    /// 신규 계좌 생성
    New,
    /// 계좌 입금
    Deposit,
    /// 계좌 출금
    Withdraw,
    /// CSV에서 가져오기
    Import,
    /// 리포트 작성
    Report,
}
fn main() {
    let args = App::parse();
    match args.command {
        Command::New => new(),
        Command::Deposit => unimplemented!(),
        Command::Withdraw => unimplemented!(),
        Command::Import => unimplemented!(),
        Command::Report => unimplemented!(),
    }
}
// TODO: 구현하기
fn new() {
    println!("New command");
}
```

Command 열거형 패턴 매칭과 5장에서 배운 함수를 사용해 ledger new 서브 명령어 구현 처리를 new() 함수에서 작성합니다. 이 상태로 각 서브 명령어를 실행하면, 예를 들어 ledger new를 실행하면 new() 함수로 제어가 넘어가 "New command"가 출력됩니다. 다른 서브 명령어는 아직 구현되지 않았다는 오류가 발생하지만 작동에는 문제없습니다.

```
$ cargo build
$ ./target/debug/ledger new
New command
```

```
$ ./target/debug/ledger deposit
thread 'main' panicked at src/main.rs:25:29:
not implemented
note: run with `RUST_BACKTRACE=1` environment variable to display a
backtrace
```

그러면 계좌 신규 생성 기능을 구현해 봅시다. 데이터를 저장하는 파일 형식은 다양하지만 이번에는 엑셀 등에서도 자주 사용하는 친숙한 표 형식의 CSV 파일을 사용합니다.

csv 크레이트를 프로젝트에 추가합니다.

```
$ cargo add csv
```

`Cargo.toml` 파일을 확인하면 추가된 csv 크레이트를 볼 수 있습니다.

```
[package]
name = "ledger"
version = "0.1.0"
edition = "2024"
[dependencies]
clap = { version = "4.5.38", features = ["derive"] }
csv = "1.3.1"
```

다음과 같이 new() 함수를 수정합니다.

```
use clap::{Parser, Subcommand};
// csv 크레이트의 Writer(파일 쓰기 모듈) 사용 선언
use csv::Writer;
#[derive(Parser)]
#[clap(version = "1.0")]
struct App {
    #[clap(subcommand)]
    command: Command,
}
#[derive(Subcommand)]
enum Command {
    /// 신규 계좌 생성
    New,
    /// 계좌 입금
    Deposit,
```

```
    /// 계좌 출금
    Withdraw,
    /// CSV에서 가져오기
    Import,
    /// 리포트 작성
    Report,
}
fn main() {
    let args = App::parse();
    match args.command {
        Command::New => new(),
        Command::Deposit => unimplemented!(),
        Command::Withdraw => unimplemented!(),
        Command::Import => unimplemented!(),
        Command::Report => unimplemented!(),
    }
}
fn new() {
    // accounts.csv로 CSV 파일 작성
    let mut writer = Writer::from_path("accounts.csv").unwrap();
    writer.write_record(["날짜", "용도", "금액"]).unwrap();  // 헤더 쓰기
    writer.flush().unwrap();
}
```

`ledger new` 명령어를 실행합니다. `accounts.csv`라는 CSV 파일이 생성됩니다.

```
$ cargo build
$ ./target/debug/ledger new
$ cat accounts.csv
날짜,용도,금액
```

코드를 확인해 봅시다.

`use csv::Writer;`는 csv 크레이트 중에서 `Writer`(CSV 파일 읽기와 쓰기 기능 중에서 쓰기 관련 모듈)를 사용한다고 선언하는 내용입니다.

`Writer::from_path("파일명")`으로 생성할 계좌 데이터 출력 대상을 지정합니다.

이 메서드 반환값 `writer`로 `writer.write_record(추가할 행의 배열 참조)`를 실행해 계좌 정보 헤더를 추가했습니다.

`writer.flush()`의 `flush()`는 임시 데이터 저장 영역을 의미하는 버퍼(buffer) 관련 조작에 사용됩니다. 버퍼는 버퍼로 확보한 영역이 꽉 차거나 `flush()` 함수가 호출될 때까지 쓰기 내용을 임시로 저장하는 역할을 합니다. 파일을 읽고 쓰는 작업

은 메모리를 읽고 쓰는 작업에 비해 무척 느립니다. 따라서 Writer는 파일을 한 줄씩 직접 처리하는 대신 어떤 단위로 묶어서 파일에 한꺼번에 기록할 수 있게 내부적으로 버퍼를 활용합니다.

이제 ledger new를 실행하면 계좌 정보가 담긴 accounts.csv 파일을 생성할 수 있습니다. 하지만 지금은 계좌를 하나만 처리할 수 있으므로 여러 계좌를 다룰 수 있게 바꾸고 싶습니다. ledger new **계좌(파일명)** 형태로 명령줄 인수를 받아서 지정한 파일에 계좌 정보를 새로 생성할 수 있도록 코드를 수정합시다.

```
use clap::{Args, Parser, Subcommand};  // <= Args 추가
use csv::Writer;
#[derive(Parser)]
#[clap(version = "1.0")]
struct App {
    #[clap(subcommand)]
    command: Command,
}
#[derive(Subcommand)]
enum Command {
    /// 신규 계좌 생성
    New(NewArgs),  // <= New 서브 명령어 인수를 NewArgs로 전달
    /// 계좌 입금
    Deposit,
    /// 계좌 출금
    Withdraw,
    /// CSV에서 가져오기
    Import,
    /// 리포트 작성
    Report,
}
#[derive(Args)]  // <= 도움말, 추천 관련 내용을 지원
struct NewArgs {
    account_name: String,
}
impl NewArgs {
    fn run(&self) {
        let file_name = format!("{}.csv", self.account_name);
        let mut writer = Writer::from_path(file_name).unwrap();
        writer.write_record(["날짜", "용도", "금액"]).unwrap();
        writer.flush().unwrap();
    }
}
fn main() {
    let args = App::parse();
    match args.command {
```

```
        Command::New(args) => args.run(),
        Command::Deposit => unimplemented!(),
        Command::Withdraw => unimplemented!(),
        Command::Import => unimplemented!(),
        Command::Report => unimplemented!(),
    }
}
```

이렇게 수정하고 `ledger new`를 실행하면 ACCOUNT_NAME 인수가 없다는 오류가 발생합니다. 추가로 인수를 지정하면 <ACCOUNT_NAME>.csv 파일이 생성되는 것을 확인할 수 있습니다.

```
$ cargo build
$ ./target/debug/ledger new
error: the following required arguments were not provided:
  <ACCOUNT_NAME>
Usage: ledger new <ACCOUNT_NAME>
For more information, try '--help'.
$ ./target/debug/ledger new account1
$ cat account1.csv
날짜,용도,금액
$ ./target/debug/ledger new account2
$ cat account2.csv
날짜,용도,금액
```

6.3.2 파일에 내용 추가하기: deposit, withdraw 명령어 구현하기

앞 절에서 신규 계좌를 생성하는 `ledger new` 명령어를 구현했습니다. 생성한 계좌에 입출금 내역을 기록하는 `deposit`, `withdraw` 명령어도 구현합시다.

```
use clap::{Args, Parser, Subcommand};
use csv::Writer;
#[derive(Parser)]
#[clap(version = "1.0")]
struct App {
    #[clap(subcommand)]
    command: Command,
}
#[derive(Subcommand)]
enum Command {
    /// 신규 계좌 생성
    New(NewArgs),
```

```
    /// 계좌 입금
    Deposit,
    /// 계좌 출금
    Withdraw,
    /// CSV에서 가져오기
    Import,
    /// 리포트 작성
    Report,
}
#[derive(Args)]
struct NewArgs {
    account_name: String,
}
impl NewArgs {
    fn run(&self) {
        let file_name = format!("{}.csv", self.account_name);
        let mut writer = Writer::from_path(file_name).unwrap();
        writer.write_record(["날짜", "용도", "금액"]).unwrap();
        writer.flush().unwrap();
    }
}
fn main() {
    let args = App::parse();
    match args.command {
        Command::New(args) => args.run(),
        Command::Deposit => deposit(),     // TODO: 구현하기
        Command::Withdraw => withdraw(),  // TODO: 구현하기
        Command::Import => unimplemented!(),
        Command::Report => unimplemented!(),
    }
}
// TODO: 구현하기
fn deposit() {
    unimplemented!()
}
// TODO: 구현하기
fn withdraw() {
    unimplemented!()
}
```

가계부 앱 사양을 다시 확인해 봅시다.

- 수입과 지출(날짜, 용도, 금액)을 관리하는 단위로 계좌를 생성할 수 있습니다.
- 계좌에 입금을 기록합니다.
- 계좌에 출금을 기록합니다.

가계부 앱에서 다루는 정보는 계좌, 날짜, 용도, 금액뿐입니다.

이런 사양으로 구현해 봅시다. new 함수 코드를 거의 그대로 사용해 account1.csv에 레코드를 추가할 수 있는지 확인해 보겠습니다.

```
fn deposit() {
    let mut writer = Writer::from_path("account1.csv").unwrap();
    writer.write_record(["1", "2", "3"]).unwrap();
    writer.flush().unwrap();
}
```

이렇게 구현하고 명령어를 실행합니다.

```
$ cargo build
$ ./target/debug/ledger deposit
$ cat account1.csv
1,2,3
```

원했던 결과는 헤더 다음 줄에 레코드가 추가되는 것입니다. 하지만 account1.csv에서 헤더가 사라진 형태로 출력됩니다.

무엇이 문제일까요? 사실은 파일을 조작할 때 이미 있는 파일에 추가(append) 기록하는 작업은 파일을 신규 생성하는 쓰기 작업과 다른 작업으로 구분됩니다. Writer::from_path(파일명)은 실행할 때마다 파일명에 해당하는 파일을 다시 생성하는 함수입니다.

따라서 new() 함수 구현에서 기존의 계좌명을 지정해 new를 실행하면 계좌 데이터가 초기화되어 헤더만 남게 됩니다.

```
$ cat account1.csv
1,2,3
$ ./target/debug/ledger new account1
$ cat account1.csv
날짜,용도,금액    <= 1,2,3 레코드가 없어졌음
```

레코드가 실행될 때마다 지워지면 CSV 파일로 기록하는 의미가 없으므로 deposit, withdraw는 파일에 레코드를 추가로 기록하도록 바꿔야 합니다.

레코드 추가 기록은 Writer::from_path()가 아니라 Writer::from_writer()를 사용합니다.

```
use clap::{Args, Parser, Subcommand};
use csv::Writer;
use std::fs::OpenOptions;  // <= 추가
#[derive(Parser)]
#[clap(version = "1.0")]
struct App {
    #[clap(subcommand)]
    command: Command,
}
#[derive(Subcommand)]
enum Command {
    /// 신규 계좌 생성
    New(NewArgs),
    /// 계좌 입금
    Deposit,
    /// 계좌 출금
    Withdraw,
    /// CSV에서 가져오기
    Import,
    /// 리포트 작성
    Report,
}
#[derive(Args)]
struct NewArgs {
    account_name: String,
}
impl NewArgs {
    fn run(&self) {
        let file_name = format!("{}.csv", self.account_name);
        let mut writer = Writer::from_path(file_name).unwrap();
        writer.write_record(["날짜", "용도", "금액"]).unwrap();
        writer.flush().unwrap();
    }
}
fn main() {
    let args = App::parse();
    match args.command {
        Command::New(args) => args.run(),
        Command::Deposit => deposit(),
        Command::Withdraw => withdraw(),
        Command::Import => unimplemented!(),
        Command::Report => unimplemented!(),
    }
}
fn deposit() {
    // 추가 기록 모드로 파일을 여는 설정
    let open_option = OpenOptions::new()
        .write(true)
```

```
        .append(true)  // 추가 모드
        .open("account1.csv")
        .unwrap();
    // open_option을 사용하도록 writer 설정
    let mut writer = Writer::from_writer(open_option);
    writer.write_record(["1", "2", "3"]).unwrap();
    writer.flush().unwrap();
}
// TODO: 구현하기
fn withdraw() {
    unimplemented!()
}
```

이렇게 Writer::from_writer()에 표준 라이브러리 std::fs::OpenOptions로 추가 모드를 활성화한 option을 넘겨서 기존 파일을 덮어쓰지 않고 추가할 수 있습니다.

코드를 실행하면 다음과 같습니다.

```
$ cat account1.csv
날짜,용도,금액
$ cargo build
$ ./target/debug/ledger deposit
$ cat account1.csv
날짜,용도,금액    <= 헤더가 그대로 남아 있음
1,2,3
```

deposit으로 하고자 했던 작업은 구조적인 측면에서 검증이 끝났습니다. 남은 작업은 new 명령어와 마찬가지로 명령줄 인수로 레코드 값과 계좌(파일)명을 받는 부분뿐입니다. new와 조금 다른 점은 계좌명은 문자열이지만 금액은 정수 타입, 날짜는 날짜를 다룰 수 있는 데이터 타입을 사용한다는 점입니다. 러스트는 날짜와 시간을 다룰 때 chrono 크레이트를 사용합니다. 여기서는 시간이 아니라 날짜 데이터이므로 Time도 Date도 아닌 NaiveDate를 사용합니다.

chrono를 프로젝트에 추가합니다.

```
$ cargo add chrono
```

Cargo.toml에 chrono가 추가되었습니다.

```
[package]
name = "ledger"
```

```
version = "0.1.0"
edition = "2024"
[dependencies]
chrono = "0.4.41"
clap = { version = "4.5.38", features = ["derive"] }
csv = "1.3.1"
```

chrono를 사용해 deposit 명령어 인수 타입 DepositArgs를 정의하고, 이를 사용해 레코드를 추가합니다.

```
use chrono::NaiveDate;
use clap::{Args, Parser, Subcommand};
use csv::Writer;
use std::fs::OpenOptions;  // <= 추가
#[derive(Parser)]
#[clap(version = "1.0")]
struct App {
    #[clap(subcommand)]
    command: Command,
}
#[derive(Subcommand)]
enum Command {
    /// 신규 계좌 생성
    New(NewArgs),
    /// 계좌 입금
    Deposit(DepositArgs),  // <= 인수를 받도록 수정
    /// 계좌 출금
    Withdraw,
    /// CSV에서 가져오기
    Import,
    /// 리포트 작성
    Report,
}
#[derive(Args)]
struct NewArgs {
    account_name: String,
}
impl NewArgs {
    fn run(&self) {
        let file_name = format!("{}.csv", self.account_name);
        let mut writer = Writer::from_path(file_name).unwrap();
        writer.write_record(["날짜", "용도", "금액"]).unwrap();
        writer.flush().unwrap();
    }
}
#[derive(Args)]
```

```
struct DepositArgs {
    // <= 인수 타입 정의
    account_name: String,
    date: NaiveDate,
    usage: String,
    amount: u32,
}
impl DepositArgs {
    fn run(&self) {
        let open_option = OpenOptions::new()
            .write(true)
            .append(true)  // 추가 모드
            .open(format!("{}.csv", self.account_name))
            .unwrap();
        let mut writer = Writer::from_writer(open_option);
        writer
            .write_record(&[
                self.date.format("%Y-%m-%d").to_string(),
                self.usage.to_string(),
                self.amount.to_string(),
            ])
            .unwrap();
        writer.flush().unwrap();
    }
}
fn main() {
    let args = App::parse();
    match args.command {
        Command::New(args) => args.run(),
        Command::Deposit(args) => args.run(),  // <= 수정
        Command::Withdraw => withdraw(),
        Command::Import => unimplemented!(),
        Command::Report => unimplemented!(),
    }
}
// TODO: 구현하기
fn withdraw() {
    unimplemented!()
}
```

이 코드를 실행하면 다음처럼 날짜 타입을 사용해 잘못된 날짜가 등록되지 않도록 **유효성 검사**(validation)를 할 수 있습니다.

```
$ cargo build
$ ./target/debug/ledger new account1
$ cat account1.csv
```

```
날짜,용도,금액
$ ./target/debug/ledger deposit account1 2025-5-21 용돈 100000
$ cat account1.csv
날짜,용도,금액
2025-05-21,용돈,100000
$ ./target/debug/ledger deposit account1 2025-5-32 용돈 100000
error: invalid value '2025-5-32' for '<DATE>': input is out of range
For more information, try '--help'.
$ cat account1.csv
날짜,용도,금액
2025-05-21,용돈,100000
```

이것으로 deposit 명령어 구현이 끝났습니다. 이어서 withdraw 명령어도 같은 방식으로 구현해 봅시다. 예제에서는 간단하게 deposit 명령어와 다른 점이 계좌에 기록하는 금액의 부호 뿐이라고 가정합시다. (실제로는 돈을 다 썼을 때 계좌 잔액이 0보다 작아지면 안되므로 withdraw에만 잔고를 확인하는 기능을 추가해야 합니다. 궁금하다면 직접 구현해 보기 바랍니다.)

```
use chrono::NaiveDate;
use clap::{Args, Parser, Subcommand};
use csv::Writer;
use std::fs::OpenOptions;
#[derive(Parser)]
#[clap(version = "1.0")]
struct App {
    #[clap(subcommand)]
    command: Command,
}
#[derive(Subcommand)]
enum Command {
    /// 신규 계좌 생성
    New(NewArgs),
    /// 계좌 입금
    Deposit(DepositArgs),
    /// 계좌 출금
    Withdraw(WithdrawArgs),  // <= 인수를 받도록 수정
    /// CSV에서 가져오기
    Import,
    /// 리포트 작성
    Report,
}
#[derive(Args)]
struct NewArgs {
    account_name: String,
```

```
}
impl NewArgs {
    fn run(&self) {
        let file_name = format!("{}.csv", self.account_name);
        let mut writer = Writer::from_path(file_name).unwrap();
        writer.write_record(["날짜", "용도", "금액"]).unwrap();
        writer.flush().unwrap();
    }
}
#[derive(Args)]
struct DepositArgs {
    account_name: String,
    date: NaiveDate,
    usage: String,
    amount: u32,
}
impl DepositArgs {
    fn run(&self) {
        let open_option = OpenOptions::new()
            .write(true)
            .append(true)  // 추가 모드
            .open(format!("{}.csv", self.account_name))
            .unwrap();
        let mut writer = Writer::from_writer(open_option);
        writer
            .write_record(&[
                self.date.format("%Y-%m-%d").to_string(),
                self.usage.to_string(),
                self.amount.to_string(),
            ])
            .unwrap();
        writer.flush().unwrap();
    }
}
#[derive(Args)]
struct WithdrawArgs {
    // <= 인수 타입 정의
    account_name: String,
    date: NaiveDate,
    usage: String,
    amount: u32,
}
impl WithdrawArgs {
    fn run(&self) {
        let open_option = OpenOptions::new()
            .write(true)
            .append(true)  // 추가 모드
            .open(format!("{}.csv", self.account_name))
```

```
            .unwrap();
        let mut writer = Writer::from_writer(open_option);
        writer
            .write_record(&[
                self.date.format("%Y-%m-%d").to_string(),
                self.usage.to_string(),
                // MEMO: deposit과 다른 점은 이것뿐
                format!("-{}", self.amount),
            ])
            .unwrap();
        writer.flush().unwrap();
    }
}
fn main() {
    let args = App::parse();
    match args.command {
        Command::New(args) => args.run(),
        Command::Deposit(args) => args.run(),
        Command::Withdraw(args) => args.run(),  // <= 수정
        Command::Import => unimplemented!(),
        Command::Report => unimplemented!(),
    }
}
```

이렇게 withdraw 명령어도 구현이 끝났습니다. 실행해 확인해 봅시다.

```
$ cargo build
$ cat account1.csv
날짜,용도,금액
2025-05-21,용돈,100000
$ ./target/debug/ledger withdraw account1 2025-5-22 도서구입 5000
$ cat account1.csv
날짜,용도,금액
2025-05-21,용돈,100000
2025-05-22,도서구입,-5000
```

account1.csv에 출금 내용도 등록되었습니다.

6.3.3 여러 레코드 일괄 작성하기: import 명령어 구현하기

지금까지 ledger {new|deposit|withdraw} 명령어를 구현해 한 건씩 입출금 내역을 등록할 수 있었습니다. 하지만 처음부터 새로 데이터를 등록하는 서비스보다 다른 유사한 서비스에서 관리하던 데이터를 이어받아서 사용하는 서비스가 더 많습니

다. 데이터는 자산입니다. 새로 만든 서비스가 아무리 기능이 우수하더라도 경쟁 서비스에 이미 오랜 기간 쌓인 데이터가 있으면 사용자는 기존 서비스가 편하다고 느끼기 때문에 새 서비스로 갈아타지 않는 사례도 수없이 많습니다.

사용자도 사용하던 서비스가 어느 순간 갑자기 종료될 수 있다는 것을 알기 때문에 자신의 데이터를 어떤 형태로든 따로 저장하고 옮길 수 있는 서비스를 선호하는 편입니다. 이 절에서는 사용자가 다른 가계부 앱에서 사용하던 데이터를 `ledger`에 일괄 등록할 수 있는 `import` 명령어를 구현합니다. 이와 같은 작업을 일괄 처리하는 조작을 벌크(bulk, 대용량 처리)라고 합니다. `import`, `export`는 대표적인 벌크 처리입니다.

`import` 명령어는 데이터를 가져올 파일, 해당 데이터를 입력할 계좌 이렇게 두 인수를 받습니다.

```
use chrono::NaiveDate;
use clap::{Args, Parser, Subcommand};
use csv::Writer;
use std::fs::OpenOptions;
#[derive(Parser)]
#[clap(version = "1.0")]
struct App {
    #[clap(subcommand)]
    command: Command,
}
#[derive(Subcommand)]
enum Command {
    /// 신규 계좌 생성
    New(NewArgs),
    /// 계좌 입금
    Deposit(DepositArgs),
    /// 계좌 출금
    Withdraw(WithdrawArgs),
    /// CSV에서 가져오기
    Import(ImportArgs),
    /// 리포트 작성
    Report,
}
#[derive(Args)]
struct NewArgs {
    account_name: String,
}
impl NewArgs {
    fn run(&self) {
        let file_name = format!("{}.csv", self.account_name);
```

```
        let mut writer = Writer::from_path(file_name).unwrap();
        writer.write_record(["날짜", "용도", "금액"]).unwrap();
        writer.flush().unwrap();
    }
}
#[derive(Args)]
struct DepositArgs {
    account_name: String,
    date: NaiveDate,
    usage: String,
    amount: u32,
}
impl DepositArgs {
    fn run(&self) {
        let open_option = OpenOptions::new()
            .write(true)
            .append(true)  // 추가 모드
            .open(format!("{}.csv", self.account_name))
            .unwrap();
        let mut writer = Writer::from_writer(open_option);
        writer
            .write_record(&[
                self.date.format("%Y-%m-%d").to_string(),
                self.usage.to_string(),
                self.amount.to_string(),
            ])
            .unwrap();
        writer.flush().unwrap();
    }
}
#[derive(Args)]
struct WithdrawArgs {
    account_name: String,
    date: NaiveDate,
    usage: String,
    amount: u32,
}
impl WithdrawArgs {
    fn run(&self) {
        let open_option = OpenOptions::new()
            .write(true)
            .append(true)  // 추가 모드
            .open(format!("{}.csv", self.account_name))
            .unwrap();
        let mut writer = Writer::from_writer(open_option);
        writer
            .write_record(&[
                self.date.format("%Y-%m-%d").to_string(),
```

```
                self.usage.to_string(),
                // MEMO: deposit과 다른 점은 이것뿐
                format!("-{}", self.amount),
            ])
            .unwrap();
        writer.flush().unwrap();
    }
}
#[derive(Args)]
struct ImportArgs {
    src_file_name: String,     // import할 데이터 파일
    dst_account_name: String,  // import한 데이터를 추가할 ledger에서 관리하는 계좌명
}
impl ImportArgs {
    fn run(&self) {
        unimplemented!()  // <= 이제 구현함
    }
}
fn main() {
    let args = App::parse();
    match args.command {
        Command::New(args) => args.run(),
        Command::Deposit(args) => args.run(),
        Command::Withdraw(args) => args.run(),
        Command::Import(args) => args.run(),
        Command::Report => unimplemented!(),
    }
}
```

인수를 정의한 상태로 import 명령어를 확인하면 다음처럼 두 가지 인수를 요구하는 명령어가 만들어졌다는 것을 확인할 수 있습니다.

```
$ cargo build
$ ./target/debug/ledger import -h
CSV에서 가져오기
Usage: ledger import <SRC_FILE_NAME> <DST_ACCOUNT_NAME>
Arguments:
  <SRC_FILE_NAME>
  <DST_ACCOUNT_NAME>
Options:
  -h, --help  Print help
```

import() 함수를 구현합니다. Writer 사용법은 deposit/withdraw 명령어와 같은 방식입니다.

```
use csv::{Reader, Writer};  // <= Reader도 추가

impl ImportArgs {
    fn run(&self) {
        let open_option = OpenOptions::new()
            .write(true)
            .append(true)  // 추가 모드
            .open(format!("{}.csv", self.dst_account_name))
            .unwrap();
        let mut writer = Writer::from_writer(open_option);
        let mut reader = Reader::from_path(&self.src_file_name).unwrap();
        for result in reader.records() {
            // Reader는 첫 줄을 헤더로 인식하므로
            // 반복문은 두 번째 줄 이후부터 실행됨
            let record = result.unwrap();
            writer.write_record(&record).unwrap();
        }
        writer.flush().unwrap();
    }
}
```

csv::Reader는 지금까지 사용한 csv:Writer와 반대로 CSV 파일 읽기용 모듈입니다. csv::Writer와 마찬가지로 Reader::from_path() 함수가 정의되어 있으므로 .records() 함수를 사용해 for in 반복문으로 한 줄씩 레코드를 가져올 수 있습니다.

구현한 코드를 실행해 봅시다.

```
$ cargo build
$ ./target/debug/ledger new output
$ cat output.csv
날짜,용도,금액
$ cat account1.csv
날짜,용도,금액
2025-05-21,용돈,100000
2025-05-22,도서구입,-5000
$ ./target/debug/ledger import account1.csv output
$ cat output.csv
날짜,용도,금액
2025-05-21,용돈,100000
2025-05-22,도서구입,-5000
$ ./target/debug/ledger import account1.csv output
$ ./target/debug/ledger import account1.csv output
$ ./target/debug/ledger import account1.csv output
$ cat output.csv
```

```
날짜,용도,금액
2025-05-21,용돈,100000
2025-05-22,도서구입,-5000
2025-05-21,용돈,100000
2025-05-22,도서구입,-5000
2025-05-21,용돈,100000
2025-05-22,도서구입,-5000
2025-05-21,용돈,100000
2025-05-22,도서구입,-5000
```

이와 같이 `ledger import account1.csv output`을 실행할 때마다 `output.csv`로 `accout1.csv`의 모든 레코드를 가져오는 것을 확인할 수 있습니다.

그런데 `record` 타입을 확인해 봅시다. CSV 각 줄은 UTF-8 바이트열로 간주되어 `StringRecord` 타입으로 추론됩니다. 강력한 타입으로 보호되는 러스트를 사용하고 있지만 이렇게 구현하면 잘못된 타입의 값을 가져오는 문제가 생길 수 있습니다.

시험 삼아 다음처럼 잘못된 데이터를 만들어서 가져올 수 있는지 실행해 봅시다. 없는 날짜(2025-05-33)이거나 금액이 한글 단위(오만 원)로 적혀 있어도 가져올 수 있습니다.

```
$ cat invalid.csv
날짜,용도,금액
2025-05-22,용돈,오만원
2025-05-33,도서비,-100
$ ./target/debug/ledger import invalid.csv output
$ cat output.csv
날짜,용도,금액
2025-05-21,용돈,100000
2025-05-22,도서구입,-5000
2025-05-21,용돈,100000
2025-05-22,도서구입,-5000
2025-05-21,용돈,100000
2025-05-22,도서구입,-5000
2025-05-21,용돈,100000
2025-05-22,도서구입,-5000
2025-05-22,용돈,오만원
2025-05-33,도서비,-100
```

배열이나 구조체와 같은 프로그램 내부의 자료 구조를 문자열 등으로 변환해 파일로 저장하는 처리를 **직렬화**(serialize), 반대로 파일에 저장된 내용을 읽어서 프로그램 내부 자료 구조로 변환하는 처리를 **역직렬화**(deserialize)라고 부릅니다. 저장된 파일은 프로그램 외부에서 멋대로 수정할 수 있어서 2025-05-33처럼 잘못된 내용으로 바뀔 수 있습니다. 따라서 역직렬화는 타입 체크를 비롯한 다양한 검증 작업이 필수입니다. 러스트의 강력한 직렬화/역직렬화 라이브러리 serde를 사용해 타입을 부여합시다.

```
$ cargo add serde --features derive
$ cargo add chrono --features serde
$ cat Cargo.toml
[package]
name = "ledger"
version = "0.1.0"
edition = "2024"
[dependencies]
chrono = { version = "0.4.41", features = ["serde"] }
clap = { version = "4.5.38", features = ["derive"] }
csv = "1.3.1"
serde = { version = "1.0.219", features = ["derive"] }
```

serde 크레이트를 사용해 코드를 수정합니다.

```
use chrono::NaiveDate;
use clap::{Args, Parser, Subcommand};
use csv::{Reader, Writer, WriterBuilder};           // 수정
use serde::{Deserialize, Serialize};                // 추가
use std::{collections::HashMap, fs::OpenOptions};  // 수정
#[derive(Parser)]
#[clap(version = "1.0")]
struct App {
    #[clap(subcommand)]
    command: Command,
}
#[derive(Subcommand)]
enum Command {
    /// 신규 계좌 생성
    New(NewArgs),
    /// 계좌 입금
    Deposit(DepositArgs),
    /// 계좌 출금
    Withdraw(WithdrawArgs),
    /// CSV에서 가져오기
    Import(ImportArgs),
    /// 리포트 작성
    Report(ReportArgs),  // 수정
```

```
}
#[derive(Args)]
struct NewArgs {
    account_name: String,
}
impl NewArgs {
    fn run(&self) {
        let file_name = format!("{}.csv", self.account_name);
        let mut writer = Writer::from_path(file_name).unwrap();
        writer.write_record(["날짜", "용도", "금액"]).unwrap();
        writer.flush().unwrap();
    }
}
#[derive(Args)]
struct DepositArgs {
    account_name: String,
    date: NaiveDate,
    usage: String,
    amount: u32,
}
impl DepositArgs {
    fn run(&self) {
        let open_option = OpenOptions::new()
            .write(true)
            .append(true)  // 추가 모드
            .open(format!("{}.csv", self.account_name))
            .unwrap();
        let mut writer = Writer::from_writer(open_option);
        writer
            .write_record(&[
                self.date.format("%Y-%m-%d").to_string(),
                self.usage.to_string(),
                self.amount.to_string(),
            ])
            .unwrap();
        writer.flush().unwrap();
    }
}
#[derive(Args)]
struct WithdrawArgs {
    account_name: String,
    date: NaiveDate,
    usage: String,
    amount: u32,
}
impl WithdrawArgs {
    fn run(&self) {
        let open_option = OpenOptions::new()
```

```
            .write(true)
            .append(true)  // 추가 모드
            .open(format!("{}.csv", self.account_name))
            .unwrap();
        let mut writer = Writer::from_writer(open_option);
        writer
            .write_record(&[
                self.date.format("%Y-%m-%d").to_string(),
                self.usage.to_string(),
                // MEMO: deposit과 다른 점은 이것뿐
                format!("-{}", self.amount),
            ])
            .unwrap();
        writer.flush().unwrap();
    }
}
#[derive(Args)]
struct ImportArgs {
    src_file_name: String,
    dst_account_name: String,
}
impl ImportArgs {
    fn run(&self) {
        let open_option = OpenOptions::new()
            .write(true)
            .append(true)  // 추가 모드
            .open(format!("{}.csv", self.dst_account_name))
            .unwrap();
        let mut writer = WriterBuilder::new()  // 수정
            .has_headers(false)                // 첫 번째 줄의 헤더는 건너뜀
            .from_writer(open_option);
        let mut reader = Reader::from_path(&self.src_file_name).unwrap();
        for result in reader.deserialize() {  // 수정
            // CSV 각 줄은 Record 타입
            let record: Record = result.unwrap();
            writer.serialize(record).unwrap();
        }
    }
}
// CSV 각 컬럼의 타입 지정
#[derive(Serialize, Deserialize)]
struct Record {
    날짜: NaiveDate,
    용도: String,
    금액: i32,
}
#[derive(Args)]
struct ReportArgs {
```

```
    files: Vec<String>,
}
fn main() {
    let args = App::parse();
    match args.command {
        Command::New(args) => args.run(),
        Command::Deposit(args) => args.run(),
        Command::Withdraw(args) => args.run(),
        Command::Import(args) => args.run(),
        Command::Report(args) => unimplemented!(),  // 수정
    }
}
```

Record 구조체처럼 CSV 데이터의 각 컬럼에 기대하는 데이터 타입을 지정하면 지금까지 import되던 잘못된 데이터 값을 검증할 수 있습니다.

```
$ cargo build
$ cat invalid.csv
날짜,용도,금액
2025-05-22,용돈,오만원
2025-05-33,도서비,-100
$ ./target/debug/ledger import invalid.csv output
thread 'main' panicked at src/main.rs:108:41:
called `Result::unwrap()` on an `Err` value: Error(Deserialize { pos:
Some(Position { byte: 21, line: 2, record: 1 }), err: DeserializeError {
field: Some(2), kind: ParseInt(ParseIntError { kind: InvalidDigit }) } })
```

이제는 잘못된 데이터가 계좌에 등록되지 않습니다. 어떤 데이터나 등록 가능한 타입(serde로 deserialize하기 전의 StringRecord 타입 등)을 사용하는 대신에 자신이 관리하고 싶은 적절한 타입을 준비해 러스트의 강력한 타입 시스템의 이점을 누리도록 합시다.

6.3.4 여러 파일 조작하기: report 명령어 구현하기

지금까지 가계부 앱 ledger에 계좌를 생성하고 입출금 내역을 개별 및 일괄 등록할 수 있는 기능을 구현했습니다.

하지만 사용자 입장에서 꾸준히 데이터를 기록하는 작업은 쉽지 않습니다. 데이터가 쌓일수록 가치가 높아지는 서비스라면 사용자가 데이터를 입력할 동기를 제공하는 기능이 필수입니다.

이 절에서는 지금까지 계좌별로 흩어진 레코드 모음에 불과한 입출금 데이터를 하나로 합쳐서 집계하는 명령어 report를 구현했습니다. 애플리케이션 전체 코드가 꽤 길어졌지만 추가한 내용은 ReportArgs 관련 부분뿐입니다.

```
use chrono::NaiveDate;
use clap::{Args, Parser, Subcommand};
use csv::{Reader, Writer, WriterBuilder};
use serde::{Deserialize, Serialize};
use std::{collections::HashMap, fs::OpenOptions};
#[derive(Parser)]
#[clap(version = "1.0")]
struct App {
    #[clap(subcommand)]
    command: Command,
}
#[derive(Subcommand)]
enum Command {
    /// 신규 계좌 생성
    New(NewArgs),
    /// 계좌 입금
    Deposit(DepositArgs),
    /// 계좌 출금
    Withdraw(WithdrawArgs),
    /// CSV에서 가져오기
    Import(ImportArgs),
    /// 리포트 작성
    Report(ReportArgs),
}
#[derive(Args)]
struct NewArgs {
    account_name: String,
}
impl NewArgs {
    fn run(&self) {
        let file_name = format!("{}.csv", self.account_name);
        let mut writer = Writer::from_path(file_name).unwrap();
        writer.write_record(["날짜", "용도", "금액"]).unwrap();
        writer.flush().unwrap();
    }
}
#[derive(Args)]
struct DepositArgs {
    account_name: String,
    date: NaiveDate,
    usage: String,
    amount: u32,
```

```
}
impl DepositArgs {
    fn run(&self) {
        let open_option = OpenOptions::new()
            .write(true)
            .append(true)  // 추가 모드
            .open(format!("{}.csv", self.account_name))
            .unwrap();
        let mut writer = Writer::from_writer(open_option);
        writer
            .write_record(&[
                self.date.format("%Y-%m-%d").to_string(),
                self.usage.to_string(),
                self.amount.to_string(),
            ])
            .unwrap();
        writer.flush().unwrap();
    }
}
#[derive(Args)]
struct WithdrawArgs {
    account_name: String,
    date: NaiveDate,
    usage: String,
    amount: u32,
}
impl WithdrawArgs {
    fn run(&self) {
        let open_option = OpenOptions::new()
            .write(true)
            .append(true)  // 추가 모드
            .open(format!("{}.csv", self.account_name))
            .unwrap();
        let mut writer = Writer::from_writer(open_option);
        writer
            .write_record(&[
                self.date.format("%Y-%m-%d").to_string(),
                self.usage.to_string(),
                // MEMO: deposit과 차이점은 이것뿐
                format!("-{}", self.amount),
            ])
            .unwrap();
        writer.flush().unwrap();
    }
}
#[derive(Args)]
struct ImportArgs {
    src_file_name: String,
```

```
    dst_account_name: String,
}
impl ImportArgs {
    fn run(&self) {
        let open_option = OpenOptions::new()
            .write(true)
            .append(true)  // 추가 모드
            .open(format!("{}.csv", self.dst_account_name))
            .unwrap();
        let mut writer = WriterBuilder::new()
            .has_headers(false)
            .from_writer(open_option);
        let mut reader = Reader::from_path(&self.src_file_name).unwrap();
        for result in reader.deserialize() {
            let record: Record = result.unwrap();
            writer.serialize(record).unwrap();
        }
    }
}
#[derive(Serialize, Deserialize)]
struct Record {
    날짜: NaiveDate,
    용도: String,
    금액: i32,
}
#[derive(Args)]
struct ReportArgs {
    files: Vec<String>,
}
// <= 추가
impl ReportArgs {
    fn run(&self) {
        let mut map = HashMap::new();
        for file in &self.files {
            let mut reader = Reader::from_path(file).unwrap();
            for result in reader.deserialize() {
                let record: Record = result.unwrap();
                let sum = map
                    .entry(record.날짜.format("%Y-%m").to_string())
                    .or_insert(0);
                *sum += record.금액;
            }
        }
        println!("{:?}", map);
    }
}
fn main() {
    let args = App::parse();
```

```
    match args.command {
        Command::New(args) => args.run(),
        Command::Deposit(args) => args.run(),
        Command::Withdraw(args) => args.run(),
        Command::Import(args) => args.run(),
        Command::Report(args) => args.run(),  // <= 수정
    }
}
```

이 코드를 실행하면 대상 계좌의 입출금 정보를 월별로 집계한 리포트를 볼 수 있습니다.

```
$ cargo build
$ cat account1.csv
날짜,용도,금액
2025-05-21,용돈,100000
2025-05-22,도서구입,-5000
// 별도로 준비한 파일
$ cat account2.csv
날짜,용도,금액
2025-05-23,용돈,30000
2025-05-23,과자,-1000
2025-04-20,용돈,50000
2025-04-25,간식,-5000
// account1.csv와 account2.csv를 집계한 월별 리포트가 출력됨
$ ./target/debug/ledger report account1.csv account2.csv
{"2025-04": 45000, "2025-05": 124000}
```

☑ 배치 처리와 점검 시간

import 명령어와 report 명령어로 구현한 벌크 처리는 처리하려는 데이터를 사용자가 직접 지정해 실행했습니다.

그런데 웹 애플리케이션의 백엔드를 개발하다 보면 벌크 처리와는 별도로 매일이나 매주처럼 일정 주기마다 데이터를 한꺼번에 처리할 일이 생깁니다. 예를 들어 사용자가 탈퇴해서 더 이상 필요하지 않은 데이터를 한꺼번에 삭제하는 경우가 있습니다. 이처럼 사용자 조작과 무관하게 특정한 순간에 한꺼번에 처리하는 작업을 **배치**(batch)라고 합니다.

배치 처리는 작업 데이터의 양이 많아서 처리에 시간이 걸립니다. 경우에 따라서는 몇 시간에서 며칠씩 걸리는 작업이 되기도 합니다.

배치 처리 도중에 사용자가 데이터를 읽거나 기록하면 불완전한 상태의 데이터를 사용하게 되어 시스템 오류가 발생할 수 있습니다. 따라서 배치 처리는 시스템을 사용하는 사용자가 적은 야

간 시간대에 주로 실시합니다. 배치 처리를 실행할 때는 시스템 점검 시간으로 지정해서 사용자가 시스템을 사용할 수 없게 막아 두는 경우가 많습니다. 보통은 점검 시간 동안 배치 처리 실행 외에도 운영 체제 업데이트, 애플리케이션 배포 등 다양한 관리 작업을 합니다.

 **정리**

수고 많았습니다. 이 장에서는 CSV 파일을 사용한 프로그램 실행뿐만 아니라 데이터 저장, 지금까지 배운 열거형, 함수, HashMap, Vec 같은 컬렉션을 사용한 가계부 앱을 만들면서 CLI 명령어 작성법을 익혔습니다. 이 장에서 서브 명령어 단위로 사용한 CRUD나 영속성은 웹 애플리케이션을 만들 때에도 기본 구성 단위가 됩니다.

7장

R u s t P r o g r a m m i n g

직접 만든 라이브러리 공개하기 [도서 관리 프로그램]

지금까지는 모든 코드를 파일 하나에 작성했습니다.

7장에서는 코드를 정리하는 데 사용하는 모듈 시스템을 배웁니다. 직접 라이브러리를 만들어 봅시다.

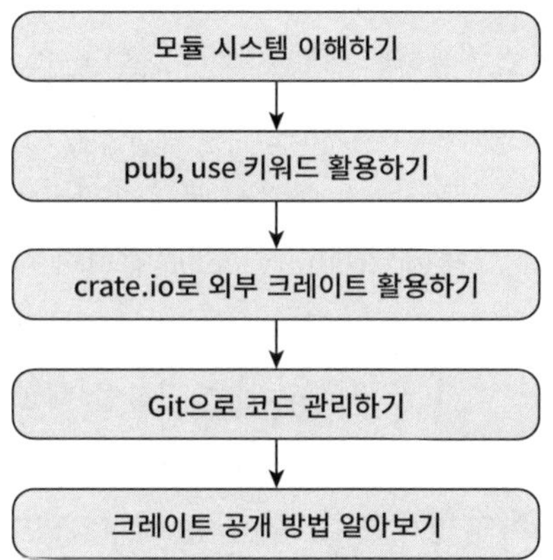

그림 7-0 도서 관리 프로그램을 만드는 과정

7.1 패키지, 크레이트, 모듈 이해하기

1~6장에서는 모든 코드를 `main.rs` 파일에 구현했습니다. 하지만 2장부터 점점 코드가 길어지기 시작했고 6장부터는 기능도 늘어나 전체 코드를 파악하기 어려울 정도로 길어졌습니다.

실제로 백엔드 엔지니어로서 제품을 개발하다 보면 매우 많은 기능이 필요합니다. 하나의 제품을 개발하더라도 전체 코드를 머릿속에 담는 것은 거의 불가능합니다. 따라서 관련 기능을 적절히 묶어 정리하고 서로 다른 성격의 코드를 효율적으로 분리해 두면, 특정 기능이 어디에 구현되어 있는지 알기 쉽고 기능의 수정이나 변경도 간단해집니다.

기능을 분리해 각각을 독립적으로 묶어 두면 사용자는 구현의 세부 내용을 몰라도 사용 방법만 알고 있으면 그 기능을 사용할 수 있습니다. 따라서 코드를 더 높은 수준으로 재사용할 수 있습니다. 러스트에서는 함수 정의에 키워드를 추가로 지정해 다른 코드에서 호출되는 부분과 자신만을 위한 전용 부분을 구별할 수 있습니다.

러스트에는 구현의 공개/비공개 관련 처리나 프로그램의 각 스코프에 있는 이름 관련 정보 같은 코드 일관성을 유지하는 기능이 많습니다. 이런 기능을 통틀어 **모듈 시스템**(module system)이라고 합니다.

7.1.1 패키지와 크레이트

크레이트에는 두 가지 형식이 있습니다.

첫 번째는 **바이너리 크레이트**(binary crate)입니다. 바이너리 크레이트는 명령줄이나 서버에서 작동하는 프로그램처럼 실행 가능한 파일로 컴파일될 수 있는 프로그램을 말합니다. 1~6장은 `fn main() {...}`형태로 `main` 함수에 다양한 작업을 구현해 왔는데, 이 `main` 함수가 바로 프로그램이 실행될 때 수행할 작업을 정의하는 곳입니다.

두 번째는 **라이브러리 크레이트**(library crate)입니다. 라이브러리 크레이트는 `main` 함수가 없어 단독으로 실행 가능한 파일로 컴파일할 수 없습니다. 라이브러리 크레이트는 여러 프로젝트에서 공유할 수 있는 기능을 제공합니다. 실제 개발 현장에서 크레이트라고 하면 대부분 라이브러리 크레이트를 뜻합니다. 일반적인 프로그래밍에서 사용하는 용어인 라이브러리와 같은 의미입니다.

이어서 패키지를 설명하겠습니다.

러스트의 **패키지**(package)는 하나 이상의 크레이트를 묶어 일련의 기능을 제공하는 단위입니다. 패키지는 `Cargo.toml` 설정 파일과 소스 코드가 포함된 `src` 디렉터리로 구성됩니다. 이 `Cargo.toml` 파일은 패키지명, 버전, 작성자 같은 정보와 의존 관계를 관리합니다.

패키지에는 라이브러리 크레이트 하나와 바이너리 크레이트 여러 개를 포함할 수 있습니다. 각 크레이트는 `src` 디렉터리 안에 있는 러스트 소스 코드 파일로 구성됩니다. 라이브러리 크레이트의 소스 코드는 `src/lib.rs`에, 바이너리 크레이트의 소스 코드는 src/main.rs에 있습니다. 또한 추가 바이너리 크레이트는 src/bin 디렉터리 안에 별도 파일로 만듭니다.

시험 삼아 바이너리 크레이트 여러 개와 라이브러리 크레이트 한 개를 포함하는 패키지를 만들어 봅시다. 먼저 새 패키지를 만듭니다. 여기서는 패키지명으로 my_package를 지정합니다.

```
$ cargo new --lib my_package
```

명령어에는 지금까지 본 적 없는 --lib 옵션이 있습니다. 이 옵션을 추가해 cargo new를 실행하면 라이브러리 크레이트를 포함한 패키지 템플릿이 생성됩니다. 실행하면 my_package 디렉터리가 새로 작성되며 디렉터리에는 src/lib.rs 파일과 Cargo.toml 파일이 있습니다.

새로 작성한 라이브러리에 함수를 구현합니다. src/lib.rs를 다음과 같이 수정합니다.

```
pub fn hello(name: &str) {
    println!("Hello, {}", name);
}
```

단순히 인수로 받은 문자열을 출력하는 함수입니다.

이어서 바이너리 크레이트를 추가하기 위해 src/bin 디렉터리를 생성하고 파일 두 개를 작성합니다.

src/bin/bin.rs

```
use my_package::hello;
fn main() {
    hello("bin_1");
}
```

src/bin/bin2.rs

```
use my_package::hello;
fn main() {
    hello("bin_2");
}
```

낯선 키워드 pub이 등장했지만 그 외에는 지금까지 해 왔던 내용과 크게 다르지 않습니다. 모듈 시스템에서는 pub뿐 아니라 use도 중요한 키워드이며 이런 사용법은 나중에 다시 설명하겠습니다. 지금은 pub과 use를 사용하면 main 함수에서 라이브러리를 호출할 수 있다고만 이해하면 충분합니다. 그러면 다음 명령어로 바이너리 크레이트를 실행해 봅시다.

```
$ cargo run --bin bin
Hello, bin_1
$ cargo run --bin bin2
Hello, bin_2
```

각각 서로 다른 내용이 출력됩니다.

7.1.2 모듈 이해하기

이제 모듈을 설명할 차례입니다.

러스트는 코드를 정리해 재사용성과 가독성을 높일 수 있는 **모듈**(module) 기능을 제공합니다. 모듈을 잘 사용하면 관련 함수, 구조체, 상수를 한곳에 모아서 관리할 수 있습니다.

모듈을 사용하면 다음과 같은 장점이 있습니다.

1. **네임스페이스 제공**: 모듈은 관련 아이템을 네임스페이스로 묶을 수 있습니다. 따라서 같은 이름이 여러 곳에 정의되어 있어도 네임스페이스로 구분할 수 있습니다.
2. **재사용성 향상**: 모듈을 사용하면 한곳에 정의된 함수와 구조체를 다른 곳에서 간단히 재사용할 수 있습니다. 따라서 코드가 중복되지 않고 유지보수성이 향상됩니다.
3. **가독성과 유지보수성 향상**: 모듈은 관련 아이템을 한곳에 모아서 코드 가독성과 유지보수성을 높입니다. 또한 이런 코드를 다른 모듈에서도 사용할 수 있는지를 정의할 수 있습니다. 따라서 코드의 구조를 더 쉽게 이해할 수 있고 버그를 찾거나 새 기능을 추가하기도 수월해집니다.

7.1.3 모듈 사용하기

러스트 모듈 시스템으로 도서 관리 프로그램을 작성해 봅시다.

앞 절에서처럼 새 패키지를 작성합니다.

```
$ cargo new --lib my_library
```

생성된 src/lib.rs에 모듈을 정의합니다.

```
mod library {
    mod book {}
    mod bookshelf {}
}
```

모듈은 mod 키워드를 작성한 뒤 모듈명을 지정해 정의합니다. 모듈 내부에 또 다른 모듈을 정의하거나 함수, 구조체 같은 모듈 이외의 요소도 포함할 수 있습니다.

그러면 바로 book 모듈에 Book 구조체를 다음과 같이 정의합시다.

```
    mod book {
        struct Book {
            title: String,
            author: String,
        }
        impl Book {
            fn new(title: &str, author: &str) -> Self {
                Self {
                    title: title.to_string(),
                    author: author.to_string(),
                }
            }
        }
    }
```

book 모듈 안에 제목과 저자가 있는 Book 구조체를 정의했습니다(impl 키워드는 5장 참조). 이제 bookshelf 모듈에 채장을 정의합니다.

```
    mod bookshelf {
        struct Bookshelf {
            books: Vec<Book>,
        }
        impl Bookshelf {
            fn new() -> Self {
                Self { books: Vec::new() }
            }
        }
    }
```

이 시점에서 책장은 단순히 여러 책을 담는 구조체에 불과합니다. 사실 이 코드는 컴파일에 실패합니다(그림 7-1).

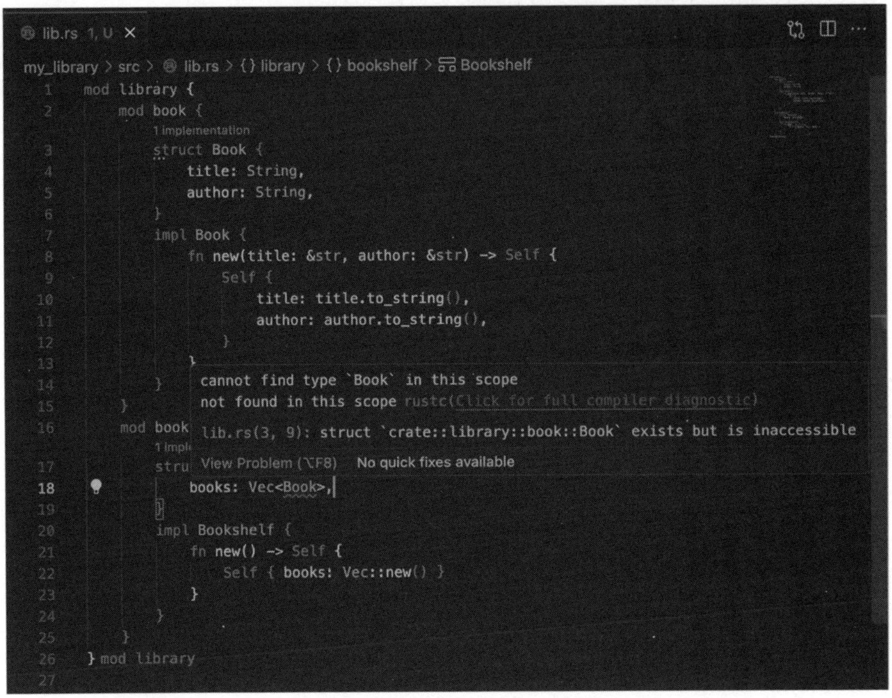

그림 7-1 오류 발생

Book 구조체를 해당 스코프에서 찾을 수 없다는 오류입니다. 이런 문제를 해결하려면 Book이 어디에 있는지 컴파일러에게 알려 줘야 합니다.

지금까지 만든 모듈이 어떤 구조인지 그림으로 그려 보았습니다. 먼저 모듈은 모듈 트리 형태의 트리 구조가 됩니다. 루트 부분이 크레이트 루트(예제의 `lib.rs`)이고 크레이트 루트 자체가 크레이트 모듈을 형성합니다. 현재 `library` 크레이트의 모듈 트리는 다음과 같습니다.

```
crate
└─ library
    ├─ book
    |   └─ Book
    └─ bookshelf
        └─ Bookshelf
```

아직 프로그램이 크지 않아서 모듈 트리가 간단하지만 개발이 진행되면 모듈 트리 규모도 커집니다. 파일 수가 늘어 구조가 복잡해진 상황에서는 단순히 Book 구조체라고 하면 프로그래머도 컴퓨터도 정의된 위치를 찾기가 쉽지 않습니다. 따라서 Book 구조체가 정의된 위치를 컴파일러에게 알려 줄 수 있는 경로를 사용합니다. 어떤 모듈의 함수와 구조체를 사용하려면 경로를 알아야 합니다.

경로에는 절대 경로와 상대 경로가 있습니다. 절대 경로는 크레이트 루트에서 모듈을 따라가는 경로입니다. 크레이트 내부 어떤 위치에서 참조하더라도 변하지 않습니다. 상대 경로는 현재 있는 모듈에서의 상대적인 위치를 나타내는 경로입니다. 참조 대상 모듈 위치에 따라 경로가 변합니다. Book 구조체를 가리키는 각각의 경로를 작성해 봅시다.

절대 경로

```
// crate는 크레이트 루트를 뜻함
crate::library::book::Book;

// my_library는 크레이트 이름
my_library::library::book::Book;
```

상대 경로(현재 모듈은 bookshelf)

```
// super는 부모 모듈인 library를 뜻함
super::book::Book;

// 이번에는 사용하지 않지만 self라는 자기 자신을 가리키는 키워드도 사용할 수 있음
self::super::book::Book;
```

그러면 다시 Book을 경로로 바꿔 봅시다.

```
mod bookshelf {
    struct Bookshelf {
        books: Vec<super::book::Book>,
    }
    impl Bookshelf {
        fn new() -> Self {
            Self { books: Vec::new() }
        }
    }
}
```

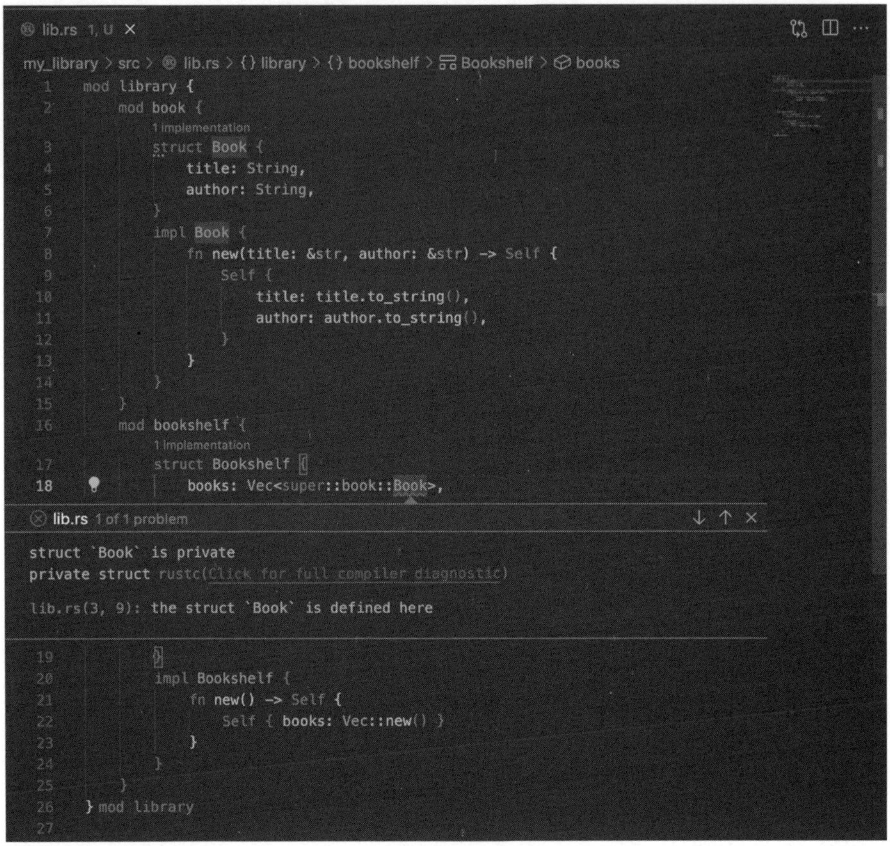

```
lib.rs 1, U ×
my_library > src > lib.rs > {} library > {} bookshelf > Bookshelf > books
mod library {
    mod book {
        1 implementation
        struct Book {
            title: String,
            author: String,
        }
        impl Book {
            fn new(title: &str, author: &str) -> Self {
                Self {
                    title: title.to_string(),
                    author: author.to_string(),
                }
            }
        }
    }
    mod bookshelf {
        1 implementation
        struct Bookshelf {
            books: Vec<super::book::Book>,
lib.rs 1 of 1 problem
struct `Book` is private
private struct rustc(Click for full compiler diagnostic)

lib.rs(3, 9): the struct `Book` is defined here
        }
        impl Bookshelf {
            fn new() -> Self {
                Self { books: Vec::new() }
            }
        }
    }
} mod library
```

그림 7-2 컴파일 오류

그래도 여전히 컴파일에 실패합니다. 오류 메시지를 확인해 봅시다(그림 7-2).

경로 문제는 해결되어 Book 구조체를 발견했지만 Book 구조체가 비공개라서 사용할 수 없다는 오류입니다.

러스트는 모든 요소를 기본적으로 비공개(private)합니다. 엄밀하게는 모듈 비공개라서 부모 모듈의 요소는 자식 모듈의 비공개 요소를 사용할 수 없지만, 자식 모듈의 요소는 조상 모듈의 요소를 사용할 수 있습니다. 따라서 자식 모듈은 부모 등의 외부 모듈에 구현 세부 사항을 감출 수 있으며 변경할 때 외부 코드가 직접적으로 깨지지 않도록 합니다.

하지만 모든 요소가 비공개이면 당연히 외부에서 사용할 수 없습니다. 이때 pub 키워드를 사용합니다. 러스트는 아무런 수식어 없이 요소를 정의하면 비공개가 되므로 pub 키워드를 사용해 외부에 공개한다고 명시적으로 지정해야 합니다.

☑ pub 키워드와 친구들

요소를 공개할 때 사용하는 pub 키워드와 공개 범위는 다르지만 비슷한 키워드가 있습니다.

- pub: 모듈 외부에서 접근할 수 있습니다. 모든 요소가 외부에서 보이는 상태입니다.
- pub(crate): 크레이트 내부에서만 요소에 접근할 수 있는 상태입니다.
- pub(super): 부모 모듈이 요소에 접근할 수 있는 상태입니다.
- pub(in path): 지정된 경로의 모듈에서만 요소에 접근할 수 있는 상태입니다.

네 종류의 접근 제어를 상황에 따라 잘 구분해 사용해야 합니다. 기본적으로 공개 범위는 필요한 최소한으로 제한합니다. 꼭 공개해야 할 때만 정말로 필요한 범위에 한정해 공개하는 것이 좋습니다.

Book 구조체에 pub 키워드를 지정해 봅시다.

```
lib.rs 4, U
my_library > src > lib.rs > ...
mod library {
    mod book {
        pub struct Book {
            title: String,
            author: String,
        }
        impl Book {
            fn new(title: &str, author: &str) -> Self {
                Self {
                    title: title.to_string(),
                    author: author.to_string(),
                }
            }
        }
    }
    mod bookshelf {
        struct Bookshelf {
            books: Vec<super::book::Book>,
        }
        impl Bookshelf {
            fn new() -> Self {
                Self { books: Vec::new() }
            }
        }
    }
} mod library
```

그림 7-3 키워드 지정

이제 무사히 컴파일할 수 있습니다.

이 책장에는 아직 책을 추가하는 기능 등을 구현하지 않았습니다. 앞으로 Book

shelf에 다양한 기능을 구현하면서 어떻게 되는지 확인해 봅시다.

```
    mod bookshelf {
        pub struct Bookshelf {
            books: Vec<super::book::Book>,
        }

        impl Bookshelf {
            pub fn new() -> Self {
                Self { books: Vec::new() }
            }

            // 책을 추가하는 메서드
            pub fn add_book(&mut self, book: super::book::Book) {
                self.books.push(book);
            }

            // 제목으로 책을 검색하는 메서드
            pub fn search_books(
                &self,
                title_query: &str
            ) -> Vec<&super::book::Book> {
                todo!("Implement `Bookshelf::search_books`");
            }

            // 책장에서 책을 꺼내는 메서드
            pub fn remove_book(
                &mut self,
                book: &super::book::Book
            ) -> Option<super::book::Book> {
                todo!("Implement `Bookshelf::remove_book`");
            }

            // 책장의 책을 모두 꺼내는 메서드
            pub fn take_all_books(&mut self) -> Vec<super::book::Book> {
                todo!("Implement `Bookshelf::take_all_books`");
            }

            // ...etc
        }
    }
}
```

당연한 말이지만 책장에는 책을 넣을 수도 꺼낼 수도 있습니다. 이렇게 책과 관련된 조작을 다양한 함수로 구현해 봅시다. 그러면 앞에서 설명한 Book 구조체 경로가 반복적으로 등장합니다. 이 경로는 모듈 이름이 길어지고 모듈 트리가 깊어질수록 길어집니다. 길어진 경로를 여러 번 작성해야 한다면 꽤 불편합니다.

러스트에는 경로를 간편하게 줄이는 use 키워드가 있습니다. 먼저 어떻게 사용하는지 구현을 살펴봅시다.

```
    mod bookshelf {
        use super::book::Book;

        pub struct Bookshelf {
            books: Vec<Book>,
        }

        impl Bookshelf {
            pub fn new() -> Self {
                Self { books: Vec::new() }
            }

            // 책을 추가하는 메서드
            pub fn add_book(&mut self, book: Book) {
                self.books.push(book);
            }

            // 제목으로 책을 검색하는 메서드
            pub fn search_books(&self, title_query: &str) -> Vec<&Book> {
                todo!("Implement `Bookshelf::search_books`");
            }

            // 책장에서 책을 꺼내는 메서드
            pub fn remove_book(&mut self, book: &Book) -> Option<Book> {
                todo!("Implement `Bookshelf::remove_book`");
            }

            // 책장의 책을 모두 꺼내는 메서드
            pub fn take_all_books(&mut self) -> Vec<Book> {
                todo!("Implement `Bookshelf::take_all_books`");
            }

            // ...etc
        }
    }
}
```

bookshelf 모듈에 use super::book::Book을 추가하니 지금까지 super::book::Book이라고 작성했던 경로가 모두 단순한 Book이 되었습니다. 이렇게 use 키워드를 사용하면 해당 모듈의 스코프 안으로 그 경로에 있는 요소를 가져올 수 있습니다. 따라서 매번 전체 경로를 모두 작성하지 않아도 됩니다.

다만 아무거나 use로 요소 경로를 가져올 수 없습니다. 예를 들어 같은 이름의 요소가 다른 장소에 정의된 경우를 생각해 봅시다.

library 모듈에 다음처럼 magazine 모듈을 추가합니다. 그리고 magazine 모듈과 book 모듈에 Page 구조체를 추가합니다.

```
mod library {
    mod book {
        // 생략
        pub struct Page {
            pub content: String,
        }
    }
    mod magazine {
        pub struct Page {
            pub content: String,
        }
    }
    mod bookshelf {
        // 생략
    }
}
```

이 구조에서는 Page 구조체명이 book과 magazine에서 서로 겹칩니다. 앞에서처럼 단순히 bookshelf 모듈에서 각각의 Page 구조체를 스코프에 가져오려고 하면 다음과 같이 됩니다.

```
    mod bookshelf {
        use super::book::Page;
        use super::magazine::Page;

        fn some_function() {
            // 이 Page가 어느 쪽 Page인지 정할 수 없음
            Page { content: "Hello".to_string() }
        }
    }
}
```

실제로 이렇게 실행하면 다음처럼 rust-analyzer가 오류 메시지를 표시합니다.

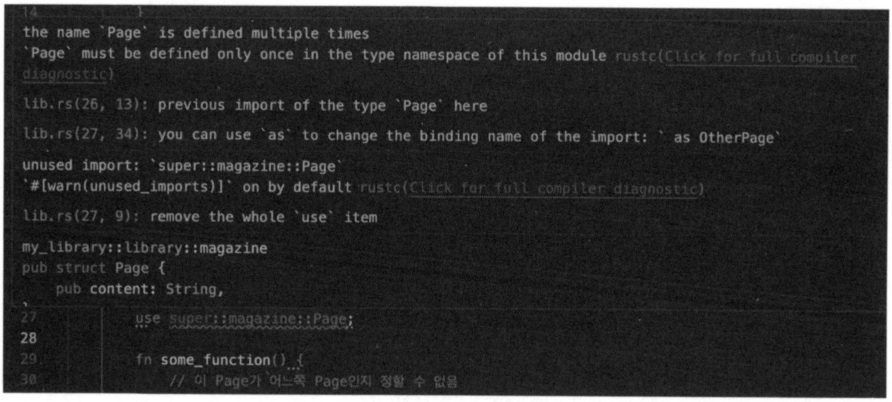

```
the name `Page` is defined multiple times
`Page` must be defined only once in the type namespace of this module rustc(Click for full compiler diagnostic)

lib.rs(26, 13): previous import of the type `Page` here

lib.rs(27, 34): you can use `as` to change the binding name of the import: ` as OtherPage`

unused import: `super::magazine::Page`
`#[warn(unused_imports)]` on by default rustc(Click for full compiler diagnostic)

lib.rs(27, 9): remove the whole `use` item

my_library::library::magazine
pub struct Page {
    pub content: String,
}
        use super::magazine::Page;

        fn some_function() {
            // 이 Page가 어느쪽 Page인지 정할 수 없음
```

그림 7-4 Page 관련 오류 메시지

이때 두 가지 해결 방법이 있습니다. 첫 번째는 요소의 부모 모듈을 가져오는 방법입니다. 기존 구현을 다음처럼 수정하면 어느 쪽 Page 구조체인지 명확해집니다.

```
mod bookshelf {
    use super::book;
    use super::magazine;

    fn some_function() {
        book::Page { content: "Hello".to_string() }
    }
}
```

또 다른 방법은 as 키워드로 별명을 붙이는 방법입니다.

```
mod bookshelf {
    use super::book::Page;
    use super::magazine::Page as MagazinePage;

    fn some_function() {
        Page { content: "Hello".to_string() }
    }
}
```

어떤 방법을 사용해도 문제없으므로 취향에 맞게 사용하기를 바랍니다.

☑ use 키워드 사용법

use 키워드는 관례적인 사용법이 있으므로 소개하겠습니다. 앞에서도 언급했지만 이 키워드를 사용하면 다른 모듈과 크레이트에서 요소를 가져올 수 있습니다. 하지만 가져온 요소에 따라 작성 방식이 조금 다를 수 있습니다.

예로 다음과 같은 모듈을 생각해 봅시다. add 함수를 사용하고 싶다고 합시다. 함수를 어떻게 가져오면 될까요?

```
mod utilities {
    pub mod math {
        pub fn add(a: i32, b: i32) -> i32 {
            a + b
        }
    }
}
```

전체 경로로 지정하기

```
use crate::utilities::math::add;
fn main() {
    let sum = add(5, 10);
    println!("The sum is {}, sum);
}
```

함수 한 단계 위의 모듈까지 지정하기

```
use crate::utilities::math;
fn main() {
    let sum = math::add(5, 10);
    println!("The sum is {}, sum);
}
```

이렇게 두 가지 방법이 있습니다. 실제로 두 방법 모두 작동하지만 일반적으로 두 번째 방법을 선택합니다. 전체 경로로 요소를 가져오면 해당 함수가 지역에 정의된 것인지 외부에서 가져온 것인지 명확하지 않기 때문입니다.

반면 함수 이외의 요소는 전체 경로로 가져오는 방법이 일반적입니다. 특별한 이유가 있는 것은 아니고 자연적으로 만들어진 관례이지만 러스터션에게 친숙한 방식이므로 참고하기 바랍니다.

use로 경로를 가져올 때 어느 레벨의 경로를 가져올지 신중하게 고려해야 합니다. 특히 전역 스코프에 많은 요소를 가져오면 코드 가독성이 떨어지고 어느 모듈에서 온 요소인지 불명확해질 가능성이 높습니다. 필요한 요소만 제한적으로 스코프로 가져오고 사용할 경로는 가능한 구체적으로 지정하면 좋습니다.

특정 모듈에서 많은 요소를 사용한다면 모듈 자체를 use로 스코프에 가져오고 필요한 요소에 모듈명으로 접근하는 방법도 있습니다. 이렇게 하면 어떤 요소가 어느 모듈에서 온 것인지 명확하므로 이름 충돌을 피하면서도 코드를 쉽게 정리할 수 있습니다.

7.1.4 모듈을 여러 파일로 분할하기

지금까지 lib.rs 하나에 모두 구현했습니다. 하지만 구현할 내용이 늘어나면 파일 크기도 점점 커집니다. 따라서 파일별로 모듈을 분할하는 방법을 배워 봅시다.

mod 키워드로 모듈을 정의할 수 있는데, 모듈을 선언할 때 정의 블록 없이 ;로 끝내면 같은 이름의 파일과 폴더를 모듈로 불러올 수 있습니다.

먼저 다음과 같이 src/library 디렉터리를 만들고 디렉터리 안에 mod.rs, book.rs, bookshelf.rs 파일을 만듭니다.

```
$ mkdir src/library
$ touch src/library/mod.rs
$ touch src/library/book.rs
$ touch src/library/bookshelf.rs
```

src/lib.rs와 src/library/mod.rs에 모듈을 선언합니다. 이때 선언할 이름은 방금 작성한 파일이나 디렉터리 이름과 같습니다.

src/lib.rs

```
pub mod library;
```

src/library/mod.rs

```
pub mod book;
pub mod bookshelf;
```

book.rs 파일에 book 모듈 내용을 옮깁니다.

src/library/book.rs

```
pub struct Book {
    pub title: String,
    pub author: String,
}
```

```
impl Book {
    pub fn new(title: &str, author: &str) -> Self {
        Self {
            title: title.to_string(),
            author: author.to_string(),
        }
    }
}
```

이때 book.rs에 mod book { ... }이라고 작성하지 않아도 됩니다. 그냥 모듈 내용만 작성해도 충분합니다.

src/library/bookshelf.rs

```
use super::book::Book;
pub struct Bookshelf {
    books: Vec<Book>,
}

impl Bookshelf {
    pub fn new() -> Self {
        Self { books: Vec::new() }
    }
    // 책을 추가하는 메서드
    pub fn add_book(&mut self, book: Book) {
        self.books.push(book);
    }
    // 제목으로 책을 검색하는 메서드
    pub fn search_books(&self, title_query: &str) -> Vec<&Book> {
        todo!("Implement `Bookshelf::search_books`");
    }
    // 책장에서 책을 꺼내는 메서드
    pub fn remove_book(&mut self, book: &Book) -> Option<Book> {
        todo!("Implement `Bookshelf::remove_book`");
    }
    // 책장의 책을 모두 꺼내는 메서드
    pub fn take_all_books(&mut self) -> Vec<Book> {
        todo!("Implement `Bookshelf::take_all_books`");
    }
    // ...etc
}
```

이것으로 파일 분할이 끝났습니다. 시험 삼아 src/lib.rs에서 Bookshelf 구조체를 호출해 봅시다.

```
pub mod library;

fn function_1() {
    let shelf = crate::library::bookshelf::Bookshelf::new();
}

fn function_2() {
    use library::bookshelf;
    let shelf = bookshelf::Bookshelf::new();
}
```

Bookshelf 구조체를 만들기만 하는 함수이지만 문제없이 컴파일할 수 있습니다.

패키지를 여러 크레이트로 나누고 크레이트를 여러 모듈로 분할하는 방법과 이런 모듈을 절대 경로 또는 상대 경로로 지정해 다른 모듈에서 참조하는 방법을 배웠습니다.

이런 수단을 잘 활용해 프로젝트 구조를 정리하면서 각 기능의 독립성을 보장할 수 있도록 구현에 신경 쓰기 바랍니다.

7.2 외부 크레이트 사용하기

러스트 프로젝트는 프로젝트 외부에 있는 **외부 크레이트**를 간단히 가져올 수 있습니다. 이를 통해 다른 사람이 만든 다양한 기능을 프로젝트에서 사용할 수 있어 프로그램 개발 시간을 상당히 단축할 수 있습니다. 이 절에서는 외부 크레이트를 찾는 방법과 프로젝트에 추가하는 방법을 사용법과 함께 설명하겠습니다.

7.2.1 crates.io

2장에서 카고는 러스트 패키지 매니저라고 설명했는데 드디어 그 진가를 발휘할 때가 되었습니다.

크고 복잡한 프로젝트를 만들 때 모든 내용을 직접 구현하지 않아도 됩니다. 이미 다른 사람이 만들어 세상에 공개한 크레이트를 여러분의 러스트 프로젝트에 가져올 수 있습니다.

crates.io는 러스트 재단이 공식 운영하는 크레이트 호스팅 서비스입니다. 공개된 크레이트를 검색해 프로젝트에서 사용할 수 있습니다. 날짜와 시각을 다루는 chrono 크레이트, HTTP 클라이언트 기능을 제공하는 reqwest 크레이트처럼 다양한 용도의 크레이트가 등록되어 있습니다.

7.2.2 크레이트 추가하기

외부 크레이트를 찾아서 추가하는 방법을 배워 봅시다.

사실은 이미 추가하는 방법을 알고 있습니다. 3장과 4장에서 cargo add 명령어를 사용했는데 기억하나요? 이 명령어가 바로 외부 크레이트를 사용하는 방법입니다.

cargo add는 앞으로도 자주 사용할 명령어입니다. 물론 카고의 다른 서브 명령어도 사용할 예정이므로 cargo add를 사용하기 전에 cargo 서브 명령어를 확인하는 방법을 설명하겠습니다. 우선 다음 명령어로 cargo의 help를 봅시다.

```
$ cargo help
```

다음과 같이 출력됩니다.

```
Rust's package manager

Usage: cargo [OPTIONS] [COMMAND]
       cargo [OPTIONS] -Zscript <MANIFEST_RS> [ARGS]...

Options:
  -V, --version                  Print version info and exit
      --list                     List installed commands
      --explain <CODE>           Provide a detailed explanation of a rustc
                                     error message
  -v, --verbose...               Use verbose output (-vv very verbose/
                                     build.rs output)
  -q, --quiet                    Do not print cargo log messages
      --color <WHEN>             Coloring: auto, always, never
  -C <DIRECTORY>                 Change to DIRECTORY before doing anything
                                     (nightly-only)
      --locked                   Assert that `Cargo.lock` will remain
unchanged
      --offline                  Run without accessing the network
      --frozen                   Equivalent to specifying both --locked and
                                     --offline
      --config <KEY=VALUE|PATH>  Override a configuration value
  -Z <FLAG>                      Unstable (nightly-only) flags to Cargo,
                                     see 'cargo -Z help' for details
  -h, --help                     Print help
Commands:
    build, b    Compile the current package
    check, c    Analyze the current package and report errors, but don't
                    build object files
```

```
    clean       Remove the target directory
    doc, d      Build this package's and its dependencies' documentation
    new         Create a new cargo package
    init        Create a new cargo package in an existing directory
    add         Add dependencies to a manifest file
    remove      Remove dependencies from a manifest file
    run, r      Run a binary or example of the local package
    test, t     Run the tests
    bench       Run the benchmarks
    update      Update dependencies listed in Cargo.lock
    search      Search registry for crates
    publish     Package and upload this package to the registry
    install     Install a Rust binary
    uninstall   Uninstall a Rust binary
    ...         See all commands with --list

See 'cargo help <command>' for more information on a specific command.
```

add는 매니페스트 파일(manifest file)에 의존성을 추가하는 명령어라고 적혀 있습니다. cargo에 있는 서브 명령어와 각각의 간단한 설명을 봤으니 이제 cargo add 사용법을 봅시다.

```
$ cargo help add
```

명령어를 실행하면 다음과 같이 출력됩니다. (출력 화면은 q를 눌러서 빠져나올 수 있습니다.)

```
NAME
       cargo-add — Add dependencies to a Cargo.toml manifest file
SYNOPSIS
       cargo add [options] crate…
       cargo add [options] --path path
       cargo add [options] --git url [crate…]

... 생략 ...

EXIT STATUS
       •   0: Cargo succeeded.

       •   101: Cargo failed to complete.
```

```
EXAMPLES
       1. Add regex as a dependency

            cargo add regex

       2. Add trybuild as a dev-dependency

            cargo add --dev trybuild

       3. Add an older version of nom as a dependency

            cargo add nom@5

       4. Add support for serializing data structures to json with derives

            cargo add serde serde_json -F serde/derive

       5. Add windows as a platform specific dependency on cfg(windows)

            cargo add windows --target 'cfg(windows)'

SEE ALSO
       cargo(1), cargo-remove(1)
```

다양한 옵션과 사용법이 나열되는데 이를 전부 알아야 하는 것은 아닙니다. 마지막에 구체적인 사용 예시(EXAMPLES)가 있으므로 명령어 사용법을 잘 모르겠다면 일단 이를 참고합시다.

단순히 의존성(외부 크레이트)을 추가하는 작업은 예시 1번 방법으로 해결할 수 있습니다. 이전 버전을 지정하려면 3번처럼 크레이트 이름 뒤에 버전을 명시합니다. 앞으로 명령어 사용법을 알고 싶다면 이렇게 명령어 상세 도움말을 참고하면 됩니다.

crates.io에서 cargo add로 추가할 크레이트를 찾아 봅시다. 크레이트를 찾으려면 *https://crates.io/*에 접속해 화면 위에 있는 검색창에 검색할 키워드를 입력합니다.

검색창에 **generate random number**를 입력해 무작위 숫자를 생성하는 크레이트를 찾습니다.

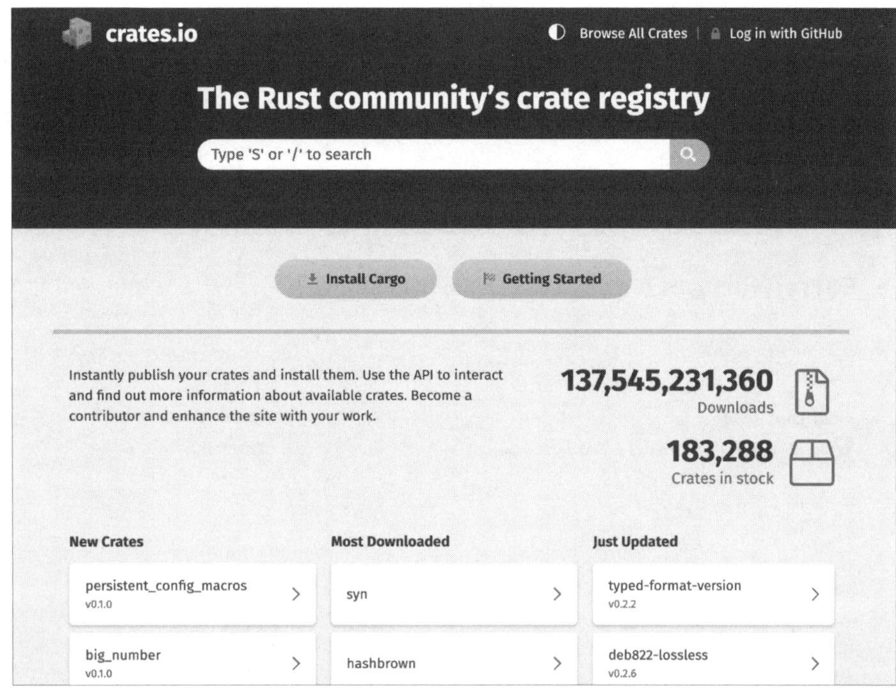

그림 7-5 crates.io 홈페이지

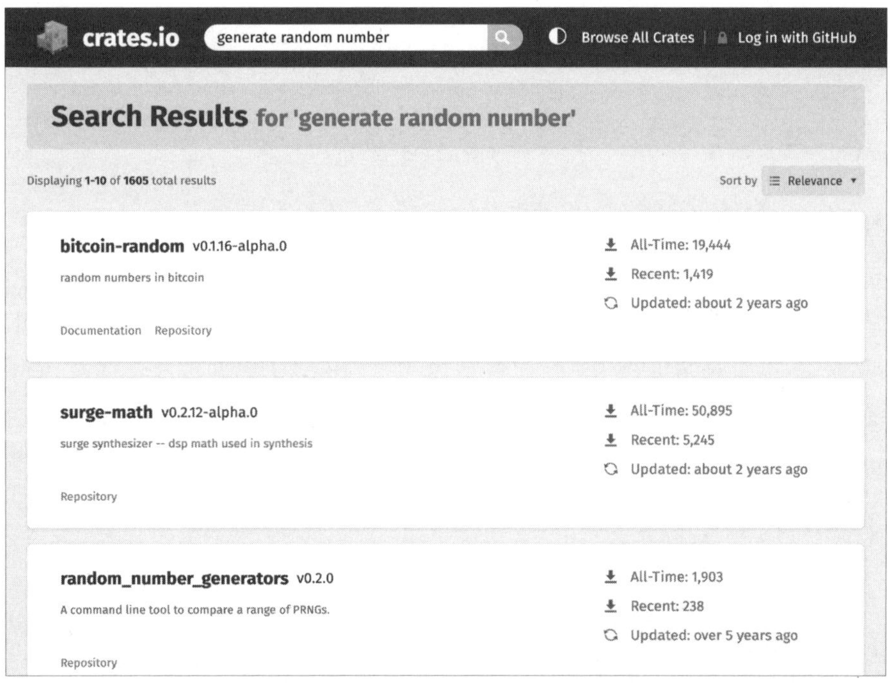

그림 7-6 generate random number 검색 결과

처음에는 입력한 키워드에 가장 가까운 크레이트부터 표시되지만 먼저 나오는 크레이트가 반드시 가장 사용하기 편하고 안정적이라고 할 수는 없습니다. 따라서 다운로드 횟수가 많은 순서로 정렬해 봅시다.

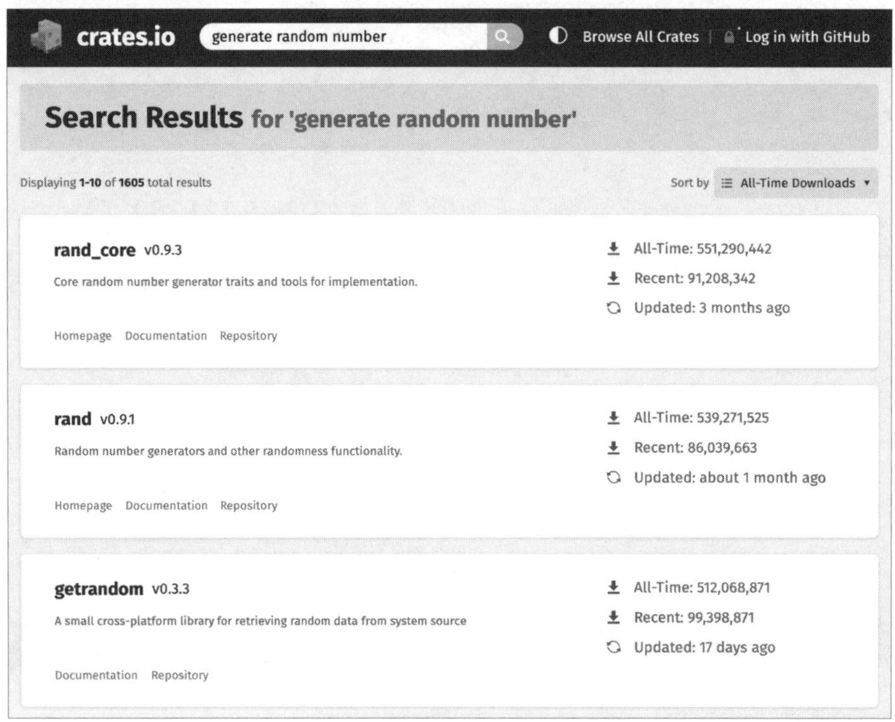

그림 7-7 다운로드 횟수로 정렬

가장 많이 다운로드된 크레이트에는 rand_core와 rand가 있습니다. rand 크레이트는 3장에서 이미 사용했습니다. 검색 결과 화면에서 rand 크레이트 페이지를 열어 보면 크레이트 상세 정보가 표시됩니다. 크레이트가 마지막으로 업데이트된 날짜, 라이선스 정보 등 다양한 정보가 모여 있습니다. 사용법을 알고 싶으면 Documentation 링크를 확인하고 구현 내용이 궁금하다면 Repository 링크를 살펴보면 됩니다.

☑ 크레이트 라이선스

러스트 크레이트(라이브러리)에는 다양한 **라이선스**(소프트웨어 사용 규약)가 있습니다. 라이선스가 다양하므로 모든 라이선스를 이해하는 것은 어렵지만 다음과 같은 점에 주의해야 합니다.

중요 라이선스 종류

- MIT: 단순하고 관대한 라이선스. 대부분의 사용이 허가됩니다.
- Apache 2.0: 특허권에 대한 명시적 허가를 포함하는 라이선스. 상업적 이용이 가능합니다.
- GPL: 코드 공유와 변경을 허가하지만 파생물도 같은 라이선스를 사용해야 합니다.

주의점

1. `Cargo.toml` 파일: 크레이트 라이선스 정보가 적혀 있습니다.

```
[package]
name = "my_crate"
version = "0.1.0"
license = "MIT OR Apache-2.0"
```

2. README, LICENSE 파일: 이 파일에 라이선스 상세 정보가 포함됩니다.
3. crates.io 홈페이지: 여기에도 라이선스 정보가 표시됩니다.

라이선스 관련 주의점

- 상업적인 사용 제한: GPL 등 일부 라이선스는 상업적 사용이 제한됩니다.
- 라이선스 호환성: 여러 라이브러리를 사용한다면 라이선스 호환성에 주의해야 합니다.
- 특허권: Apache 2.0 등 일부 라이선스는 특허권 관련 조항이 있습니다.

라이선스는 소프트웨어 사용과 배포에 관련된 중요한 요소입니다. 자주 사용되는 라이선스의 특징을 이해하고 필요한 정보를 확인하면 안심하고 크레이트를 사용할 수 있습니다.

7.3 라이브러리 직접 만들기

지금까지 외부 라이브러리를 사용하는 방법을 배웠으니 이제 직접 라이브러리를 만들어 봅시다. 앞 절에서 러스트 모듈 시스템을 배우기 위해 도서 관리 프로그램을 모델링했는데 이를 라이브러리로 사용해 봅시다.

7.3.1 구현하기

앞에서 만든 도서 관리 프로그램에 기능을 하나 추가해 봅시다. 현재는 새 책장을 만들어서 책을 넣는 작업만 할 수 있습니다. 책장에서 책을 찾는 기능을 구현해 봅시다. 먼저 책을 찾는 방법을 생각해 봅시다. 어떤 방법이 있을까요? 예제에서는 완전 일치 검색과 부분 일치 검색을 구현하겠습니다. 다음처럼 `Bookshelf` 구조체를 구현할 수 있습니다.

```
use super::book::Book;

pub struct Bookshelf {
    books: Vec<Book>,
}

impl Bookshelf {
    pub fn new() -> Self {
        Self { books: Vec::new() }
    }

    // 책을 추가하는 메서드
    pub fn add_book(&mut self, book: Book) {
        self.books.push(book);
    }

    // 제목이 정확히 일치하는 책을 검색하는 메서드
    pub fn search_books_exact(&self, title_query: &str) -> Vec<&Book> {
        self.books.iter().filter(|book| book.title == title_query).
collect()
    }

    // 제목의 일부만 일치해도 책이 검색되는 메서드
    pub fn search_books_partial(&self, title_query: &str) -> Vec<&Book> {
        self.books.iter().filter(|book| book.title.contains(title_query)).
collect()
    }
}
```

이 구현은 예상과 다른 경우가 생깁니다. 예를 들어 'ChatGPT! AI로 배우는 Rust!'라는 책을 검색어 'chatgpt'로는 찾을 수 없습니다. 러스트의 문자열 비교는 대소문자를 구분하므로 책 제목의 'ChatGPT'와 검색어 'chatgpt'는 서로 다른 문자열로 보이기 때문입니다. 이런 경우에도 검색이 잘 되게 하려면 어떻게 해야 할까요? 직접 대소문자를 구분하지 않는 검색 방법을 구현해도 되지만 이번에는 외부 크레이트를 사용해 봅시다.

crates.io에서 **fuzzy search**(퍼지 검색)를 검색하고 다운로드순으로 정렬해 봅시다.

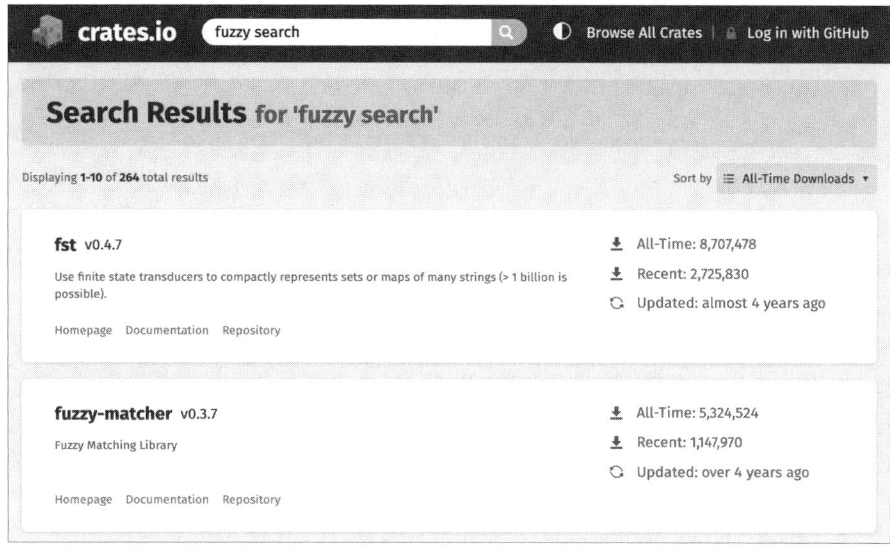

그림 7-8 fuzzy search 검색 결과

이번에는 두 번째 크레이트인 `fuzzy-matcher`가 좋아 보입니다. `fuzzy-matcher` 크레이트를 사용해 봅시다.

지금 만들고 있는 `my_library`로 이동해 다음 명령어를 실행합니다.

```
$ cargo add fuzzy-matcher
```

그러면 다음처럼 `Cargo.toml`에 의존성이 추가됩니다.

```
[package]
name = "my_library"
version = "0.1.0"
edition = "2024"

[dependencies]
fuzzy-matcher = "0.3.7"
```

프로젝트에 추가되었으니 `fuzzy-matcher`로 검색 기능을 구현합니다. 지면 관계상 생략했지만 새 크레이트를 사용할 때는 기능과 사용법을 파악할 수 있도록 문서를 먼저 읽어 보기를 추천합니다.

다음처럼 구현합니다.

```
use fuzzy_matcher::{skim::SkimMatcherV2, FuzzyMatcher};

use super::book::Book;

pub struct Bookshelf {
    books: Vec<Book>,
    matcher: SkimMatcherV2,
}

impl Bookshelf {
    pub fn new() -> Self {
        let matcher = SkimMatcherV2::default();
        Self { books: Vec::new(), matcher: matcher }
    }

    // 책을 추가하는 메서드
    pub fn add_book(&mut self, book: Book) {
        self.books.push(book);
    }

    // 제목으로 책을 검색하는 메서드
    pub fn search_books(&self, title_query: &str) -> Vec<&Book> {
        self.books.iter().filter(|book| self.matcher.fuzzy_match(&book.
title, title_query).is_some()).collect()
    }
}
```

fuzzy_match 함수는 똑같지 않더라도 유사한 패턴을 매칭할 수 있으며 얼마나 일치하는지를 Option 타입으로 반환합니다. 실제로 어떻게 작동하는지 살펴봅시다. 구현을 확인하기 위해 간단한 테스트를 작성해 봅시다. 러스트의 단위 테스트는 다음 장에서 자세히 설명합니다.

Bookshelf 구현 아래에 테스트를 추가합시다.

```
#[cfg(test)]
mod tests {
    use super::{Book, Bookshelf};

    #[test]
    fn test_bookshelf() {
        let mut shelf = Bookshelf::new();
        let book1 = Book::new("ChatGPT! AI로 배우는 Rust!", "홍길동");
        let book2 = Book::new("Python 프로그래밍 입문", "최영희");
        shelf.add_book(book1);
        shelf.add_book(book2);
```

```
        let found_books = shelf.search_books("chatgpt");
        println!("{:?}", found_books);
    }
}
```

println!("{:?}", found_books);에서 컴파일 오류가 발생합니다. Book 구조체가 Debug를 구현하지 않았기 때문입니다. 다음처럼 Book 구조체에 Debug를 derive합시다.

src/library/book.rs

```
#[derive(Debug)]
pub struct Book {
    pub title: String,
    pub author: String,
}

impl Book {
    pub fn new(title: &str, author: &str) -> Self {
        Self {
            title: title.to_string(),
            author: author.to_string(),
        }
    }
}
```

테스트를 실행해 봅시다. 2장에서 설정한 환경이라면 다음처럼 테스트 구현 부분에 표시되는 Run Test 버튼을 클릭해 테스트를 실행할 수 있습니다.

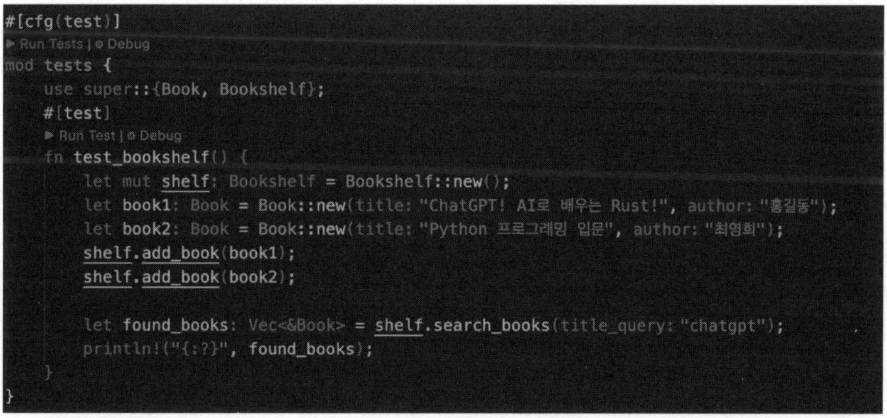

```
#[cfg(test)]
▶ Run Tests | ⚙ Debug
mod tests {
    use super::{Book, Bookshelf};
    #[test]
    ▶ Run Test | ⚙ Debug
    fn test_bookshelf() {
        let mut shelf: Bookshelf = Bookshelf::new();
        let book1: Book = Book::new(title: "ChatGPT! AI로 배우는 Rust!", author: "홍길동");
        let book2: Book = Book::new(title: "Python 프로그래밍 입문", author: "최영희");
        shelf.add_book(book1);
        shelf.add_book(book2);

        let found_books: Vec<&Book> = shelf.search_books(title_query: "chatgpt");
        println!("{:?}", found_books);
    }
}
```

그림 7-9 Run Test 버튼

테스트를 실행하면 다음처럼 출력됩니다. 소문자 chatgpt를 입력해도 잘 검색되는 것을 확인할 수 있습니다.

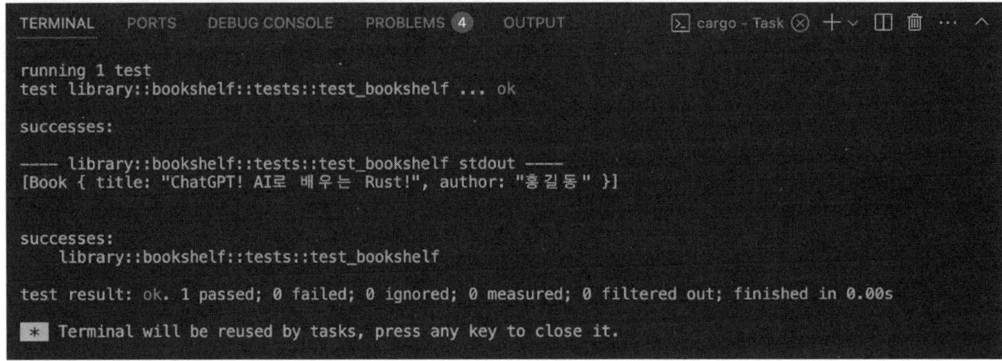

그림 7-10 테스트 실행 결과

이제 간단한 검색을 할 수 있습니다. 작성한 라이브러리를 외부 크레이트처럼 다른 크레이트에서도 실행할 수 있는지 확인해 봅시다.

7.3.2 다른 크레이트 불러오기

만든 크레이트를 외부에 공개하기 전에 로컬 환경의 다른 크레이트에서 호출할 수 있는지 확인해 봅시다.

앞에서 만든 my_library 크레이트와 같은 계층에 another_bin이라는 새 바이너리 크레이트를 작성합니다. 지금까지 해 온 것처럼 cargo new로 작성합니다.

```
$ cargo new --bin another_bin
```

평소처럼 Hello, world!를 출력하는 크레이트가 만들어졌습니다. 이 디렉터리로 이동해 my_library를 의존 관계에 추가합니다.

```
$ cd another_bin
$ cargo add --path ../my_library
```

그러면 다음처럼 Cargo.toml이 수정됩니다.

```
[package]
name = "another_bin"
```

```
version = "0.1.0"
edition = "2024"

[dependencies]
my_library = { version = "0.1.0", path = "../my_library" }
```

그러면 another_bin 크레이트의 main 함수에 책장을 만들고 책을 검색해 봅시다.

```
use my_library::library::{book::Book, bookshelf::Bookshelf};

fn main() {
    let mut shelf = Bookshelf::new();
    let book1 = Book::new("ChatGPT! AI로 배우는 Rust!", "홍길동");
    let book2 = Book::new("Python 프로그래밍 입문", "최영희");
    shelf.add_book(book1);
    shelf.add_book(book2);

    let found_books = shelf.search_books("chatgpt");
    println!("{:?}", found_books);
}
```

main 함수를 실행하면 다음처럼 출력되고 앞에서 만든 책장 크레이트가 문제없이 작동하는 것을 확인할 수 있습니다.

```
TERMINAL   PORTS   DEBUG CONSOLE   PROBLEMS   OUTPUT        run another_bin - Task ✓ +
   Compiling my_library v0.1.0 (/Volumes/1TB_SSD/projects/working/7/my_library)
   Compiling another_bin v0.1.0 (/Volumes/1TB_SSD/projects/working/7/another_bin)
    Finished `dev` profile [unoptimized + debuginfo] target(s) in 0.15s
     Running `target/debug/another_bin`
[Book { title: "ChatGPT! AI로 배우는 Rust!", author: "홍길동" }]
 * Terminal will be reused by tasks, press any key to close it.
```

그림 7-11 main 함수 실행 결과

이렇게 로컬 환경에서 여러분이 만든 크레이트를 다른 크레이트에서 간단히 호출할 수 있다는 것을 알았습니다. 그런데 로컬 환경뿐 아니라 다른 사람이 이 크레이트를 사용할 수 있게 하려면 어떻게 해야 할까요?

7.3.3 깃 사용하기

다른 사람도 사용할 수 있도록 하는 방법은 여러 가지가 있지만 이번에는 **깃**(Git)을 사용하겠습니다.

깃은 버전 관리 시스템에서 소스 코드 변경 이력을 기록하는 도구로, 팀에서 개발할 때 빠질 수 없는 필수품입니다. 깃을 사용하면 변경 이력을 남기면서 소스 코드를 팀과 공유할 수 있으므로, 어떤 일이 발생하더라도 변경 내용을 원래대로 되돌릴 수 있고 팀에서 같은 파일을 동시에 수정하더라도 다른 사람이 변경한 내용을 덮어쓰는 것을 방지할 수 있습니다.

깃의 자세한 개념과 사용법은 그것만으로도 책 한 권이 나올 정도로 방대하니 여기서는 생략하겠습니다. 자세히 알고 싶은 분은 공식 사이트[16]나 한국어 번역[17]을 참고하기 바랍니다.

깃은 소스 코드를 공유하는 데 리모트 리포지터리(원격 저장소)를 사용합니다. 리모트 리포지터리를 준비하는 몇 가지 방법이 있습니다. 이번에는 소스 코드 호스팅 서비스인 깃허브(GitHub)[18]를 사용합니다.

우선 *https://github.com/signup*에 접속해 이메일 주소, 암호, 사용자 이름을 입력합니다. 암호는 15자 이상 또는 숫자와 소문자 포함 8자 이상으로 만들어야 합니다. 서비스 알림 등을 받을 것인지 묻는다면 관심에 따라 체크하기 바랍니다.

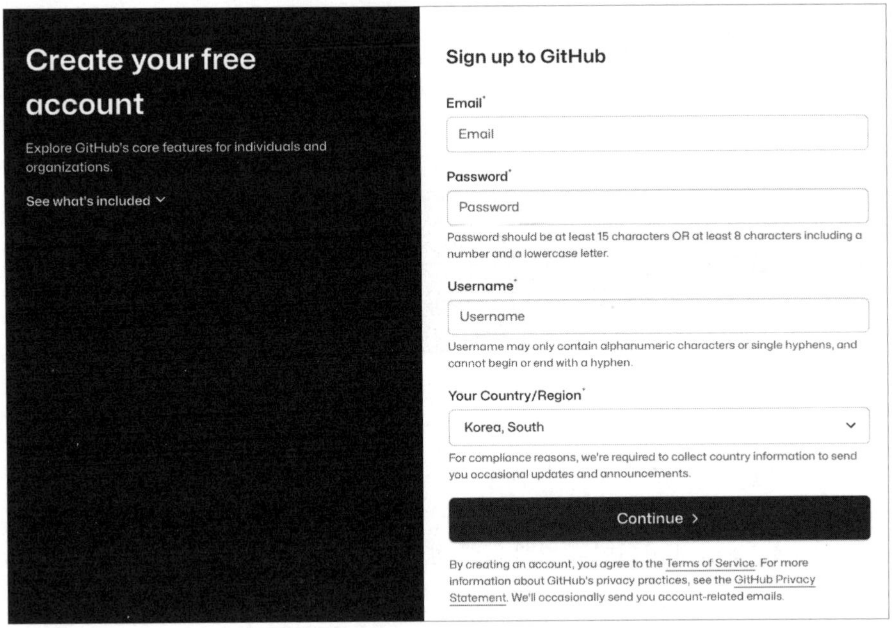

그림 7-12 깃허브 가입 홈페이지

16 *https://git-scm.com*
17 *https://git-scm.com/book/ko/v2*
18 *https://github.com*

그러면 계정 만들기가 끝납니다.

그다음은 터미널에서 깃허브에 접속할 때 사용하는 인증 토큰을 발행합니다. *https://github.com/settings/tokens/new*에 접속합니다.

Note 항목에 알기 쉬운 토큰 이름을 입력하고 Select scopes에서 **repo**를 선택합니다. 페이지 아래에 있는 **Generate token** 버튼을 클릭합니다.

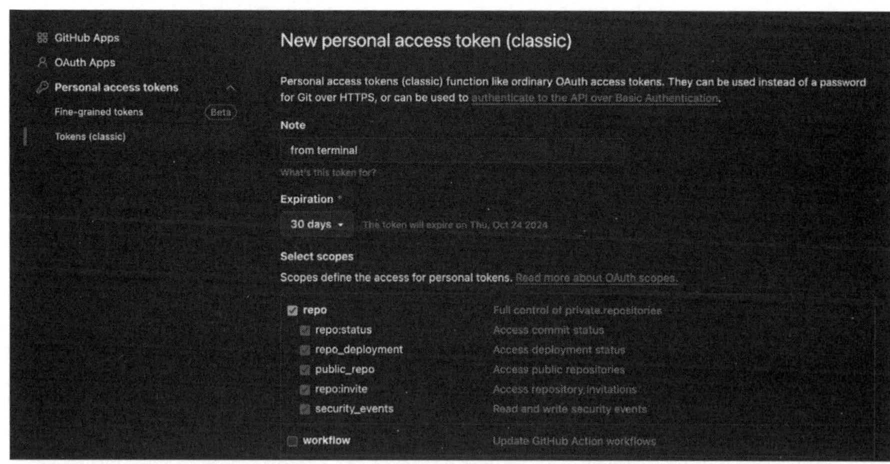

그림 7-13 토큰 생성 화면

생성된 인증 토큰이 표시되면 메모장 같이 평소에 자주 쓰는 에디터 등에 복사해 붙여넣기합니다. 인증 토큰은 다시 표시되지 않으므로 잘 보관해야 합니다.

그림 7-14 토큰 출력 화면

이제 실제로 구현한 코드를 저장할 장소(리포지터리)를 작성합니다.

그림 7-15 깃허브 사용자 페이지

https://github.com/(사용자이름)에 접속하면 사용자 페이지가 표시되며 그중 Repositories 탭을 클릭합니다.

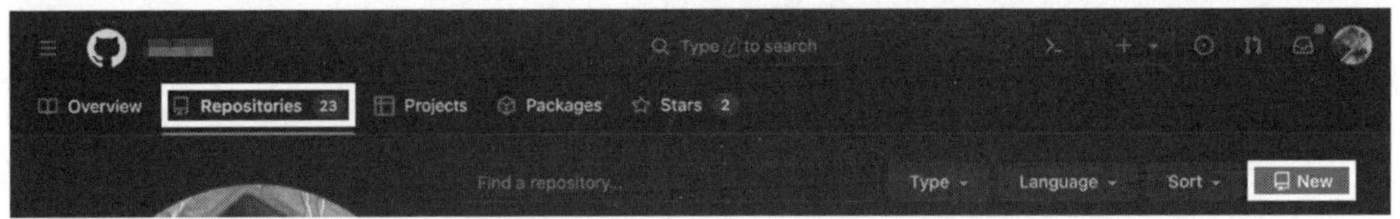

그림 7-16 리포지터리 탭 페이지

오른쪽에 있는 New 버튼을 클릭합니다. 필수 항목인 **소유자**(owner)와 **리포지터리 이름**(Repository name)을 설정하고 리포지터리를 만듭니다.

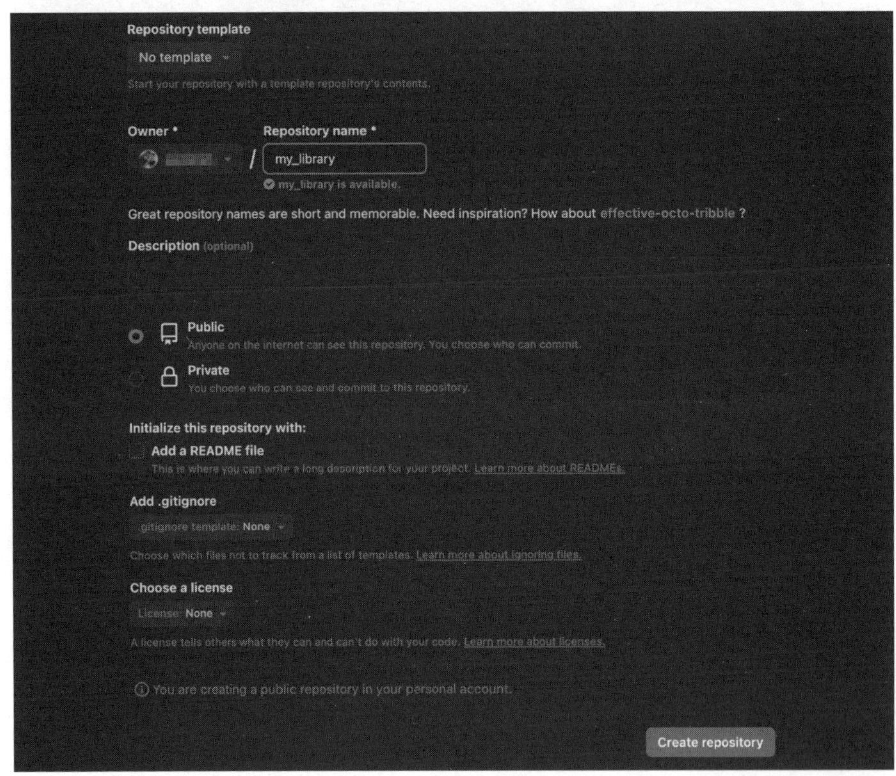

그림 7-17 리포지터리 생성

그러면 다음과 같은 페이지로 이동합니다.

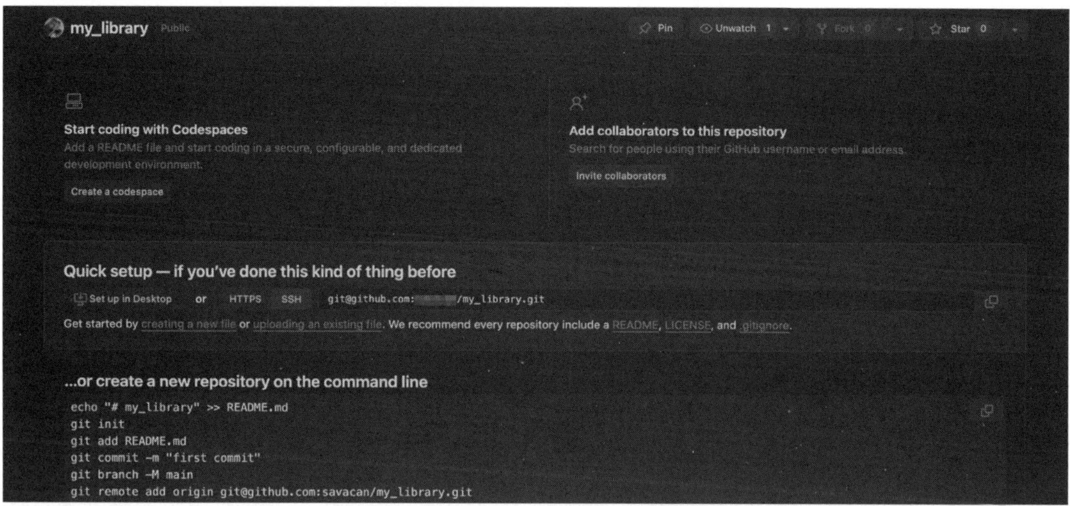

그림 7-18 작성된 리포지터리 페이지

이번에는 이미 구현한 코드가 있으므로 작성한 리포지터리에 구현한 코드를 push(업로드)하겠습니다.

VS Code의 my_library 작업 화면에서 터미널을 열고 자신의 깃허브 계정을 설정합니다. 명령어의 <username>과 <emailaddress>는 계정을 등록할 때 설정한 사용자 이름과 이메일 주소를 뜻합니다.

```
$ git config --global user.name <username>
$ git config --global user.email <emailaddress>
$ git config --global credential.helper store
```

cargo new 명령어로 작성한 크레이트는 자동으로 깃으로 관리되는데 리모트 리포지터리를 연결하면 코드를 push할 수 있습니다. 다음 명령어로 리모트 리포지터리를 지정합니다. 인증 정보를 물어보면 사용자 이름과 미리 준비한 인증 토큰을 입력합니다.

```
$ git remote add origin https://github.com/<user_name>/<repository_name>.git
```

다음과 같이 변경한 내용을 commit하고 main 브랜치를 지정해 변경 내용을 push합니다.

```
$ git add .
$ git commit -m "first commit"
$ git branch -M main
$ git push -u origin main
```

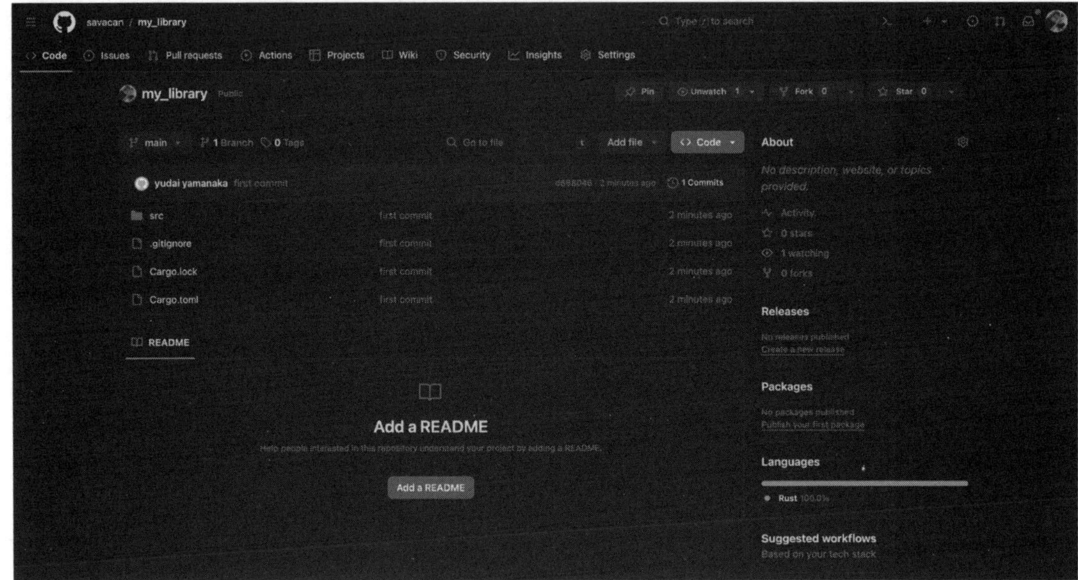

그림 7-19 push한 후의 리포지터리

7.3.4 만든 라이브러리 사용하기

이제 여러분이 만든 크레이트를 다른 사람이 사용할 준비가 끝났습니다. 그러면 리모트 리포지터리에 있는 라이브러리를 사용해 봅시다. 지금까지 로컬 환경에 있는 크레이트와 crates.io에 공개된 외부 크레이트를 사용하는 방법을 소개했는데 깃에 공개된 크레이트를 사용할 때도 비슷한 명령어를 사용합니다.

먼저 리모트 리포지터리의 크레이트를 사용할 바이너리 크레이트를 작성합니다.

```
$ cargo new --bin use_remote_crate
```

그리고 이 크레이트에서 깃허브에 공개한 `my_library`를 사용하도록 설정합니다. <username>과 <repository_name>에 사용자 이름과 리포지터리 정보에 해당하는 값을 입력합니다.

```
$ cd ./use_remote_crate
$ cargo add --git https://github.com/<username>/<repository_name>.git
```

이제 깃허브에 공개된 크레이트를 사용할 수 있습니다. Cargo.toml에 다음처럼 깃허브 주소가 추가됩니다.

```
[package]
name = "use_remote_crate"
version = "0.1.0"
edition = "2024"

[dependencies]
my_library = {git="https://github.com/insightbook/rust", package = "my_
library", branch = "main"}
```

main.rs에 추가한 크레이트를 사용해 봅시다.

```
use my_library::library::{book::Book, bookshelf::Bookshelf};

fn main() {
    let mut shelf = Bookshelf::new();
    let book1 = Book::new("ChatGPT! AI로 배우는 Rust!", "홍길동");
    let book2 = Book::new("Python 프로그래밍 입문", "최영희");
    shelf.add_book(book1);
    shelf.add_book(book2);

    let found_books = shelf.search_books("chatgpt");
    println!("{:?}", found_books);
}
```

이제 리모트 리포지터리에 있는, 여러분이 만들고 공개한 크레이트를 사용할 수 있습니다. 컴파일하고 무사히 실행되면 성공입니다.

이제 여러분이 만든 크레이트를 다른 사람이 사용할 수 있습니다!

☑ crates.io에 공개하기

이번에는 깃을 사용해 다른 사람도 사용할 수 있는 크레이트를 작성했습니다. 여러분이 러스트에 익숙해져서 전 세계 러스터션에게 공개하고 싶은 크레이트를 만들었다면 crates.io에 공개해 봅시다. crates.io에 공개하는 방법을 간단히 소개합니다. 다만 한 번 공개한 크레이트는 취소할 수 없으므로 주의해야 합니다. 절대로 버전을 덮어쓸 수 없고 코드도 삭제할 수 없습니다. 러스트 프로그래밍에 충분히 익숙해진 후에 공개하는 것이 좋습니다.

1. 크레이트를 구현합니다.
2. 문서를 작성합니다.
3. `Cargo.toml`에 메타 데이터를 작성합니다.
4. crates.io에 계정을 만들고 API 토큰을 발급받습니다.
5. `cargo publish`로 크레이트를 공개합니다.

이런 과정을 통해 crates.io에 공개할 수 있습니다. 이런 절차를 충분히 이해하기 전에는 섣불리 크레이트를 공개하지 않는 편이 좋습니다. 공개하면 안 되는 내용이 실수로 영원히 남을 수 있으므로 관련 정보에 많이 익숙해진 후에 공개하기 바랍니다.

8장

R u s t P r o g r a m m i n g

단위 테스트 작성하기 [스터디 모임 캘린더]

지금까지 책에 있는 설명과 코드를 따라 구현하면 큰 문제없이 프로그램을 작성할 수 있었습니다. 하지만 처음부터 스스로 프로그램을 작성한다면 한 번에 잘되는 경우는 극히 드물고 계속 만들고 고치기를 반복하기 마련입니다.

이 장에서는 스터디 모임 일정을 관리하는 캘린더를 만들면서 실용적인 애플리케이션을 만드는 데 빠질 수 없는 테스트 작성법을 배웁니다.

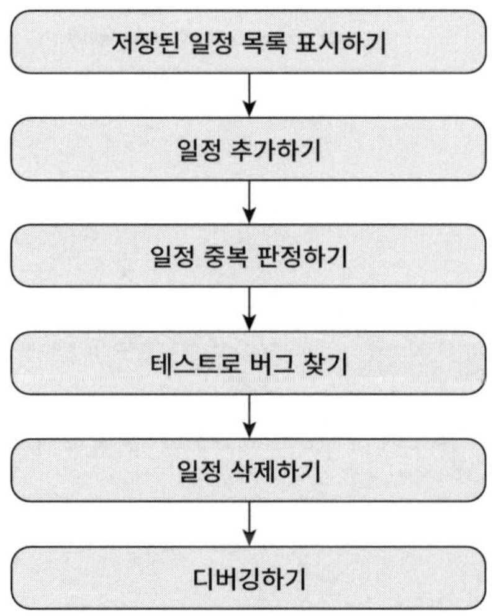

그림 8-0 스터디 모임 캘린더를 만드는 과정

8.1 테스트란 무엇인가?

스터디 모임 캘린더를 만들기 전에 이 장의 테마인 **테스트**(test)란 과연 무엇인지 알아볼까요?

소프트웨어 개발에서 테스트는 작성한 소프트웨어가 기대한 대로 작동하는지 확인하는 작업을 말합니다. 쉽게 말하면 **버그**(bug)가 없는지 확인하는 일입니다.

8.1.1 끝없는 버그

소프트웨어를 만들면 반드시 어딘가 버그가 숨어 있습니다. 아무리 버그 없이 만들었다고 자부하더라도, 아무리 우수한 소프트웨어 엔지니어라도, 아무리 버그가 없어 보이는 프로그램이라도 결코 버그를 피할 수 없습니다.

러스트 컴파일러를 개발하는 깃허브 페이지[1]를 봅시다. 개선 사항이나 버그 리포트를 올리는 Issues 탭을 열어서 탭 아래에 있는 검색 필터에 **is:open is:issue label:C-bug**를 입력하면 버그 리포트만 표시됩니다.

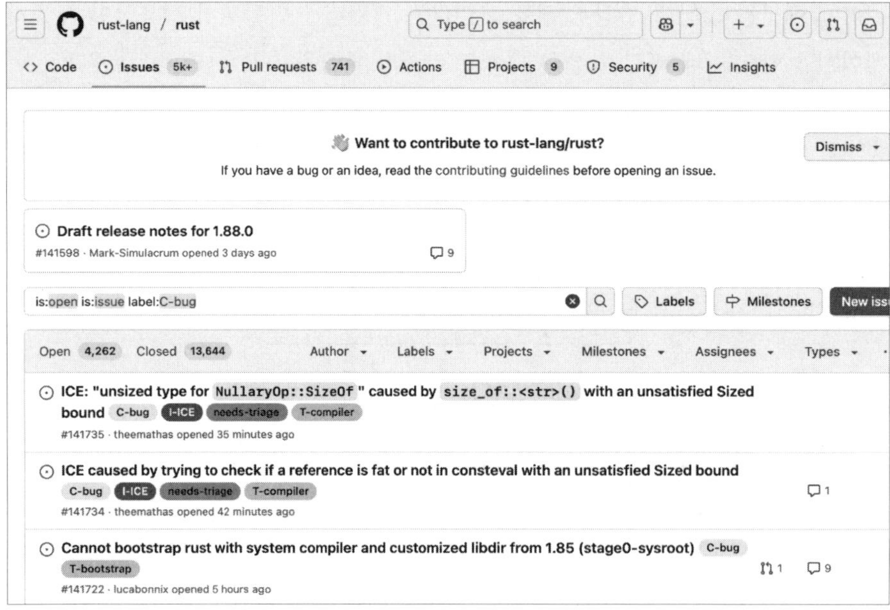

그림 8-1 버그 리포트 화면

1 *https://github.com/rust-lang/rust*

널리 쓰이고 안정적인 러스트 컴파일러조차도 4천 개가 넘는 버그가 있습니다. 당연히 코드에 오류가 없는지 꼼꼼하게 확인하면서 개발하고 있지만 그럼에도 이렇게 버그가 많이 섞여 있습니다.

8.1.2 테스트하기

아무리 버그를 피할 수 없다고 해도 사용자 입장에서는 버그가 많은 소프트웨어를 사용하고 싶지는 않습니다. 버그는 어쩔 수 없다며 포기하기보다는 버그를 줄이려고 노력하는 자세가 중요합니다.

하지만 '버그를 만들지 않도록 주의하라'는 조언만으로는 버그를 막기 어렵고 버그는 계속 생깁니다. 버그를 만들고 싶어서 만드는 사람은 없습니다. 대부분은 처음부터 버그가 안 생기도록 주의하면서 구현합니다. 다양한 방법으로 버그 발생을 방지하는 러스트 컴파일러조차도 버그를 상당히 남깁니다.

다양한 조건에서 소프트웨어를 실행해 잘 작동하는지 확인하는 **테스트**로 버그를 효과적으로 줄일 수 있습니다. 테스트는 다양한 조건을 점검하므로 직접 테스트하려면 시간과 노력이 많이 듭니다. 다행히 러스트에는 자동 테스트 기능이 있습니다. 물론 자동으로 처리하기 어려운 테스트도 있지만 자동으로 할 수 있는 테스트는 자동으로 처리하는 편이 시간과 노력을 아끼는 데 도움이 됩니다.[2]

8.1.3 이 장에서 다루는 내용

지금까지 버그 방지 관점에서 테스트의 필요성을 설명했습니다. '작성한 소프트웨어가 기대한 대로 작동하는가?'를 다시 생각해 보면 앞으로 만들 소프트웨어의 작동을 확인하는 것뿐만 아니라 지금의 소프트웨어가 사양 변경과 기능 추가에 잘 대응할 수 있는지 확인하는 것도 중요합니다.

이 장에서는 왜 개발자가 버그를 피할 수 없는지, 사양 변경이나 버그에 어떻게 대처해야 하는지를 프로그램을 만들면서 직접 경험해 보겠습니다. 다른 장과 달리 이 장의 예제 프로그램은 완성된 형태가 아닙니다. 이미 작성된 프로그램을 수정하는 과정 자체가 학습의 목적입니다. 따라서 깃허브에 공개된 완성된 소스 코드를 그저 보는 데서 그치지 말고 책에서 설명하는 코드를 스스로 직접 수정하면서 따라 해 보기를 바랍니다.

2 또 다른 버그 대응법으로는 어떤 종류의 버그가 절대로 발생할 수 없다는 것을 수학적으로 보장하는 정형 기법이 있습니다. 지금까지 책에서 다룬 타입 시스템은 이런 정형 기법 중 하나입니다.

테스트 설계 기법은 책 한 권을 채울 만큼 깊이 있는 분야입니다. 따라서 이 장에서는 테스트 설계와 관련된 기본 개념만 소개합니다. 테스트 설계 기법을 더 자세히 알고 싶다면 테스트 설계 관련 책을 찾아보기를 바랍니다.

8.2 일정을 읽고 쓰는 기능 구현하기

8.2.1 애플리케이션 사양

이 장은 다음 기능을 지원하는 스터디 모임 캘린더를 작성합니다.

- 스터디 모임 일정 목록을 표시합니다.
- 스터디 모임 일정을 추가/삭제합니다.
- 여러 스터디 모임에 동시에 참가할 수 없으므로 중복 일정은 추가할 수 없도록 합니다.

앞에서 말한 대로 테스트는 작성한 소프트웨어가 예상한 대로 작동하는지 확인하는 작업입니다. 따라서 단순히 도구를 만들 뿐이라면 테스트는 필요하지 않습니다. 하지만 소프트웨어가 제대로 작동하는지 확인하려면 가급적 테스트를 작성하는 편이 좋습니다.

8.2.2 데이터 저장 형식

일정 목록은 6장과 마찬가지로 파일에 저장합니다. 6장과 똑같이 CSV 형식으로 저장해도 되지만 이번에는 다른 데이터 형식인 **JSON**을 사용하겠습니다.

JSON은 'JavaScript Object Notation'의 약어로 웹 브라우저 등에서 작동하는 자바스크립트 문법을 바탕으로 만든 데이터 형식입니다. JSON에는 6종류의 값(객체, 배열, 문자열, 숫자, 진릿값, `null`)을 저장할 수 있습니다. 이를 러스트의 데이터 타입으로 치환해 보면 객체는 5장에서 소개한 `HashMap`, 진릿값은 `bool`, `null`은 `Option` 타입의 `None`에 해당합니다. JSON은 정수와 부동소수점수를 구분하지 않습니다.

JSON 예: 서울과 부산의 날씨, 최고/최저 기온을 표시합니다.

```
{
    " retrieved_at ": " 2025-05-30T11:22:33Z ",
    " forecasts ": [
        {
```

```
        " city_name ": "서울",
        " weather ": "맑음",
        " map_temp ": 23,
        " min_temp ": null
    },
    {
        " city_name ": "부산",
        " weather ": "흐림",
        " map_temp ": 19,
        " min_temp ": null
    }
  ]
}
```

전형적인 JSON은 이런 모습입니다. 사람과 컴퓨터가 모두 쉽게 읽을 수 있는 점이 특징입니다. 게다가 CSV보다 복잡한 구조의 데이터를 다룰 수 있어서 웹에서 데이터를 주고받을 때 널리 사용됩니다. 백엔드 엔지니어로 일하며 JSON을 다루지 않는 날은 없다고 해도 과언이 아닙니다.

8.2.3 일정 목록 표시하기

서론이 길어졌지만 스터디 모임 캘린더를 만들어 보겠습니다. 테스트를 작성하려면 먼저 테스트할 대상 프로그램이 필요합니다.[3] 일단 테스트는 잠시 잊고 프로그램부터 구현합시다.

먼저 평소처럼 프로젝트를 작성합니다.

```
$ cargo new --bin calendar
$ cd calendar
```

러스트에서 JSON을 사용하려면 6장에서 사용한 `serde`와 함께 `serde_json` 크레이트가 필요합니다. 그 외에도 이번에는 날짜를 다루는 `chrono`, 명령줄 인수를 해석하는 `clap`도 필요합니다. 모두 프로젝트에 추가합니다.

```
$ cargo add serde --features derive
$ cargo add serde_json
```

3 테스트를 먼저 작성하고 테스트를 통과할 수 있게 구현하는 **테스트 주도 개발**(Test-Driven Development) 방식도 있습니다.

```
$ cargo add chrono --features serde
$ cargo add clap --features derive
```

개별 스터디 모임 일정은 이런 구조체로 표현할 수 있습니다. 스터디 모임 이름과 시작 시간, 종료 시간이 최소로 필요한 정보입니다. 그 외에도 같은 이름으로 반복되는 일정이 있을 수 있으므로 이를 구분하기 위한 id를 추가합니다. 시작 시간과 종료 시간의 NaiveDateTime 타입은 날짜와 시간을 다루는 구조체입니다.

```
use chrono::NaiveDateTime;
use serde::{Deserialize, Serialize};

#[derive(Debug, Clone, PartialEq, Eq, Serialize, Deserialize)]
struct Schedule {
    // 일정 ID
    id: u64,
    // 스터디 모임 이름
    subject: String,
    // 시작 시간
    start: NaiveDateTime,
    // 종료 시간
    end: NaiveDateTime,
}
```

☑ DateTime과 NaiveDateTime

chrono에는 날짜와 시간을 나타내는 구조체로 NaiveDateTime 외에도 DateTime이 있습니다. 둘의 차이점은 시간대 정보의 포함 여부입니다.

NaiveDateTime에는 시간대 정보가 포함되지 않으므로 시차를 고려하지 않아도 될 때 간단히 날짜를 다룰 수 있습니다. 하지만 외부 API와 연계하거나 개발한 서비스를 해외에서도 서비스한다면 시차를 고려해야 합니다. 뉴욕에서 열리는 콘퍼런스에 한국에서 온라인으로 참가한다고 해 봅시다. 콘퍼런스 섹션이 한국 시간으로 2025년 1월 10일 오후 8시 정각에 시작하는데 기준 시간을 한국 시간이 아니라 뉴욕 시간이라고 착각해 2025년 1월 10일 오후 8시 정각(뉴욕 시간)으로 알았다고 합시다. 뉴욕과 한국은 시차가 14시간이므로 한국에서 14시간 후인 2025년 1월 11일 오전 10시 정각(한국 시간)에 섹션에 참가하러 들어가면 섹션은 이미 끝나버린 후입니다.

책에서는 여러분 혼자만 사용하는 달력이라고 가정해 시간대 정보가 없는 NaiveDateTime을 사용했습니다. 본격적으로 시스템을 만든다면 시간대 정보를 다루는 DateTime을 사용합시다.

시간대 관리가 번거롭다면 경도 0도 런던의 시간대 UTC(협정 세계시)로 통일하는 경우도 많습니다.[4]

프로그램에서 날짜와 시간을 제대로 다루는 일은 생각보다 훨씬 어렵습니다. 시차뿐만 아니라 세계에서 사용하는 달력에는 다양한 종류와 법칙이 있기 때문입니다.

- 시차
- 서머타임(한국도 과거에 일시적으로 서머타임을 시행한 적이 있습니다. 따라서 그 당시 시간을 다룬다면 서머타임을 고려해야 합니다.)
- 윤년
- 윤초
- 음력, 양력

등등 다양합니다.

스터디 모임 일정 목록을 관리하는 Calendar 구조체도 정의합니다.

```
#[derive(Debug, Clone, PartialEq, Eq, Serialize, Deserialize)]
struct Calendar {
    schedules: Vec<Schedule>,
}
```

그러면 일정 목록을 표시해 봅시다. 곧바로 일정 추가와 삭제 기능도 구현하므로 처음부터 clap을 사용해 명령어 인수를 파싱합니다.

```
use std::{
    fs::File,
    io::{BufReader, BufWriter},
};
use chrono::NaiveDateTime;
use clap::{Parser, Subcommand};
use serde::{Deserialize, Serialize};

#[derive(Debug, Clone, PartialEq, Eq, Serialize, Deserialize)]
struct Schedule {
    // 일정 ID
    id: u64,
    // 스터디 모임 이름
```

4 (옮긴이) 특히 24시간 계속 감시하는 모니터링 관련 작업은 시간대가 다른 지역에 업무를 위탁하는 경우도 많아서 UTC를 기준으로 이야기할 때가 많습니다.

```
    subject: String,
    // 시작 시간
    start: NaiveDateTime,
    // 종료 시간
    end: NaiveDateTime,
}

#[derive(Debug, Clone, PartialEq, Eq, Serialize, Deserialize)]
struct Calendar {
    schedules: Vec<Schedule>,
}

const SCHEDULE_FILE: &str = "schedule.json";
#[derive(Parser)]
struct Cli {
    #[command(subcommand)]
    command: Commands,
}

#[derive(Subcommand)]
enum Commands {
    /// 일정 목록 표시
    List,
}

fn main() {
    let options = Cli::parse();
    match options.command {
        Commands::List => show_list(),
    }
}

fn show_list() {
    // 일정 파일 읽기
    let calendar: Calendar = {
        let file = File::open(SCHEDULE_FILE).unwrap();
        let reader = BufReader::new(file);
        serde_json::from_reader(reader).unwrap()
    };
    // 일정 표시
    println!("ID\tSTART\tEND\tSUBJECT");
    for schedule in calendar.schedules {
        println!(
            "{}\t{}\t{}\t{}",
            schedule.id, schedule.start, schedule.end, schedule.subject
        );
    }
}
```

main 함수는 명령어 인수에 전달된 내용에 따라 처리를 분기할 뿐이고 실제 표시 처리는 show_list 함수가 합니다. show_list 함수는 먼저 JSON 형식의 파일을 읽고 읽기가 끝나면 일정을 탭 구분자로 나누어 표시합니다.

다음과 같이 schedule.json 파일로 프로그램을 실행해 봅시다.

```
{
    "schedules": [
        {
            "id": 0,
            "subject": "테스트 일정",
            "start": "2024-11-19T11:22:33",
            "end": "2024-11-19T22:33:44"
        }
    ]
}
```

다음과 같이 표시되면 성공입니다.

```
$ cargo run -- list
ID      START   END     SUBJECT
0       2024-11-19 11:22:33   2024-11-19 22:33:44    테스트 일정
```

8.2.4 일정 추가하기

일정 목록을 표시할 수 있게 되었으니 이제 일정 추가 기능을 구현합시다. 일단 중복 일정을 추가할 수 없다는 조건은 무시하기로 합니다.

먼저 Commands 열거형에 항목을 추가합니다.

```
#[derive(Subcommand)]
enum Commands {
    /// 일정 목록 표시
    List,
    /// 일정 추가
    Add {
        /// 제목
        subject: String,
        /// 시작 시각
        start: NaiveDateTime,
        /// 종료 시각
        end: NaiveDateTime,
```

```
    },
}
```

main 함수의 match 문에도 기능을 추가합니다.

```
    match options.command {
        Commands::List => show_list(),
        Commands::Add {
            subject,
            start,
            end,
        } => add_schedule(subject, start, end),
    }
```

그리고 add_schedule 함수를 구현합시다.

```
fn add_schedule(subject: String, start: NaiveDateTime, end: NaiveDateTime)
{
    // 일정 읽기
    let mut calendar: Calendar = {
        let file = File::open(SCHEDULE_FILE).unwrap();
        let reader = BufReader::new(file);
        serde_json::from_reader(reader).unwrap()
    };
    // 일정 작성
    let id = calendar.schedules.len() as u64;
    let new_schedule = Schedule {
        id,
        subject,
        start,
        end,
    };
    // 일정 추가
    calendar.schedules.push(new_schedule);
    // 일정 저장
    {
        let file = File::create(SCHEDULE_FILE).unwrap();
        let writer = BufWriter::new(file);
        serde_json::to_writer(writer, &calendar).unwrap();
    }
    println!("일정을 추가했습니다.");
}
```

add_schedule 함수의 일정 ID를 발행할 때는 조금 요령이 필요합니다. 이미 일정표에 추가되어 있는 일정 개수를 ID로 사용하기 때문입니다. 이렇게 하면 다음처럼 기존 일정과 중복되지 않는 ID를 발행할 수 있습니다.[5]

- 아직 일정이 1개도 없음 → ID = 0 일정 추가
- 일정이 1개 있음(ID = 0 일정만 있음) → ID = 1 일정 추가
- 일정이 2개 있음(ID = 0과 1의 일정만 있음) → ID = 2 일정 추가
- …

프로그램을 실행해 봅시다. 다음처럼 표시되면 성공입니다.

```
$ cargo run -- add 테스트2 2024-12-08T09:00:00 2024-12-08T10:30:00
일정을 추가했습니다.
$ cargo run -- list
ID  START        END       SUBJECT
0   2024-11-19 11:22:33 2024-11-19 22:33:44       테스트 일정
1   2024-12-08 09:00:00 2024-12-08 10:30:00       테스트2
```

프로그램 실행 후의 `schedule.json` 파일은 다음과 같습니다.

```
{"schedules":[{"id":0,"subject":"테스트 일정","start":"2024-11-
19T11:22:33","end":"2024-11-19T22:33:44"},{"id":1,"subject":"테스트
2","start":"2024-12-08T09:00:00","end":"2024-12-08T10:30:00"}]}
```

파일 내용이 복잡해 알아보기 어렵습니다. VS Code에서 JSON 파일을 열어 마우스 오른쪽 클릭 메뉴에서 Format Document를 선택하면 보기 좋게 바꿔 줍니다.

```
{
    "schedules": [
        {
            "id": 0,
            "subject": "테스트 일정",
            "start": "2024-11-19T11:22:33",
            "end": "2024-11-19T22:33:44"
        },
        {
            "id": 1,
```

5 'ID가 잘 만들어질까? 뭔가 조금 이상한데?'라고 느꼈다면 감이 좋은 분입니다. 이 장의 마지막에 가면 사실은 문제가 있었다는 것을 알 수 있습니다. 테스트를 설명하려고 겉보기에는 잘 작동하는 것처럼 보이지만 실제로는 제대로 작동하지 않는 구현을 설명 곳곳에 숨겨 두었습니다.

```
            "subject": "테스트2",
            "start": "2024-12-08T09:00:00",
            "end": "2024-12-08T10:30:00"
        }
    ]
}
```

이제 파일 내용을 알아보기 쉬워졌습니다. schedule.json 내용도 문제가 없습니다. 이제 스터디 모임의 일정을 표시하고 추가할 수 있습니다.

8.3 중복 일정 확인하기

그러면 일정 추가 기능을 구현할 때 잠시 무시하고 넘어갔던 중복 일정을 추가할 수 없게 막는 기능을 구현해 봅시다.

8.3.1 중복 일정 판정

중복 일정을 확인하려면 어떻게 할까요? 예를 들어 19시부터 20시까지의 일정을 새로 추가하고 싶을 때 기존 일정과 중복될 수 있는 여러 상황을 그림으로 그려 봤습니다.

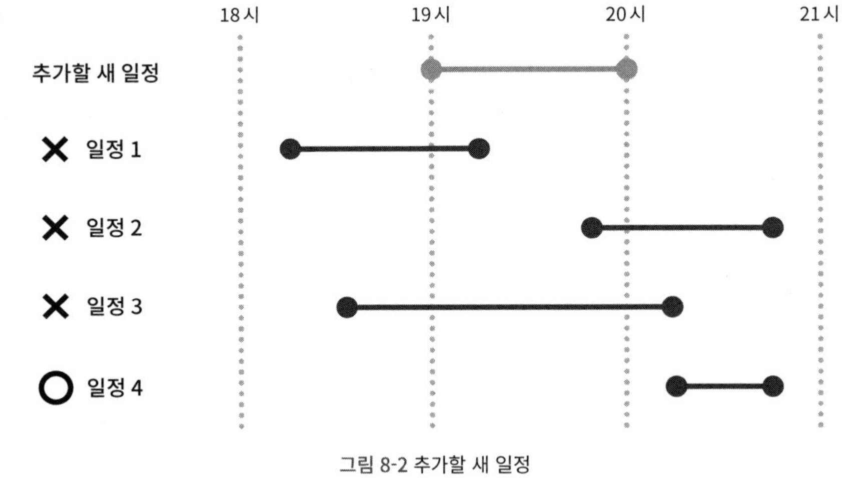

그림 8-2 추가할 새 일정

새 일정 중에 일정 1, 2, 3은 시작과 종료 시간이 겹치지만 일정 4는 서로 겹치지 않습니다. 일정 1, 2, 3과는 같고 4와는 다른 조건이 무엇일까요? 기존 일정의 시작 시간과 종료 시간을 각각 s_0, s_1, 추가하려는 새 일정을 t_0, t_1이라고 하면 다음과 같은 조건식으로 나타낼 수 있습니다.

$$s_0 < t_1$$

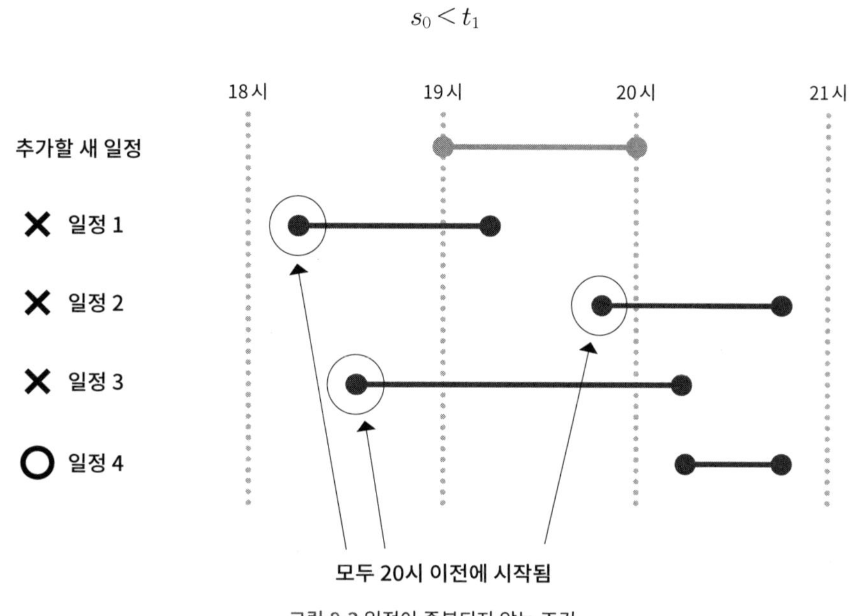

그림 8-3 일정이 중복되지 않는 조건

☑ 날짜 시간 비교와 계산

DateTime과 NaiveDateTime 등의 날짜 시간 데이터 타입을 다룰 때 두 날짜 중 어느 쪽이 먼저인지 비교하거나, 어떤 시간을 기준으로 하루 뒤가 언제인지, 어떤 날짜에서 어떤 날짜까지 몇 시간이 지났는지 계산할 일이 많습니다. 이런 기능은 chrono에서 제공하고 있지만 일반적인 숫자와 다르게 날짜 시간 데이터를 다룰 때는 주의할 점이 있습니다.

먼저 날짜 시간 비교입니다.

이 부분은 아직 다루기 쉬운 편으로, 시간대 정보가 있는 DateTime끼리와 시간대 정보가 없는 NaiveDateTime끼리의 비교는 가능하지만 DateTime과 NaiveDateTime은 서로 비교할 수 없습니다. DateTime과 NaiveDateTime을 비교할 수 없는 이유는 NaiveDateTime을 어떤 시간대에 맞춰야 할지 알 수 없기 때문입니다. 따라서 날짜 시간 데이터를 다룰 때 시간대 정보의 포함 여부를 중요하게 생각해야 합니다.

그리고 더 큰 문제는 날짜 시간 계산입니다.

두 날짜 시간 데이터를 빼서 경과 시간을 구할 수 있지만 날짜 시간 데이터를 서로 더할 수는 없습니다.

시간선상의 어떤 순간을 가리키는 것이 시각(the point of time)이고, 어떤 시점에서 어떤 시점까지의 길이를 가리키는 것이 시간(the period of time)입니다. 시각과 시간은 서로 다른 개념입니다. 예를 들어 2024년 4월 18일 13시 4분 10초라는 시각은 연월일시분 없이 단순한 초만으로 표현할 수 없습니다. 하지만 2024년 1월 1일 0시 0분 0초부터 2024년 4월 18일 13시 4분 10초까지 경과한 시간은 9,378,250초라고 초만으로도 표현할 수 있습니다.

따라서 chrono에는 시각을 나타내는 DateTime과 NaiveDateTime 외에도 경과 시간을 나타내는 TimeDelta 타입이 있습니다. 두 날짜 시간 데이터를 뺀 결과는 반드시 TimeDelta 타입이 되는데, 날짜 시간 비교와 마찬가지로 NaiveDateTime에서 DateTime을 빼는(또는 그 반대도 마찬가지로) 계산은 할 수 없습니다. TimeDelta 타입은 절대적인 경과 시간을 나타내므로 TimeDelta 타입 자체는 시간대 개념이 없습니다.

참고로 TimeDelta 타입의 값은 비교적 자유롭게 계산할 수 있습니다. TimeDelta 타입의 값끼리 덧셈과 뺄셈도 가능하고 날짜 시간 데이터에 더하거나 뺄 수도 있습니다. 하지만 거꾸로 TimeDelta 타입 값에 날짜 시간 데이터를 더하거나 빼는 작업은 할 수 없으므로 주의하기 바랍니다.

일정 중복 판정 방법을 알았으니 프로그램에 중복 판정 기능을 바로 구현해 봅시다.

변경할 함수는 add_schedule입니다. 일정을 추가하는 작업 전에 중복 판정 기능을 추가합니다. 기능을 추가한 add_schedule 함수는 다음과 같습니다.

```
fn add_schedule(subject: String, start: NaiveDateTime, end: NaiveDateTime)
{
    // 일정 생성까지의 처리는 생략
    // 일정 중복 판정
    for schedule in &calendar.schedules {
        if schedule.start < new_schedule.end {
            println!("오류: 일정이 중복됩니다.");
            return;
        }
    }
    // 일정 추가 처리 이후는 생략
}
```

일정 중복 판정이라고 적힌 주석이 있는 코드가 이번에 추가한 부분입니다. for 반복문으로 각 일정이 앞에서 본 조건식에 해당하는지 확인합니다. 프로그램에서 조건식의 s_0는 schedule.start이고 t_1은 new_schedule.end입니다.

시험 삼아 프로그램을 실행해 봅시다. 8.2절의 schedule.json을 그대로 사용합니다. 8.2절에서 다음 일정을 추가했습니다.

- 2024년 11월 19일 11시 22분 33초부터 22시 33분 44초까지
- 2024년 12월 8일 9시 0분 0초부터 10시 30분 0초까지

```
# 2024년 12월 8일 10시 정각부터 11시 정각까지
# 두 번째 일정과 중복되므로 추가 불가능
$ cargo run -- add 추가불가일정 2024-12-08T10:00:00 2024-12-08T11:00:00
오류: 일정이 중복됩니다.    # 기대한 결과와 같음
# 일주일 후인 2024년 12월 15일 10시 정각부터 11시 정각까지
# 어떤 일정도 중복되지 않으므로 추가 가능
$ cargo run -- add 추가가능일정 2024-12-15T10:00:00 2024-12-15T11:00:00
오류: 일정이 중복됩니다.    # 잘못된 결과. 일정 추가 실패
# 저장된 일정 확인
$ cargo run -- list
ID      START   END     SUBJECT
0       2024-11-19 11:22:33    2024-11-19 22:33:44    테스트 일정
1       2024-12-08 09:00:00    2024-12-08 10:30:00    테스트2
```

실행 결과가 이상합니다. 12월 15일에 등록된 일정이 없는데도 일정이 중복되었다며 추가하지 못합니다. 무엇이 문제일까요?

8.3.2 테스트 작성하기

이번에는 운 좋게 schedule.json 내용이 바뀌기 전에 프로그램의 오류를 발견했습니다. 일정 중복 판정 로직을 수정했을 때 올바르게 수정했는지 확인하려면 어떻게 해야 할까요? 지금 이대로라면 매번 같은 내용의 schedule.json 파일을 준비해야 하므로 검증이 힘듭니다. (파일을 준비하지 않으면 검증할 때마다 테스트용 가짜 일정이 계속 추가되어 버립니다.)

프로그램을 올바르게 구현하고 수정했는지 확인하고자 프로그램을 처음부터 끝까지 실행하는 작업은 분명 유용한 검증 수단입니다. 하지만 프로그램에 따라 처음부터 끝까지 검증할 수 없는 경우도 많습니다.

그럴 때 유용한 방법이 프로그램 일부분만 따로 떼어 내 그 부분만 실행하는, 즉 테스트를 작성해 실행해 보는 것입니다. 8장을 시작할 때 러스트는 자동 테스트 기능이 있다고 했습니다. 기회가 된 김에 러스트의 언어 기능을 사용해서 테스트를 작성해 봅시다.

러스트 테스트는 보통 다음과 같이 작성합니다.

```
#[cfg(test)]
mod tests {
    use super::*;

    #[test]
    fn test_case_1() {
        // 테스트할 처리 1
    }

    #[test]
    fn test_case_2() {
        // 테스트할 처리 2
    }

    // 테스트 계속 작성
}
```

러스트 테스트는 모두 함수 형태로 작성합니다. 함수 앞에 있는 #[test]가 테스트 대상 함수를 가리키는 표시입니다. 첫 번째 줄에 있는 #[cfg(test)]는 이후에 등장하는 코드를 테스트할 때만 컴파일하고 그 외에는 무시하라는 표시입니다. 두 번째 줄은 여러 테스트 함수에 한꺼번에 #[cfg(test)]를 적용하기 위해 만든 모듈입니다. 보통은 모듈명으로 test 또는 tests를 사용하지만 다른 이름을 써도 됩니다. 세 번째 줄 use super::*;는 tests 모듈에서 그 바깥에 있는 함수 등을 간단히 호출합니다.

그러면 실제로 테스트를 작성해 봅시다.

테스트를 작성할 때 테스트 대상을 함수나 메서드로 분리해 두면 편리합니다. 이번에는 일정 중복 여부를 확인하는 처리를 테스트하고 싶으므로 Schedule 구조체의 메서드로 추출합니다. Schedule 구조체 정의 바로 다음에 intersects 메서드를 추가합니다.

```
impl Schedule {
    fn intersects(&self, other: &Schedule) -> bool {
        self.start < other.end
    }
}
```

intersects 메서드를 만들었으니 add_schedule 함수도 이 메서드를 사용하도록 수정합니다.

```
    // 일정 중복 판정
    for schedule in &calendar.schedules {
        if schedule.intersects(&new_schedule) {  // 수정
            println!("오류: 일정이 중복됩니다.");
            return;
        }
    }
```

그리고 파일 마지막에 테스트를 추가합니다. 테스트에 사용할 데이터는 그림 8-2의 일정 4개와 방금 전 테스트에서 잘못된 결과가 출력된 12월 15일 일정입니다.

```
#[cfg(test)]
mod tests {
    use super::*;

    fn naive_date_time(
        year: i32,
        month: u32,
        day: u32,
        hour: u32,
        minute: u32,
        second: u32,
    ) -> NaiveDateTime {
        chrono::NaiveDate::from_ymd_opt(year, month, day)
            .unwrap()
            .and_hms_opt(hour, minute, second)
            .unwrap()
    }

    #[test]
    fn test_schedule_intersects_1() {
        // 2025년 1월 1일 18시 15분부터 19시 15분까지의 기존 일정 1
        let schedule = Schedule {
            id: 1,
            subject: "기존 일정1".to_string(),
            start: naive_date_time(2025, 1, 1, 18, 15, 0),
            end: naive_date_time(2025, 1, 1, 19, 15, 0),
        };
        // 2025년 1월 1일 19시 00분부터 20시 00분까지의 신규 일정
        let new_schedule = Schedule {
            id: 999,
            subject: "신규 일정".to_string(),
            start: naive_date_time(2025, 1, 1, 19, 0, 0),
            end: naive_date_time(2025, 1, 1, 20, 0, 0),
        };
```

```
    // 기존 일정 1과 신규 일정은 중복됨
    assert!(schedule.intersects(&new_schedule));
}

// 같은 방식으로 사용하는 데이터를 바꿔서 test_schedule_intersects_5까지 구현
// test_schedule_intersects_2
//      기존 일정은 2025년 1월 1일 19시 45분부터 20시 45분까지
//      신규 일정은 2025년 1월 1일 19시 00분부터 20시 00분까지
//      두 일정은 중복됨
#[test]
fn test_schedule_intersects_2() {
    let schedule = Schedule {
        id: 1,
        subject: "기존 일정2".to_string(),
        start: naive_date_time(2025, 1, 1, 19, 45, 0),
        end: naive_date_time(2025, 1, 1, 20, 45, 0),
    };
    // 2025년 1월 1일 19시 00분부터 20시 00분까지의 신규 일정
    let new_schedule = Schedule {
        id: 999,
        subject: "신규 일정".to_string(),
        start: naive_date_time(2025, 1, 1, 19, 0, 0),
        end: naive_date_time(2025, 1, 1, 20, 0, 0),
    };

    // 기존 일정 2와 신규 일정은 중복됨
    assert!(schedule.intersects(&new_schedule));
}

// test_schedule_intersects_3
//      기존 일정은 2025년 1월 1일 18시 30분부터 20시 15분까지
//      신규 일정은 2025년 1월 1일 19시 00분부터 20시 00분까지
//      두 일정은 중복됨
#[test]
fn test_schedule_intersects_3() {
    let schedule = Schedule {
        id: 1,
        subject: "기존 일정3".to_string(),
        start: naive_date_time(2025, 1, 1, 18, 30, 0),
        end: naive_date_time(2025, 1, 1, 20, 15, 0),
    };

    // 2025년 1월 1일 19시 00분부터 20시 00분까지의 신규 일정
    let new_schedule = Schedule {
        id: 999,
        subject: "신규 일정".to_string(),
        start: naive_date_time(2025, 1, 1, 19, 0, 0),
        end: naive_date_time(2025, 1, 1, 20, 0, 0),
```

```
    };

    // 기존 일정 3과 신규 일정은 중복됨
    assert!(schedule.intersects(&new_schedule));
}

// test_schedule_intersects_4
//      기존 일정은 2025년 1월 1일 20시 15분부터 20시 45분까지
//      신규 일정은 2025년 1월 1일 19시 00분부터 20시 00분까지
//      두 일정은 중복되지 않음
// 일정이 중복되지 않은 상태는 조건식을 반전시키면 확인 가능
// assert!(!schedule.intersects(&new_schedule));
#[test]
fn test_schedule_intersects_4() {
    let schedule = Schedule {
        id: 1,
        subject: "기존 일정4".to_string(),
        start: naive_date_time(2025, 1, 1, 20, 15, 0),
        end: naive_date_time(2025, 1, 1, 20, 45, 0),
    };

    // 2025년 1월 1일 19시 00분부터 20시 00분까지의 신규 일정
    let new_schedule = Schedule {
        id: 999,
        subject: "신규 일정".to_string(),
        start: naive_date_time(2025, 1, 1, 19, 0, 0),
        end: naive_date_time(2025, 1, 1, 20, 0, 0),
    };

    // 기존 일정 4와 신규 일정은 중복되지 않음
    assert!(!schedule.intersects(&new_schedule));
}

// test_schedule_intersects_5
//      기존 일정은 2024년 12월 8일 09시 00분부터 10시 30분까지
//      신규 일정은 2024년 12월 15일 10시 00분부터 11시 00분까지
//      두 일정은 중복되지 않음
#[test]
fn test_schedule_intersects_5() {
    let schedule = Schedule {
        id: 1,
        subject: "기존 일정5".to_string(),
        start: naive_date_time(2024, 12, 8, 9, 0, 0),
        end: naive_date_time(2024, 12, 8, 10, 30, 0),
    };

    // 2024년 12월 15일 10시 00분부터 11시 00분까지의 신규 일정 2
    let new_schedule = Schedule {
```

```
            id: 999,
            subject: "신규 일정2".to_string(),
            start: naive_date_time(2024, 12, 15, 10, 0, 0),
            end: naive_date_time(2024, 12, 15, 11, 0, 0),
        };

        // 기존 일정 5와 신규 일정 2는 중복되지 않음
        assert!(!schedule.intersects(&new_schedule));
    }
}
```

테스트 코드가 조금 길어졌는데 test_schedule_intersects_로 시작하는 함수 5개는 숫자만 바꾼 것이므로 test_schedule_intersects_1 함수만 설명하겠습니다. 함수 내용은 테스트에 사용할 데이터 작성이 대부분이며, 실행해 올바른 결과를 나왔는지 확인하는 작업은 assert!(schedule.intersects(&new_schedule)); 한 줄이면 끝입니다. naive_date_time 함수는 NaiveDateTime 타입 값을 간단히 작성하는 헬퍼(helper) 함수입니다. 이렇게 테스트 모듈 내부에는 각 테스트에서 공통적으로 사용하는 함수만 포함할 수 있습니다.

테스트는 일반적으로 실제로 프로그램을 실행해 지정한 조건식을 만족하는지 확인합니다. 이 확인에는 assert! 매크로를 사용합니다. assert!(조건식) 형식으로 매크로를 사용하고 테스트를 실행해 조건식의 결과가 false이면 panic이 발생합니다. 실행할 때 panic이 발생한다고 하니 무섭게 들리겠지만 #[cfg(test)] 부분의 코드는 테스트할 때만 실행되므로 걱정하지 않아도 됩니다.

예제 코드에는 나오지 않지만 assert! 매크로에서 평가하는 조건식 중에는 처리를 실행해서 얻은 값이 예상한 값과 같은지 확인할 때가 많습니다. 따라서 인수로 넘긴 두 값이 같지 않으면 panic이 발생하는 assert_eq! 매크로도 있습니다.

☑ 실행 시 assert

assert!와 assert_eq! 매크로는 테스트 이외의 코드에서도 사용할 수 있습니다. 웹 프로그램의 백엔드 구현에서는 사용할 일이 많지 않겠지만 이 책에서 만드는 것과 같은 명령줄 도구에서는 데이터가 의도한 형태로 들어오는지 확인하고 의도한 형태와 다르면 처리를 중단할 목적으로 사용되기도 합니다.

작성한 테스트를 실행하는 방법은 간단합니다. 그저 cargo test 명령어를 실행하면 됩니다. 실제로 실행해 봅시다.

```
$ cargo test
running 5 tests
test tests::test_schedule_intersects_1 ... ok
test tests::test_schedule_intersects_2 ... ok
test tests::test_schedule_intersects_3 ... ok
test tests::test_schedule_intersects_4 ... ok
test tests::test_schedule_intersects_5 ... FAILED
failures:
---- tests::test_schedule_intersects_5 stdout ----
thread 'tests::test_schedule_intersects_5' panicked at src/main.rs:256:9:
assertion failed: !schedule.intersects(&new_schedule)
note: run with `RUST_BACKTRACE=1` environment variable to display a
backtrace
failures:
    tests::test_schedule_intersects_5
test result: FAILED. 4 passed; 1 failed; 0 ignored; 0 measured; 0 filtered
out; finished in 0.00s
error: test failed, to rerun pass `--bin calendar`
```

출력의 첫째 줄에는 running 5 tests라고 표시되고 그 뒤에는 정의한 5개의 테스트 함수명이 표시됩니다.[6] 함수명 뒤에는 테스트 성공/실패가 표시되는데 예제에서는 test_schedule_intersects_5만 실패(FAILED)했습니다. 실패한 부분의 자세한 위치는 thread 'tests::test_schedule_intersects_5' panicked at으로 시작하는 줄의 끝부분에서 확인할 수 있습니다. src/main.rs:259:9라고 되어 있으므로 main.rs의 259번째 줄에 있는 assert!에서 실패한 것입니다.

그런데 실패했다고 표시된 test_schedule_intersects_5는 방금 전에 일정을 추가하려다 실패한 12월 15일 일정에 관한 테스트입니다. 이로써 schedule.json을 매번 따로 준비하지 않아도 중복 일정 확인 로직이 올바르게 작동하는지 확인할 수 있게 되었습니다.

8.3.3 중복 확인 로직 수정하기

로직이 제대로 수정되었는지 간단히 확인할 수 있게 되었지만 정작 중요한 로직은 아직 수정하지 않았으므로 일정을 추가할 수 없습니다. 어떻게 수정하면 될까요?

6 따로 지정하지 않으면 테스트는 병렬로 실행됩니다. 따라서 테스트 결과가 표시되는 순서는 바뀔 수 있습니다.

테스트를 통해 문제가 있다는 것은 알 수 있지만 아쉽게도 수정 방법까지 알려주지는 않습니다. 어느 테스트 케이스의 어느 줄에서 문제가 발생했는지를 힌트로 활용할 수 있지만 결국은 스스로 생각해 고쳐야 합니다.

앞의 예제에서 새로 추가할 일정과 기존 일정의 전후 관계로 4가지 패턴을 살펴봤지만 사실 고려하지 못한 패턴이 있습니다. 기존 일정의 시작 시간과 종료 시간이 새로 추가하고 싶은 일정의 시작 전, 기간 중, 종료 후 어느 쪽인지(단, 종료 시간은 시작 시간보다 빠를 수 없음)에 따라 총 6가지 패턴이 있습니다. 그저 생각나는 대로 패턴을 나열하면 빠진 부분이 나오기 마련이므로 침착하게 가능한 모든 수를 고려해 나열하는 습관이 중요합니다.

가능한 모든 패턴을 모두 나열하면 다음 그림처럼 됩니다. 이전 그림과 비교하면 일정 1과 일정 4 패턴이 빠진 것을 알 수 있습니다.

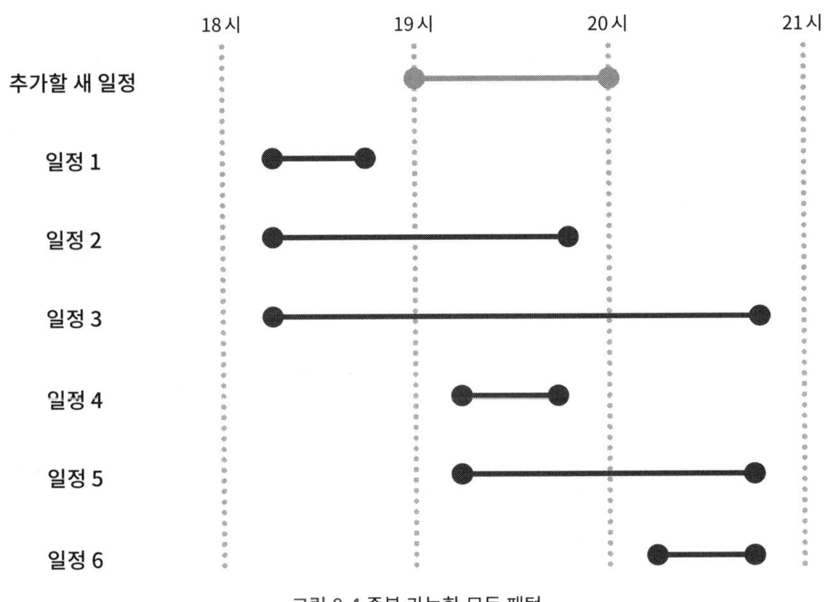

그림 8-4 중복 가능한 모든 패턴

특히 이번에 일정을 추가하지 못했던 것은 일정 1 패턴을 중복으로 잘못 판정했기 때문입니다.

정답부터 말하자면 일정 1~6의 모든 패턴의 중복을 올바르게 판정하는 조건은 '일정끼리 서로 시작 시간이 다른 쪽 종료 시간보다 이전'인지 확인하는 방법입니다. 이를 수식으로 표현하면 다음과 같습니다.

$$s_0 < t_1 \text{ 그리고 } t_0 < s_1$$

처음의 조건식과 비교하면 뒤에 있는 조건식이 빠진 것을 알 수 있습니다.

intersects 함수를 올바른 구현으로 수정해 봅시다.

```
impl Schedule {
    fn intersects(&self, other: &Schedule) -> bool {
        self.start < other.end && other.start < self.end
    }
}
```

test_schedule_intersects_5 함수 뒤에 이전 테스트에서 빠진 일정 4 패턴을 추가해 테스트를 실행합니다.

```
    #[test]
    fn test_schedule_intersects_6() {
        let schedule = Schedule {
            id: 1,
            subject: "기존 일정6".to_string(),
            start: naive_date_time(2025, 1, 1, 19, 15, 0),
            end: naive_date_time(2025, 1, 1, 19, 45, 0),
        };
        let new_schedule = Schedule {
            id: 999,
            subject: "신규 일정".to_string(),
            start: naive_date_time(2025, 1, 1, 19, 0, 0),
            end: naive_date_time(2025, 1, 1, 20, 0, 0),
        };
        assert!(schedule.intersects(&new_schedule));
    }
```

```
$ cargo test
running 6 tests
test tests::test_schedule_intersects_2 ... ok
test tests::test_schedule_intersects_3 ... ok
test tests::test_schedule_intersects_1 ... ok
test tests::test_schedule_intersects_4 ... ok
test tests::test_schedule_intersects_5 ... ok
test tests::test_schedule_intersects_6 ... ok
test result: ok. 6 passed; 0 failed; 0 ignored; 0 measured; 0 filtered out;
finished in 0.00s
```

무사히 테스트를 통과했습니다. 일정이 정말로 추가되는지 확인해 봅시다.

```
# 2024년 12월 8일 10시 정각부터 11시 정각까지
# 두 번째 일정과 중복이므로 여전히 추가할 수 없음
$ cargo run -- add 추가불가일정 2024-12-08T10:00:00 2024-12-08T11:00:00
오류: 일정이 중복됩니다.
# 일주일 후인 2024년 12월 15일 10시 정각부터 11시 정각까지
# 중복 일정이 없으므로 추가할 수 있음
$ cargo run -- add 추가가능일정 2024-12-15T10:00:00 2024-12-15T11:00:00
일정을 추가했습니다.
# 저장된 일정 목록 확인
$ cargo run -- list
ID      START   END     SUBJECT
0       2024-11-19 11:22:33     2024-11-19 22:33:44     테스트 일정
1       2024-12-08 09:00:00     2024-12-08 10:30:00     테스트2
2       2024-12-15 10:00:00     2024-12-15 11:00:00     추가가능일정
```

ID가 2인 일정이 무사히 추가되었습니다.

8.3.4 테스트 간결하게 작성하기

여러분이 test_schedule_intersects_1부터 test_schedule_intersects_6까지 테스트를 작성하면서 비슷한 처리가 반복되어 좀 이상하다고 여겼을 수 있습니다. 5장에서 배운 내용을 생각해 보면 이럴 때에는 공통된 부분을 묶어 함수로 만들면 좋습니다.

지금까지 배운 기능을 활용해 함수로 만든다면 다음처럼 할 수 있습니다. 단, 신규 일정과 기존 일정의 ID, 제목, 시작/종료의 연월일, 신규 일정의 시작/종료 시간은 고정되어 있습니다.

```
fn test_schedule_intersects(
    h0: u32,
    m0: u32,
    h1: u32,
    m1: u32,
    should_intersect: bool
) {
    let schedule = Schedule {
        id: 0,
        subject: "기존 일정".to_string(),
        start: naive_date_time(2025, 1, 1, h0, m0, 0),
        end: naive_date_time(2025, 1, 1, h1, m1, 0),
    };
    let new_schedule = Schedule {
        id: 999,
```

```
        subject: "신규 일정".to_string(),
        start: naive_date_time(2025, 1, 1, 19, 0, 0),
        end: naive_date_time(2025, 1, 1, 20, 0, 0),
    };
    assert_eq!(should_intersect, schedule.intersects(&new_schedule));
}

#[test]
fn test_schedule_intersects_1() {
    test_schedule_intersects(18, 15, 19, 15, true)
}
#[test]
fn test_schedule_intersects_2() {
    test_schedule_intersects(19, 45, 20, 45, true)
}
// 생략
```

이렇게만 해도 충분히 코드가 깔끔해졌지만 rstest 크레이트로 더욱 간결하게 작성할 수 있습니다. 프로젝트에 바로 추가해 봅시다.

```
$ cargo add rstest --dev
```

rstest는 테스트할 때만 사용하는 크레이트입니다. cargo add에 --dev 옵션을 지정하면 개발할 때만 유효한 의존 관계를 등록할 수 있습니다.

rstest를 사용하면 test_schedule_intersects_1부터 test_schedule_intersects_6까지를 test_schedule_intersects에 다음과 같이 통합해 작성할 수 있습니다.[7]

```
use rstest::rstest;

    #[rstest]
    #[case(18, 15, 19, 15, true)]
    #[case(19, 45, 20, 45, true)]
    #[case(18, 30, 20, 15, true)]
    #[case(20, 15, 20, 45, false)]
    #[case(18, 15, 18, 45, false)]
    #[case(19, 15, 19, 45, true)]
    fn test_schedule_intersects(
        #[case] h0: u32,
        #[case] m0: u32,
```

7 test_schedule_intersects_5는 다른 테스트 케이스에 맞춰서 시작/종료 시간을 변경했습니다.

```
    #[case] h1: u32,
    #[case] m1: u32,
    #[case] should_intersect: bool,
) {
    let schedule = Schedule {
        id: 0,
        subject: "기존 일정".to_string(),
        start: naive_date_time(2025, 1, 1, h0, m0, 0),
        end: naive_date_time(2025, 1, 1, h1, m1, 0),
    };
    let new_schedule = Schedule {
        id: 999,
        subject: "신규 일정".to_string(),
        start: naive_date_time(2025, 1, 1, 19, 0, 0),
        end: naive_date_time(2025, 1, 1, 20, 0, 0),
    };
    assert_eq!(should_intersect, schedule.intersects(&new_schedule));
}
```

기존 테스트 코드라면 100줄 이상 작성했을 내용을 30줄 정도로 짧게 줄여 작성할 수 있습니다. `test_schedule_intersects` 함수에 전달하는 값만 바뀌는 함수를 테스트 케이스별로 여러 개 만들 필요 없이 `#[case(...)]`에 적기만 하면 끝납니다.

이 방법의 핵심은 지금까지 함수 앞에 쓰던 `#[test]`가 `#[rstest]`로 바뀐 점입니다. 이렇게 하면 rstest가 테스트용 코드를 대신 생성하라는 명령이 됩니다. 각 인수 앞에 있는 `#[case]`는 꼭 필요한 정해진 양식입니다. `#[rstest]` 다음에 있는 `#[case(...)]`에 지정한 값을 순서대로 인수에 넘겨서 테스트를 실행합니다.

이렇게 같은 내용의 처리를 값을 바꿔 가며 실행하는 것을 파라미터화 테스트(parameterized tests)라고 부릅니다. 파라미터화 테스트를 사용하면 같은 관점에서 여러 테스트 케이스를 실행하고 있다는 점을 알기 쉽습니다.

그러면 테스트를 실행해 봅시다. 테스트 실행 방법은 지금까지 한 방식과 같습니다.

```
$ cargo test
running 6 tests
test tests::test_schedule_intersects::case_4 ... ok
test tests::test_schedule_intersects::case_1 ... ok
test tests::test_schedule_intersects::case_3 ... ok
test tests::test_schedule_intersects::case_2 ... ok
test tests::test_schedule_intersects::case_5 ... ok
```

```
test tests::test_schedule_intersects::case_6 ... ok
test result: ok. 6 passed; 0 failed; 0 ignored; 0 measured; 0 filtered out;
finished in 0.00s
```

☑ 테스트 설계 방법

파라미터화 테스트 설명에서 test_schedule_intersects_5 테스트의 일정을 변경했습니다. 이번 일정 중복 판정은 일정 시작 시간과 종료 시간의 전후 관계만으로 결정되므로 시간 전후 관계만 유지된다면 구체적인 시간은 자유롭게 변경해도 무방합니다.

이렇듯 테스트에서 사용하는 값을 자유롭게 변경해도 상관없을 때, 자유롭게 변경할 수 있는 범위 안에서 대표로 값을 하나만 골라 테스트하는 방법을 **동치 클래스**(equivalence class) **테스트** 또는 **동치 분할 기법**(equivalence partitioning)이라고 부릅니다. 이번에는 기존 일정의 시작 시간과 종료 시간을 고정해 두고 새 일정의 시작 시간과 종료 시간을 각각 기존 일정의 시작 전, 기간 중, 종료 후에서 하나씩 고르면 됩니다.

구체적인 지침에 따라 테스트 데이터를 설계한다면 이런 내용을 알기 쉽도록 주석을 남기거나 값을 정리하면 좋습니다. 예제의 동치 클래스 테스트는 많은 사람이 무의식적으로 사용하는 테스트 설계 기법이므로 주석이 없어도 의미가 통할 것입니다. 하지만 시작 시간과 종료 시간을 각각 매시 15분과 45분으로 맞추고 일정 1~6을 규칙적으로 정렬하면 관계성을 더욱 알아보기 좋아집니다. 테스트 데이터를 정리하면 다음과 같습니다. 반드시 이렇게 해야 하는 것은 아니지만 본문의 코드와 비교해 보면 규칙성을 알아 보기 쉽고, 포괄적으로 테스트하고 있다는 사실이 잘 드러납니다.

```
#[case(18, 15, 18, 45, false)]
#[case(18, 15, 19, 45, true)]
#[case(18, 15, 20, 45, true)]
#[case(19, 15, 19, 45, true)]
#[case(19, 15, 20, 45, true)]
#[case(20, 15, 20, 45, false)]
```

또한 동치 클래스 테스트는 가장 기본적인 테스트 설계 방법입니다. 다른 기본적인 테스트 데이터 설계 방법으로는 같은 패턴 값으로 볼 수 있는 범위에 주목하는 **경곗값 테스트**(boundary value tests)가 있습니다. 이번 예제로 동치 클래스 테스트와 경곗값 테스트를 함께 실행한다면 신규 일정 시작 시간과 종료 시간으로 기존 일정의 시작 전, 시작 시간 정각, 기간 중, 종료 시간 정각, 종료 후 이렇게 5가지를 골라서 조합한 값으로 테스트하면 좋습니다.

☑ 테스트하기 좋은 프로그램 작성법

이 장에서는 왜 중복 일정 판정을 add_schedule 함수를 직접 테스트하지 않고 Schedule::intersects 메서드로 추출해 테스트하는지 의문스럽게 여기는 독자도 있을 것입니다. 그 이유를 간단히 말하면 출력값이 기대한 값과 같은지, 파일에 읽고 쓴 내용에 문제가 없는지를 검증하는 간단한 방법을 러스트에서 제공하지 않기 때문입니다. 정확하게 말하면 파일 입출력을 포함한 함수를 그대로 테스트할 수는 있지만 기대한 대로 테스트되지 않는 경우가 있기 때문입니다.

앞에서 테스트는 병렬로 실행된다고 설명했습니다. 같은 파일을 읽고 쓰는 함수를 병렬로 실행하면 어떻게 될까요? 다음 그림을 참고하기 바랍니다. 같은 파일을 읽고 쓰는 test 1과 test 2가 있습니다. test 1은 파일에서 데이터 A를 읽고 그 값을 가공한 데이터 B가 같은 파일에 쓰이는지 확인하는 테스트이고, test 2는 데이터 A를 읽고 데이터 C를 다시 쓰는 테스트입니다.

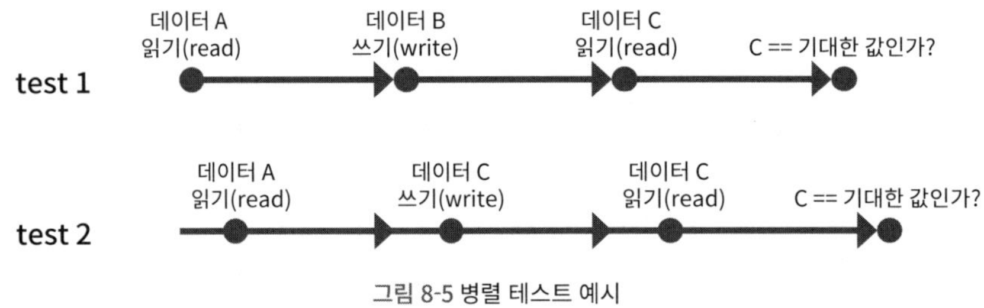

그림 8-5 병렬 테스트 예시

test 1과 test 2가 거의 동시에 실행되고, 마침 test 1이 데이터 B를 쓴(write) 직후에 test 2가 데이터 C를 썼다고 합시다. 파일에 쓰인 내용이 기대한 것과 같은지 확인하려고 test 1에서 다시 파일을 읽으면, test 1은 데이터 B를 제대로 썼는데도 test 2가 쓴 데이터 C로 덮어써졌습니다. 따라서 실제로 읽어 온 데이터는 데이터 B가 아니라 데이터 C가 됩니다. test 1에서 보면 데이터 C와 쓰기에서 기대한 값이 다르므로 테스트에 실패합니다.

이처럼 파일 읽고 쓰기 관련 테스트를 할 때는 모든 테스트 케이스에서 서로 다른 파일명을 사용하도록 하는 등 테스트 실행 방법도 주의해야 합니다.

일반적으로 파일 읽고 쓰기 이외에도 네트워크 통신처럼 함수 인수에 없는 데이터 정보 교환이 생기면 테스트가 어려워집니다. 따라서 외부에서의 입출력을 처리하는 부분과 데이터 조작을 처리하는 부분으로 분리해 작성하면 테스트가 쉬워집니다. 예를 들어 이번 예제 코드에서는 show_list 함수의 테스트가 어려웠습니다. 하지만 add_schedule 함수를 테스트하기 좋게 프로그램 전체에 공통된 Calendar 구조체를 사용하는 대신 다음과 같이 함수의 인수를 사용하도록 수정할 수 있습니다.

```
fn main() {
    let options = Cli::parse();
    match options.command {
```

```
        Commands::List => {
            let calendar = read_calendar();
            show_list(&calendar);
        }
        Commands::Add {
            subject,
            start,
            end,
        } => {
            let mut calendar = read_calendar();
            if add_schedule(&mut calendar, subject, start, end) {
                save_calendar(&calendar);
                println!("일정을 추가했습니다.");
            } else {
                println!("오류: 일정이 중복됩니다.");
            }
        }
    }
}

fn read_calendar() -> Calendar {
    let file = File::open(SCHEDULE_FILE).unwrap();
    let reader = BufReader::new(file);
    serde_json::from_reader(reader).unwrap()
}

fn save_calendar(calendar: &Calendar) {
    let file = File::create(SCHEDULE_FILE).unwrap();
    let writer = BufWriter::new(file);
    serde_json::to_writer(writer, calendar).unwrap();
}

fn show_list(calendar: &Calendar) {
    // 일정 표시
    println!("ID\tSTART\tEND\tSUBJECT");
    for schedule in &calendar.schedules {
        println!(
            "{}\t{}\t{}\t{}",
            schedule.id, schedule.start, schedule.end, schedule.subject
        );
    }
}

fn add_schedule(
    calendar: &mut Calendar,
    subject: String,
    start: NaiveDateTime,
    end: NaiveDateTime,
```

```
) -> bool {
    // 일정 작성
    let id = calendar.schedules.len() as u64;
    let new_schedule = Schedule {
        id,
        subject,
        start,
        end,
    };
    // 일정 중복 판정
    for schedule in &calendar.schedules {
        if schedule.intersects(&new_schedule) {
            return false;
        }
    }
    // 일정 추가
    calendar.schedules.push(new_schedule);
    return true;
}
```

이렇게 수정하면 schedule.json에 저장된 내용에 테스트가 의존하지 않으므로 테스트도 다음처럼 작성할 수 있습니다. 참고로 rstest를 사용하는 테스트와 사용하지 않는 테스트는 공존할 수 있습니다.

```
    #[test]
    fn test_add_schedule() {
        let mut calendar = Calendar {
            schedules: vec![Schedule {
                id: 0,
                subject: "테스트 일정".to_string(),
                start: naive_date_time(2024, 11, 19, 11, 22, 33),
                end: naive_date_time(2024, 11, 19, 22, 33, 44),
            }],
        };
        add_schedule(
            &mut calendar,
            "테스트 일정2".to_string(),
            naive_date_time(2024, 12, 8, 9, 0, 0),
            naive_date_time(2024, 12, 8, 10, 30, 0),
        );
        let expected = Calendar {
            schedules: vec![
                Schedule {
                    id: 0,
                    subject: "테스트 일정".to_string(),
                    start: naive_date_time(2024, 11, 19, 11, 22, 33),
                    end: naive_date_time(2024, 11, 19, 22, 33, 44),
```

```
            },
            Schedule {
                id: 1,
                subject: "테스트 일정2".to_string(),
                start: naive_date_time(2024, 12, 8, 9, 0, 0),
                end: naive_date_time(2024, 12, 8, 10, 30, 0),
            },
        ],
    };
    assert_eq!(expected, calendar);
}
```

이처럼 데이터 입출력 부분을 분리하는 것에서 더 나아가 자유롭게 교체할 수 있도록 만드는 방법을 **리포지터리 패턴**(repository pattern)이라고 하며, 업무 개발에서 자주 볼 수 있습니다. 러스트에서 리포지터리 패턴을 구현할 때 트레이트 객체를 사용하는데 이 책에서 다루지 않는 문법 요소가 필요하므로 자세한 내용은 생략합니다.

8.4 일정 삭제하기

8.4.1 일정 삭제 기능 구현하기

이 장에서 마지막으로 구현할 기능은 일정 삭제 기능입니다. 일정 추가 기능을 구현할 때와 수정할 내용은 비슷합니다.

먼저 Commands 열거형에 열거자를 추가합니다. 삭제할 일정의 ID가 필요하므로 명령어 인수로 받습니다.

```
#[derive(Subcommand)]
enum Commands {
    // 생략
    /// 일정 삭제
    Delete {
        /// 일정 ID
        id: u64,
    },
}
```

main 함수의 match 문 끝에 처리를 추가합니다.

```
fn main() {
    let options = Cli::parse();
    match options.command {
        // 생략
        Commands::Delete { id } => {
            let mut calendar = read_calendar();
            if delete_schedule(&mut calendar, id) {
                save_calendar(&calendar);
                println!("일정을 삭제했습니다.");
            } else {
                println!("오류: 잘못된 ID입니다.");
            }
        }
    }
}
```

마지막으로 delete_schedule 함수를 구현합니다. 일정을 추가하다 보면 ID가 0인 일정은 calendar.schedules의 0번, ID가 1인 일정은 calendar.schedules의 1번, ID가 2인 일정은 calendar.schedules의 2번... 이렇게 추가되므로 ID가 n인 일정을 삭제하려면 calendar.schedules의 n번 요소를 삭제하면 됩니다. 코드의 세 번째 줄은 범위를 벗어나지 않는지 확인하는 코드입니다.

```
fn delete_schedule(calendar: &mut Calendar, id: u64) -> bool {
    // 일정 삭제
    if id as usize >= calendar.schedules.len() {
        false
    } else {
        calendar.schedules.remove(id as usize);
        true
    }
}
```

구현이 완료되었으니 바로 실행해 봅시다. 테스트용 일정을 모두 삭제합니다.

```
# 등록된 일정 확인
$ cargo run -- list
ID      START   END     SUBJECT
0       2024-11-19 11:22:33     2024-11-19 22:33:44     테스트 일정
1       2024-12-08 09:00:00     2024-12-08 10:30:00     테스트2
2       2024-12-15 10:00:00     2024-12-15 11:00:00     추가가능일정
# 테스트 일정 삭제
$ cargo run -- delete 0
```

```
일정을 삭제했습니다.
# 테스트2 삭제
$ cargo run -- delete 1
일정을 삭제했습니다.
# 추가가능일정 삭제
$ cargo run -- delete 2
오류: 잘못된 ID입니다.
```

뭔가 이상합니다. ID가 2인 일정이 분명히 있는데 일정을 삭제할 수 없습니다. 무엇이 문제일까요? 일단 일정 목록을 확인해 봅시다.

```
$ cargo run -- list
ID      START   END     SUBJECT
1       2024-12-08 09:00:00     2024-12-08 10:30:00     테스트2
```

오류가 발생해 삭제되었어야 할 ID가 1인 일정이 남아 있고 삭제되지 않았어야 할 ID가 2인 일정이 사라졌습니다.

이런 문제가 생기면 앞에서 배운 것처럼 테스트를 추가합니다. 그러면 어디서 값이 이상해졌는지 알 수 있습니다. tests 모듈 마지막에 다음 함수를 추가합니다.

```
    #[test]
    fn test_delete_schedule() {
        let mut calendar = Calendar {
            schedules: vec![
                Schedule {
                    id: 0,
                    subject: "테스트 일정".to_string(),
                    start: naive_date_time(2024, 11, 19, 11, 22, 33),
                    end: naive_date_time(2024, 11, 19, 22, 33, 44),
                },
                Schedule {
                    id: 1,
                    subject: "테스트 일정2".to_string(),
                    start: naive_date_time(2024, 12, 8, 9, 0, 0),
                    end: naive_date_time(2024, 12, 8, 10, 30, 0),
                },
                Schedule {
                    id: 2,
                    subject: "추가 가능한 일정".to_string(),
                    start: naive_date_time(2024, 12, 15, 10, 0, 0),
                    end: naive_date_time(2024, 12, 15, 11, 00, 0),
                },
```

```
        ],
    };
    // 시험 삼아 0번 일정을 삭제함
    delete_schedule(&mut calendar, 0);
    // 삭제하면 이렇게 되어야 함
    let expected = Calendar {
        schedules: vec![
            Schedule {
                id: 1,
                subject: "테스트 일정2".to_string(),
                start: naive_date_time(2024, 12, 8, 9, 0, 0),
                end: naive_date_time(2024, 12, 8, 10, 30, 0),
            },
            Schedule {
                id: 2,
                subject: "추가 가능한 일정".to_string(),
                start: naive_date_time(2024, 12, 15, 10, 0, 0),
                end: naive_date_time(2024, 12, 15, 11, 00, 0),
            },
        ],
    };
    assert_eq!(expected, calendar);
    // ID = 1 일정 삭제
    delete_schedule(&mut calendar, 1);
    // 삭제하면 이렇게 되어야 함
    let expected = Calendar {
        schedules: vec![Schedule {
            id: 2,
            subject: "추가 가능한 일정".to_string(),
            start: naive_date_time(2024, 12, 15, 10, 0, 0),
            end: naive_date_time(2024, 12, 15, 11, 00, 0),
        }],
    };
    assert_eq!(expected, calendar);
    // 마지막으로 ID = 2 일정 삭제
    assert!(delete_schedule(&mut calendar, 2));
    // 삭제하면 이렇게 되어야 함
    let expected = Calendar { schedules: vec![] };
    assert_eq!(expected, calendar);
}
```

테스트를 실행해 봅시다.

```
$ cargo test
running 8 tests
test tests::test_schedule_intersects::case_1 ... ok
```

```
test tests::test_schedule_intersects::case_2 ... ok
test tests::test_schedule_intersects::case_3 ... ok
test tests::test_add_schedule ... ok
test tests::test_schedule_intersects::case_4 ... ok
test tests::test_schedule_intersects::case_5 ... ok
test tests::test_schedule_intersects::case_6 ... ok
test tests::test_delete_schedule ... FAILED
failures:
---- tests::test_delete_schedule stdout ----
thread 'tests::test_delete_schedule' panicked at src/main.rs:294:9:
assertion `left == right` failed
  left: Calendar { schedules: [Schedule { id: 2, subject: "추가 가능한 일정",
start: 2024-12-15T10:00:00, end: 2024-12-15T11:00:00 }] }
 right: Calendar { schedules: [Schedule { id: 1, subject: "테스트 일정2",
start: 2024-12-08T09:00:00, end: 2024-12-08T10:30:00 }] }
note: run with `RUST_BACKTRACE=1` environment variable to display a
backtrace
failures:
    tests::test_delete_schedule
test result: FAILED. 7 passed; 1 failed; 0 ignored; 0 measured; 0 filtered
out; finished in 0.00s
error: test failed, to rerun pass `--bin calendar`
```

294번째 줄의 assert에 실패했으므로 ID = 1 일정 삭제 처리에 어떤 문제가 있어 보입니다. 실제로 assert 로그를 봐도 right 쪽 값이 예제의 cargo run -- list 출력에 나온 값과 똑같습니다. 도대체 어떤 부분이 잘못되었을까요?

8.4.2 디버깅 방법

테스트를 하거나 실제로 처음부터 끝까지 프로그램을 실행해 보는 것만으로는 작성한 프로그램의 어디가 잘못되었는지 알기 어렵습니다. 그럴 때는 디버거로 **디버깅**을 합시다.

디버그는 영어로 debug인데 접두사 de와 프로그램 버그를 합친 말로 버그를 제거한다는 의미입니다. 디버거는 debugger로, 디버그를 하는 것(도구)을 뜻합니다. 디버거를 사용하면 다음과 같은 작업을 할 수 있습니다.

- 프로그램을 한 줄씩 멈추면서 실행할 수 있습니다.
- 프로그램 실행 중에 변수 내용을 확인할 수 있습니다.
- 지정한 지점에서 작동을 일시 정지할 수 있습니다.

차분하게 프로그램을 확인할 수 있어서 작동이 이상한 부분을 파악하는 데 도움이 됩니다.

2장에서 설명한 방법대로 환경 설정을 했다면 러스트 디버거 설치는 무척 간단합니다. VS Code의 **CodeLLDB** 확장 기능을 설치하면 끝입니다.

실제로 디버거를 사용하려면 러스트 프로젝트에서 설정을 해야 합니다. VS Code 에디터 창의 왼쪽에 벌레 모양이 있는 아이콘 **Run and Debug**를 클릭합니다.

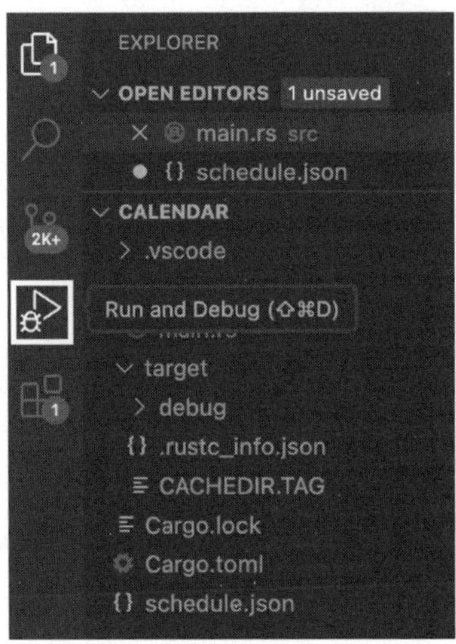

그림 8-6 Run and Debug 버튼

그리고 버튼 옆 창에 표시된 **create a launch.json file** 링크를 클릭합니다.

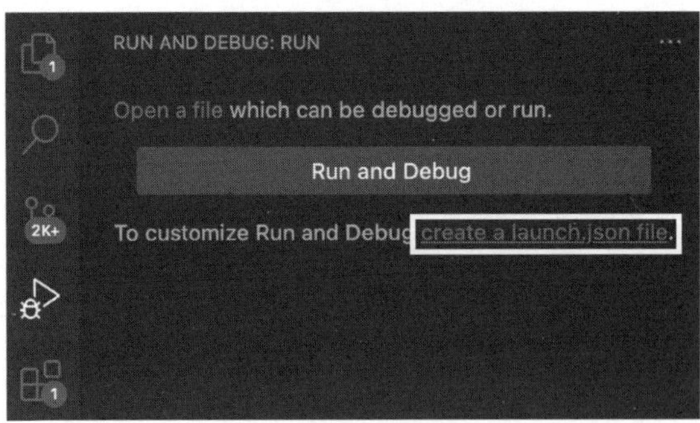

그림 8-7 launch.json 작성 링크

디버거 선택 메뉴가 표시되면 **CodeLLDB**를 선택합니다.

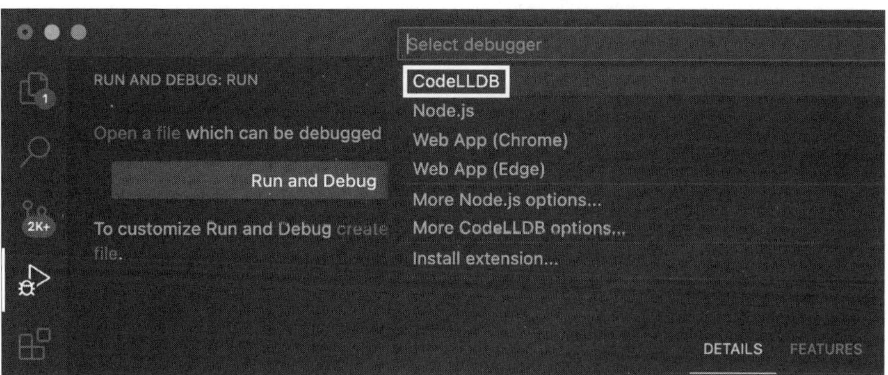

그림 8-8 디버거 선택창

이러면 프로젝트 폴더 아래에 `.vscode` 폴더와 `launch.json` 파일이 생성되고 디버거로 디버깅할 수 있습니다.

`launch.json`의 `configurations`에 자동으로 기본값 디버그 설정 2개가 추가됩니다. 하나는 `cargo run`으로 프로그램을 실행할 때의 설정이고, 다른 하나는 `cargo test`용 설정입니다.

테스트 케이스를 디버그 실행하려면 테스트 대상 함수 위에 표시되는 Debug 문자를 클릭합니다. 하지만 그냥 실행하면 아무 일도 없는 것처럼 테스트가 처음부터 끝까지 한꺼번에 실행되고 끝나 버립니다. 따라서 프로그램 실행을 일시 정지하라는 표시의 브레이크 포인트(break point)가 필요합니다. 브레이크 포인트는 멈추고 싶은 줄 번호의 왼쪽 부분을 클릭해 설정/해제할 수 있습니다. 일단 테스트 첫 번째 줄에 브레이크 포인트를 설정해 봅시다.

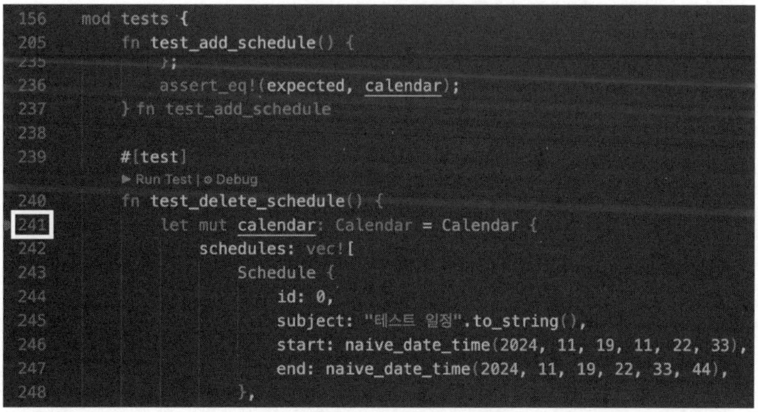

```
mod tests {
    fn test_add_schedule() {
        };
        assert_eq!(expected, calendar);
    } fn test_add_schedule

    #[test]
    ▶ Run Test | ⚙ Debug
    fn test_delete_schedule() {
        let mut calendar: Calendar = Calendar {
            schedules: vec![
                Schedule {
                    id: 0,
                    subject: "테스트 일정".to_string(),
                    start: naive_date_time(2024, 11, 19, 11, 22, 33),
                    end: naive_date_time(2024, 11, 19, 22, 33, 44),
                },
```

그림 8-9 브레이크 포인트 설정하기

☑ 테스트 이외의 코드에서 디버그 실행하기

테스트 코드가 아니라 cargo run 상태의 코드를 디버그하려면 Run and Debug 창을 열고 화면 위의 선택 상자에서 **Debug executable 'calendar'**를 선택하고 왼쪽에 있는 녹색 삼각형 모양의 **실행** 버튼을 누릅니다.

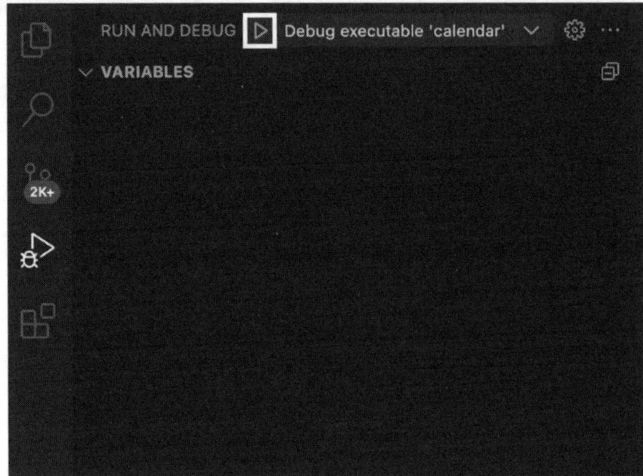

그림 8-10 디버그 실행

그런데 8장에서 작성한 프로그램은 명령어 인수를 지정해야 작동합니다. 명령어 인수를 지정해 디버그 대상 프로그램을 작동시키려면 다음처럼 launch.json의 args 항목에 넘길 인수를 나열합니다.

```
// 생략
    "configurations": [
        {
            "type": "lldb",
            "request": "launch",
            "name": "Debug executable 'calendar'",
            "cargo": {
                "args": [
                    "build",
                    "--bin=calendar",
                    "--package=calendar"
                ],
                "filter": {
                    "name": "calendar",
                    "kind": "bin"
                }
            },
```

```
            // 여기에 명령어 인수를 나열함
            "args": [
                "delete",
                "0"
            ],
            "cwd": "${workspaceFolder}"
        },
```

참고로 원래 JSON에는 주석을 쓸 수 없지만 VS Code의 독자적인 확장 기능으로 `launch.json`에는 주석을 쓸 수 있습니다.

테스트 함수에 표시된 **Debug**를 클릭하면 브레이크 포인트를 지정한 줄이 노란색으로 강조되고 브레이크 포인트 위치에 노란색 화살표가 표시됩니다. 노란색 강조와 화살표는 '지금부터 실행하려는 위치가 바로 여기다'라는 표시입니다. 따라서 프로그램은 노란색 강조와 화살표 바로 직전에 일시 정지된 상태입니다.

브레이크 포인트에서 프로그램을 다시 실행하려면 실행 방식에 따라 다음 메뉴 중에서 선택하면 됩니다.

- 다음 줄에서 다시 멈추기: Run 메뉴에서 Step Over
- 다음 브레이크 포인트 또는 테스트 마지막까지 실행하기: Run 메뉴에서 Continue
- 강조된 줄에 있는 함수에 들어가서 한 줄씩 실행하기: Run 메뉴에서 Step Into
- 지금 실행하는 함수의 마지막까지 실행하고 빠져나오기: Run 메뉴에서 Step Out
- 디버그 정지하기: Run 메뉴에서 Stop Debugging

디버그 중에도 브레이크 포인트는 추가하거나 삭제할 수 있습니다.

여기서는 ID = 1인 일정 삭제 처리 상태를 확인해 보고 싶으므로 `delete_schedule(&mut calendar, 1);` 줄에 브레이크 포인트를 설정하고 **Step Into**를 선택합니다. 그러면 이 줄에서 호출하는 `delete_schedule` 함수의 첫 부분으로 강조 표시가 이동합니다.

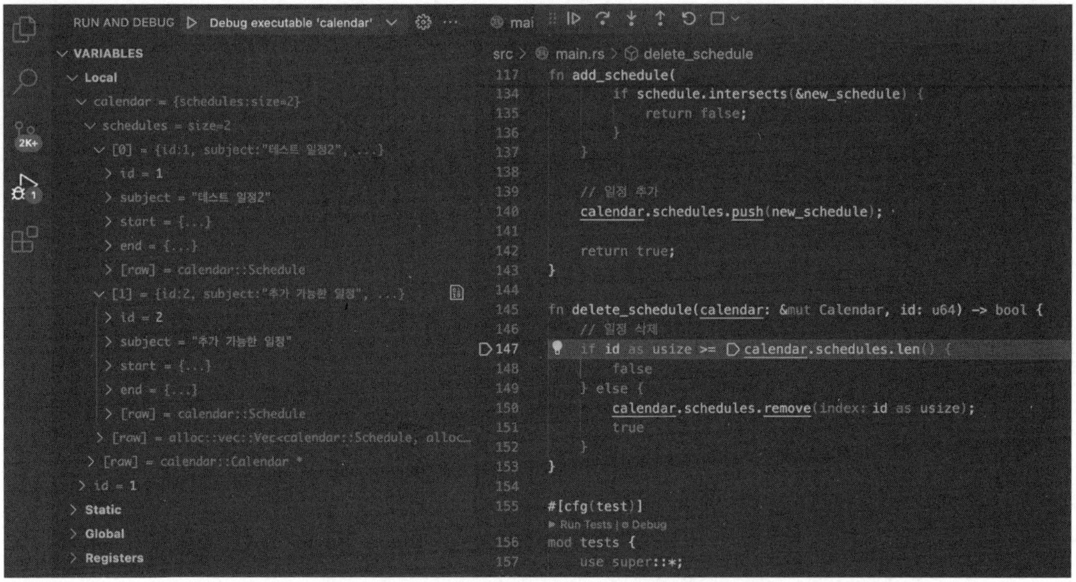

그림 8-11 Step Into 결과

변숫값은 Run and Debug 창의 **VARIABLES**에 표시됩니다. 그림 8-12는 인수로 넘어온 `calendar` 변수 내부를 확장해 표시한 모습입니다. 여기서 Step Over를 진행하면 `calendar` 변수는 어떻게 될까요?

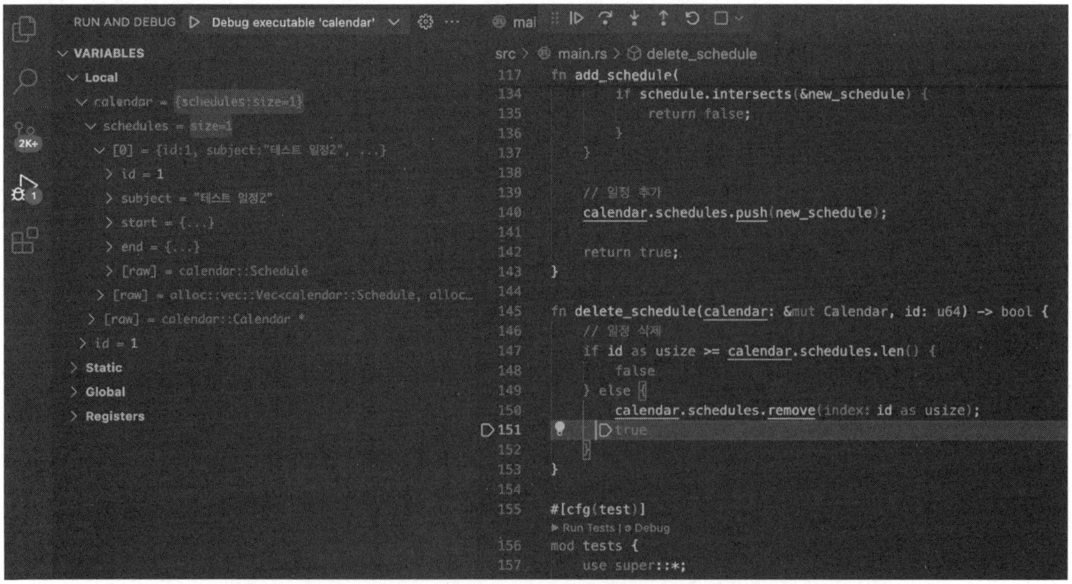

그림 8-12 Step Over 결과

150번째 줄을 실행하면 바뀐 변수가 Run and Debug 창에 강조 표시됩니다. `calendar.schedules`이 바뀌기 전후를 비교해 보면, ID = 1인 일정을 삭제하려고 했는데 첫 번째 요소였던 ID = 2인 일정을 삭제해 버렸습니다. 이 부분이 문제였습니다. 원인을 알았으니 디버거에서 빠져나와 바로 수정해 봅시다.

```
fn delete_schedule(calendar: &mut Calendar, id: u64) -> bool {
    // 일정 삭제
    for i in 0..calendar.schedules.len() {
        if calendar.schedules[i].id == id {
            calendar.schedules.remove(i);
            return true;
        }
    }
    false
}
```

순서대로 요소를 확인해 ID가 일치하면 삭제하도록 구현 방법을 바꾸었습니다. 이제 테스트하면 문제없이 전부 통과됩니다. 드디어 프로그램 수정이 끝났습니다.

☑ 테스트 추가를 잊지 않는 방법

이번에는 실행해 봤더니 잘 작동하지 않아서 테스트를 추가했습니다. 하지만 이런 흐름으로 계속 개발하면 잠재적인 버그를 미리 알아채지 못할 수 있습니다. 따라서 문제가 생긴 후에 테스트를 작성하는 것이 아니라 문제가 없어도 테스트를 작성하는 것이 이상적인 방식입니다.

그런데 개발자 입장에서는 프로그램 구현에 집중하다 보니 테스트 추가를 자주 잊곤 합니다.

테스트를 잊지 않고 작성하는 방법 중에는 **테스트 커버리지 측정**이 있습니다. 이 방법은 작성한 소스 코드에 대해 한 번이라도 테스트를 실시했는지를 비율로 측정합니다.

러스트에서 테스트 커버리지를 측정할 때는 **cargo-llvm-cov** 도구를 사용합니다. 이 도구는 다음 명령어로 간단하게 설치할 수 있습니다.

```
$ cargo install cargo-llvm-cov
$ rustup component add llvm-tools
```

테스트 커버리지를 측정하려면 cargo test 대신에 다음 명령어를 실행합니다.

```
$ cargo test
running 8 tests
$ cargo llvm-cov
```

실행하면 다음과 같이 출력됩니다.

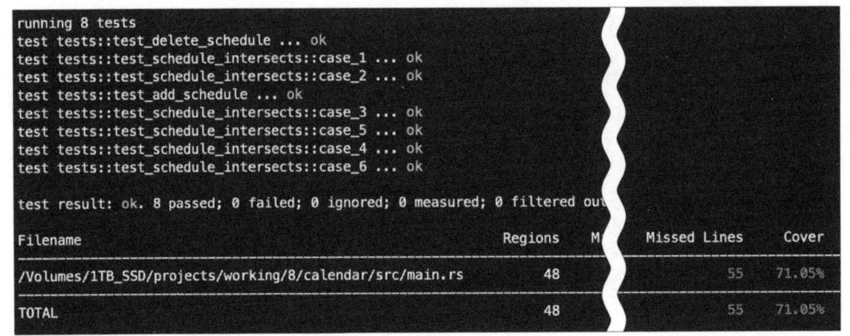

그림 8-13 커버리지 테스트 결과

커버리지 측정 기준은 함수 커버리지, 라인 커버리지, 분기 커버리지 등 다양합니다. 가장 신경 쓸 부분은 라인 커버리지 비율(그림에서 Missed Lines 옆의 Cover 항목값)입니다. 컴파일하면 내부적으로 추가 메서드가 자동 생성될 수 있기 때문에 라인 커버리지 비율이 100%가 되지 않지만, 이전 측정에 비해 급격하게 변한다면 테스트가 빠졌는지 의심해야 합니다.

☑ 단위 테스트와 결합 테스트

프로그램 규모가 커질수록 다양한 기능이 서로 연계된 테스트가 필수적입니다. 이 장에서 만든 프로그램이라면 일정을 추가한 다음에 삭제해 원래 상태로 돌아가는지 확인하는 테스트가 그 예입니다. 테스트 종류는 다양하게 나뉘는데 그중에 단일 기능으로 완성하는 단위 테스트, 여러 기능을 통합해 완성하는 결합 테스트가 있습니다. 이 장에서 지금까지 작성한 테스트는 모두 단위 테스트입니다.

8.2.4절(205쪽)에서 '기존 일정과 중복되지 않는 ID를 발행할 수 있다.'고 설명하면서 '테스트를 설명하려고 겉보기에는 잘 작동하는 것처럼 보이지만 실제로는 제대로 작동하지 않는 구현을 설명 곳곳에 일부러 숨겨 놨다.'고 이야기했습니다. 그렇게 숨겨둔 두 가지가 중복 일정 판정과 일정 삭제 절에서 수정한 부분입니다.

ID 발행은 일정 표시와 추가 기능만 있다면 문제없이 작동합니다. 하지만 일정 삭제 기능을 구현한 후로는 더 이상 제대로 작동하지 않았습니다. ID가 0, 1, 2인 일정이 있을 때 ID = 0인 일정을 삭제하고 일정을 새로 추가하면 ID = 2인 일정이 2개로 늘어납니다.

프로그램 기능이 늘어날수록 기능 단위 수준에서 고려해야 할 테스트 케이스는 점점 많아집니다. 하지만 새로운 기능을 구현할 때 기존 기능에 미치는 영향의 범위를 전부 파악하기는 어려워 놓치는 부분이 나오기 마련입니다. 따라서 새로운 기능과 기존 기능을 결합했을 때 예상되는 작동을 테스트로 작성하면 기존 기능에 미치는 영향을 파악할 수 있습니다.

이번 예제에서는 일정 삭제 후에 일정을 제대로 추가할 수 있는지만 테스트하면 충분합니다.

 **정리**

8장에서는 스터디 모임 캘린더를 만들면서 테스트 작성법과 디버깅 방법을 배웠습니다.

테스트를 작성하더라도 새로운 기능이 추가되는 것은 아니므로 테스트 구현을 나중으로 미루기 쉽습니다. 하지만 테스트를 효율적으로 활용하면 프로그램의 문제점을 미리 파악할 수 있어 제품 완성도가 높아지고, 문제가 발생한 위치를 빠르게 파악하여 전체 개발 비용도 줄일 수 있습니다.

테스트를 적극적으로 활용해 더 나은 프로그램을 작성해 봅시다.

9장

R u s t P r o g r a m m i n g

오류 처리하기 [스터디 모임 캘린더]

9장에서는 오류 처리를 배우고 8장에서 만든 도구에 오류 처리를 적용해 실무적인 방법을 익힙니다.

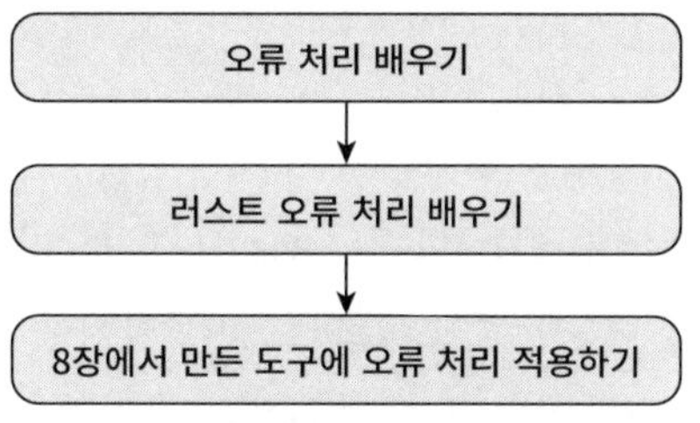

그림 9-0 오류를 처리하는 과정

9.1 오류 처리

아무리 조심히 프로그램을 작성하더라도 프로그램을 실행하다 보면 계속 처리할 수 없는 경우가 발생합니다. 익숙한 사례를 살펴봅시다.

- 온라인 게임 프로그램에서 플레이하던 사용자가 인터넷 접속이 끊겨 더 이상 게임을 진행할 수 없는 경우
- 쇼핑몰에서 장바구니에 넣은 상품을 구매하기 전에 다른 사용자가 구매해 상품이 매진되어 구매할 수 없는 경우
- SNS에 사진을 올릴 때 사진 이외의 파일을 선택해 업로드를 진행할 수 없는 경우

이렇게 정상적인 처리에서 벗어난 상태를 **오류**(error)라고 합니다. 오류가 발생하면 프로그램을 강제 종료하는 등 상태를 초기화하여 원래의 정상적인 상태로 되돌릴 수 있습니다. 하지만 오류를 적절하게 처리해 강제로 종료하지 않아도 된다면 사용자 입장에서 쓰기 편한 프로그램이 됩니다. 이처럼 발생한 오류를 적절하게 처리해 프로그램이 처리를 계속할 수 있는 상태로 되돌리는 것을 **오류 처리**(error handling)라고 합니다. 러스트에는 다양한 오류 처리 기능이 있습니다. 9장에서는 오류 처리를 배우고, 오류가 발생하더라도 처리를 계속하는 프로그램 작성법을 배우겠습니다.

다음 순서대로 러스트에서 오류를 처리하는 방법을 배웁니다.

1. match 문으로 Result 타입을 처리합니다.
2. 오류 타입을 정의해 오류를 반환합니다.
3. ?를 사용해 간단히 오류를 처리합니다.
4. 실제 프로그램을 작성하면서 오류를 처리합니다.

9.2 오류 처리의 기본 개념

실행하다가 오류가 발생할 수 있는 함수는 Result<T, E> 타입을 반환합니다. 이 타입은 함수가 정상값(T)을 반환할 수도 있고 도중에 발생한 오류(E)일 수도 있는, 양쪽 모두 될 수 있는 값을 나타냅니다. 어떤 값인지 구체적으로 살펴봅시다.

예를 들어 표준 라이브러리 std::fs::File::open 함수를 봅시다. 이 함수로 다음과 같이 file.txt 파일을 열 수 있습니다.

```
use std::fs::File;
let result = File::open("file.txt");
```

file.txt가 실제로 있고 파일에 접근할 수 있는 권한이 있으면 파일을 정상적으로 열 수 있습니다. 하지만 파일이 없거나 접근 권한이 없으면 오류가 발생합니다. 이 코드에서 result의 타입은 Result<File, Error>입니다. 이는 반환값이 파일을 정상적으로 열었을 때의 결과인 File이거나 파일 열기에 실패했을 때의 오류인 Error 둘 중 하나라는 뜻입니다. 무사히 파일을 열 수 있으면 Ok(File), 오류가 발생하면 Err(Error)가 됩니다.

result에는 unwrap() 함수가 있으며 이 함수를 실행해 Ok()라면 결과를 반환하고 Err()라면 그 시점에 프로그램을 종료합니다.

```
let result = File::open("file.txt");
let file = result.unwrap();  // 오류가 발생하면 프로그램 종료
```

오류가 발생했을 때 강제 종료하고 끝나는 프로그램이라면 이 정도로 충분하지만 오류가 발생해도 종료하지 않고 추가 처리를 하고 싶을 때도 있습니다.

오류가 발생했을 때 추가 처리를 하려면 result에 따라 처리할 내용을 바꿔야 합니다. 다음 코드처럼 match를 사용해 Result가 Ok일 때와 Err일 때의 처리를 각각 작성할 수 있습니다.

```
let result = File::open("file.txt");
match result {
    Ok(file) => {
        println!("파일 열기에 성공했습니다!");
    }
    Err(error) => {
        println!("파일 열기에 실패했습니다.");
    }
}
```

이렇게 오류 처리를 하면 오류가 발생해도 프로그램을 종료하지 않고 계속해서 실행할 수 있습니다.

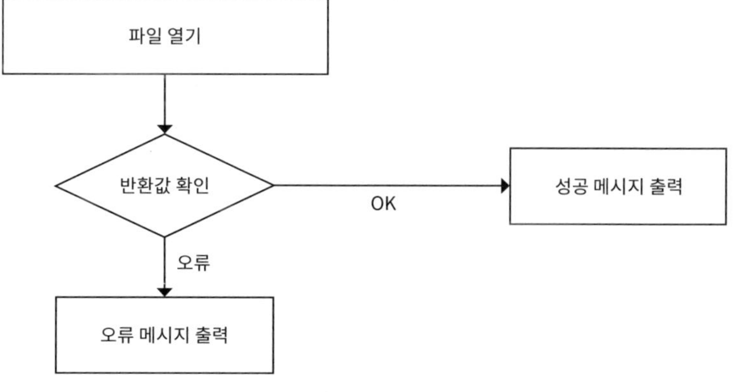

그림 9-1 오류 처리 과정

9.3 오류 타입 정의하기

이전 예제에서 File::open 반환값의 타입은 Result<File, Error>입니다. 이 타입은 파일 열기에 성공하면 Ok(file)이 되고 실패하면 Err(Error)가 반환된다는 뜻입니다. Error는 std::io::Error를 의미하는데 러스트 표준 라이브러리에 포함된 파일 읽고 쓰기 관련 처리에서 발생하는 오류를 가리키는 타입입니다. Result의 첫 번째 타입, 즉 처리가 성공했을 때 Ok로 반환되는 값의 타입은 처리에 따라 달라지므로 자유롭게 정할 수 있습니다. 두 번째 타입, 즉 처리에 실패했을 때 Err로 반환하는 오류 타입도 자유롭게 정할 수 있습니다.

예를 들어 파일 열기에 성공하면 그 File을 반환하고 실패하면 오류 메시지를 String으로 반환하는 함수는 다음과 같이 구현할 수 있습니다.

```
fn open_file() -> Result<File, String> {
    let result = File::open("file.txt");
    match result {
        Ok(file) => {
            return Ok(file);
        }
        Err(error) => {
            return Err("파일 열기에 실패했습니다.".to_string());
        }
    }
}
```

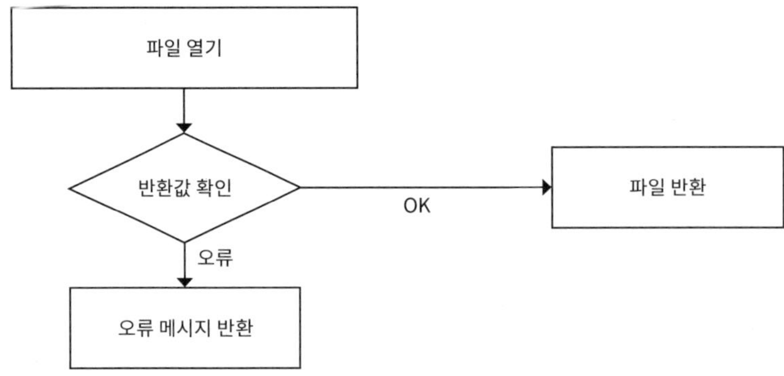

그림 9-2 반환값에 따른 결과 처리

또한 직접 만든 구조체를 오류 타입으로 사용할 수 있습니다.

```
struct MyError {
    message: String,
}

fn open_file() -> Result<File, MyError> {
    let result = File::open("file.txt");
    match result {
        Ok(file) => {
            return Ok(file);
        }
        Err(error) => {
            let error = MyError {
                message: "파일 열기에 실패했습니다.".to_string(),
            };
            return Err(error);
        }
    }
}
```

함수에 따라서는 하나의 함수 안에서 파일을 읽고 쓰거나 네트워크로 통신하는 등 오류가 여러 가지일 수 있습니다. 다양한 종류의 오류를 적절히 처리하려면 함수 안에서 발생할 수 있는 오류를 포괄하는 사용자 지정 오류 타입을 정의할 필요가 있습니다.

9.4 ?를 사용한 오류 처리

9.3절 예제에서 오류가 발생하면 직접 정의한 오류 타입 MyError에 오류 메시지를 담아서 반환했습니다. 이번에는 오류를 직접 정의한 오류 타입으로 변환하지 않고 그대로 돌려주는 함수를 생각해 봅시다. 처리 도중에 오류가 발생하면 발생한 오류를 그대로 반환하고, 오류가 발생하지 않으면 처리를 계속하는 함수는 다음과 같이 구현할 수 있습니다.

```
fn my_function() -> Result<_, std::io::Error> {
    let result = File::open("file.txt");
    match result {
        Ok(file) => {
            // file을 사용하는 처리
        }
        Err(error) => {
            // 발생한 오류를 그대로 반환함
```

```
            return Err(error);
        }
    }
}
```

이런 처리는 자주 등장하므로 다음처럼 단순화해 작성할 수 있습니다.

```
fn my_function() -> Result<_, std::io::Error> {
    let result = File::open("file.txt");
    let file = result?;  // result가 Err이면 함수에서 Err를 반환함
    // file을 사용한 처리
}
```

러스트는 `Result` 타입 뒤에 `?`를 붙여 `Ok`이면 그 값을 가져오고 `Err`이면 그대로 반환할 수 있습니다.

프로그램을 구현하다 보면 오류가 발생했을 때 함수 처리를 중단하고 발생한 오류를 그대로 반환하는 처리를 자주 작성합니다. 러스트는 `?`만으로 이런 처리를 구현할 수 있어서 오류 처리가 무척 쉽습니다.

9.5 실용적인 오류 처리

8장에서 만든 프로그램에 오류 처리를 추가합니다. 프로그램이 어떤 오류를 발생시키며 어떻게 처리하면 좋을지 배워 봅시다.

9.5.1 달력 읽기 함수의 오류 처리

8장에서 작성한 프로그램에서 다음과 같은 함수를 구현했습니다.

```
fn read_calendar() -> Calendar {
    let file = File::open(SCHEDULE_FILE).unwrap();
    let reader = BufReader::new(file);
    serde_json::from_reader(reader).unwrap()
}
```

여기서 `File::open`의 반환값 타입은 `Result<File, std::io::Error>`입니다. `unwrap`해 `File`을 가져오는데 `unwrap`은 오류가 발생하면 오류 메시지를 표시하고 프로그램을 종료합니다. `read_calendar()`를 다음처럼 수정해 오류가 발생했을 때 종료하

지 않고 오류를 반환하는 함수로 바꿉니다.

```
fn read_calendar() -> Result<Calendar, std::io::Error> {
    let file = File::open(SCHEDULE_FILE)?;
    let reader = BufReader::new(file);
    let calendar = serde_json::from_reader(reader).unwrap();
    Ok(calendar)
}
```

이제 File::open에서 오류가 발생하면 Err(std::io::Error)를 반환하고 정상적으로 완료되면 Ok(Calendar)를 반환합니다.

read_calendar()를 여러 곳에서 호출하는데 다음은 그중 하나입니다.

```
let calendar = read_calendar();
show_list(&calendar);
```

방금 전에 수정한 read_calendar()는 Result 타입을 반환하므로 다음처럼 구분해서 처리합니다.

```
    match options.command {
        Commands::List => match read_calendar() {
            Ok(calendar) => {
                show_list(&calendar);
            }
            Err(error) => {
                println!("달력 읽기에 실패했습니다.");
            }
        },
```

이제 오류가 발생하면 오류 메시지를 표시하고 정상적으로 완료하면 후속 처리를 합니다.

9.5.2 달력 저장 함수의 오류 처리

달력을 저장하는 함수는 다음과 같습니다.

```
fn save_calendar(calendar: &Calendar) {
    let file = File::create(SCHEDULE_FILE).unwrap();
    let writer = BufWriter::new(file);
```

```
    serde_json::to_writer(writer, calendar).unwrap();
}
```

이 함수도 마찬가지로 File::create가 오류일 때 오류를 반환하도록 수정합니다. 오류가 발생하지 않았을 때는 반환할 값이 없지만, 정상적으로 완료했다는 사실은 전달해야 합니다. 이때는 아무런 값도 가지지 않음을 뜻하는 ()를 반환해 정상적으로 완료되었음을 표현합니다. 이를 바탕으로 함수를 수정하면 다음과 같습니다.

```
fn save_calendar(calendar: &Calendar) -> Result<(), std::io::Error> {
    let file = File::create(SCHEDULE_FILE)?;
    let writer = BufWriter::new(file);
    serde_json::to_writer(writer, calendar).unwrap();
    Ok(())
}
```

이제 File::create에서 오류가 발생하면 Err(std::io::Error)를 반환하고, 정상적으로 완료하면 Ok(())를 반환합니다.

9.5.3 사용자 지정 오류 타입 구현하기

앞 절의 함수를 다시 한번 살펴봅시다.

```
fn save_calendar(calendar: &Calendar) -> Result<(), std::io::Error> {
    let file = File::create(SCHEDULE_FILE)?;
    let writer = BufWriter::new(file);
    serde_json::to_writer(writer, calendar).unwrap();
    Ok(())
}
```

사실 오류가 발생할 수도 있는 함수는 File::create뿐만이 아닙니다. serde_json::to_writer도 반환값이 Result이고 오류가 발생할 수 있지만 unwrap하고 있습니다. 이 unwrap을 ?로 바꿔 다음과 같이 수정합니다.

```
fn save_calendar(calendar: &Calendar) -> Result<(), std::io::Error> {
    let file = File::create(SCHEDULE_FILE)?;
    let writer = BufWriter::new(file);
    serde_json::to_writer(writer, calendar)?;
    Ok(())
}
```

언뜻 문제없어 보이지만 컴파일 오류가 발생해 작동하지 않습니다.

`File::create`는 `Result<File, std::io::Error>`를 반환합니다. 따라서 `?`를 붙이면 오류가 발생했을 때 `Err(std::io::Error)`를 반환하려고 합니다. 한편 `serde_json::to_writer`는 `Result<(), serde_json::Error>`를 반환합니다. 따라서 `?`를 붙이면 오류가 발생했을 때 `Err(serde_json::Error)`를 반환하려고 합니다. `save_calendar` 반환값의 타입은 `Result<(), std::io::Error>`이므로 `Err(serde_json::Error)`를 반환할 수 없습니다. 이런 타입 불일치가 컴파일 오류의 원인입니다.

`std::io::Error`와 `serde_json::Error`, 이렇게 서로 다른 오류 타입을 반환하는 처리를 하나의 함수에서 처리할 수 없을까요? 이를 실현하려면 어느 오류 타입에도 쓸 수 있는 사용자 지정 오류 타입을 정의하고, 그 오류 타입을 반환하는 함수로 만들어야 합니다.

사용자 지정 오류 타입 `MyError`를 다음과 같이 정의합니다.

```
enum MyError {
    Io(std::io::Error),
    Json(serde_json::Error),
}
```

이제 `std::io::Error`와 `serde_json::Error`를 `MyError`로 변환할 수 있습니다. 앞에서 컴파일 오류가 발생한 코드를 `MyError`를 사용해 수정해 봅시다.

```
fn save_calendar(calendar: &Calendar) -> Result<(), MyError> {
    let file = File::create(SCHEDULE_FILE)
        .map_err(|err| MyError::Io(err))?;
    let writer = BufWriter::new(file);
    serde_json::to_writer(writer, calendar)
        .map_err(|err| MyError::Json(err))?;
    Ok(())
}
```

`Result`에는 `map_err` 함수가 있어서 오류 내용을 변환할 수 있습니다. 이번에는 `map_err`를 사용해 `Result<File, std::io::Error>`를 `Result<File, MyError>`로 변환하고, `Result<(), serde_json::Error>`를 `Result<(), MyError>`로 변환했습니다. 이렇게 함수의 모든 `?`가 `MyError`를 반환하도록 수정하면 함수 내부에서 반환하는 타입이 같아져 컴파일할 수 있습니다.

9.5.4 오류 변환 로직 구현하기

MyError를 구현해 각 오류를 MyError로 변환해 오류를 처리할 수 있지만 매번 map_err를 하려면 번거롭습니다. save_calendar 반환값 타입은 Result<(), MyError>이고, File::create 반환값은 Result<File, std::io::Error>이니 ?를 붙이면 자동으로 변환되면 좋겠습니다.

사실 ?에 이미 그런 기능이 있습니다. MyError에 From<std::io::Error>가 구현되어 있으면 자동으로 변환해 줍니다. 구체적으로는 다음과 같은 코드가 됩니다.

```
fn save_calendar(calendar: &Calendar) -> Result<(), MyError> {
    let file = File::create(SCHEDULE_FILE)?;
    let writer = BufWriter::new(file);
    serde_json::to_writer(writer, calendar)?;
    Ok(())
}

impl From<std::io::Error> for MyError {
    fn from(err: std::io::Error) -> Self {
        MyError::Io(err)
    }
}

impl From<serde_json::Error> for MyError {
    fn from(err: serde_json::Error) -> Self {
        MyError::Json(err)
    }
}
```

impl From<std::io::Error> for MyError {...}가 있으므로 File::create에 오류가 발생해 Err(std::io::Error)를 반환하면 자동으로 Err(MyError)로 변환되어 반환됩니다. serde_json::Error도 마찬가지로 변환해 줍니다.

이렇게 오류를 다른 오류 타입으로 변환하는 로직을 From으로 한곳에 작성해 두면 호출할 때 ?만으로 자동으로 변환할 수 있습니다.

9.5.5 thiserror

마지막으로 thiserror라는 편리한 크레이트를 소개합니다. 지금까지 구현한 MyError와 그 변환 로직을 정리하면 다음과 같습니다.

```
enum MyError {
    Io(std::io::Error),
    Json(serde_json::Error),
}

impl From<std::io::Error> for MyError {
    fn from(err: std::io::Error) -> Self {
        MyError::Io(err)
    }
}

impl From<serde_json::Error> for MyError {
    fn from(err: serde_json::Error) -> Self {
        MyError::Json(err)
    }
}
```

여기서 `impl From<...> for MyError {...}`는 오류의 타입 수만큼 증가합니다. 하지만 오류마다 크게 다르지 않아서 항상 비슷한 코드가 됩니다. thiserror는 이런 중복 코드를 줄여 줍니다. 위의 코드를 thiserror로 다시 쓰면 다음과 같습니다.

```
#[derive(thiserror::Error, Debug)]
enum MyError {
    #[error("io error: {0}")]
    Io(#[from] std::io::Error),

    #[error("json error: {0}")]
    Json(#[from] serde_json::Error),
}
```

`#[from]`을 붙이면 `impl From<...> for MyError`를 구현해 줍니다. 또한 `#[error(...)]`로 오류 타입마다 오류 메시지를 설정할 수 있습니다.

thiserror는 그 외에도 오류를 쉽게 읽게 해 주는 기능이 많습니다. 소프트웨어 개발에서 오류는 대부분 예상치 못한 원인 때문에 발생합니다. 발생한 오류를 해결할 힌트를 조금이라도 얻을 수 있도록 오류에 최대한 많은 정보를 담는 것이 좋습니다.

정리

9장에서는 오류 처리가 무엇인지와 러스트에서는 오류를 어떻게 처리하는지를 배웠습니다. 오류 처리는 메인 처리가 아니므로 간과하기 쉽지만 발생한 오류를 제대로 처리하지 않으면 시스템이 불안정해집니다. 러스트는 ? 문자 하나로 간단히 오류를 처리할 수 있습니다. 오류를 빠짐없이 처리해 안전한 소프트웨어를 구현합시다.

☑ anyhow와 thiserror

9장에서는 사용자 지정 오류 타입을 간단히 만들 수 있는 thiserror 라이브러리를 사용했습니다. 이 라이브러리는 러스트 사용자 사이에 널리 사용되는 라이브러리로, 사용자 지정 오류 타입을 정의할 때 필수라고 할 수 있습니다.

이와 비슷하게 많이 사용되는 오류 처리 라이브러리로 anyhow가 있습니다. thiserror는 다양한 오류를 사용자 지정 오류 타입으로 간단히 변환하지만, anyhow는 다양한 오류를 anyhow::Error로 변환하기 때문에 사용자 지정 오류 타입을 정의하지 않아도 오류를 처리할 수 있습니다.

예제 코드도 MyError 대신 anyhow로 고칠 수 있습니다.

```
fn save_calendar(calendar: &Calendar) -> Result<(), anyhow::Error> {
    // std::io::Error가 자동으로 anyhow:Error로 변환됨
    let file = File::create(SCHEDULE_FILE)?;

    let writer = BufWriter::new(file);

    // serde_json::Error가 자동으로 anyhow:Error로 변환됨
    serde_json::to_writer(writer, calendar)?;

    Ok(())
}
```

이렇게 anyhow::Error는 다양한 오류 타입을 변환할 수 있으므로 오류 타입을 깊이 생각하지 않아도 코드를 작성할 수 있습니다. 다만 오류를 처리할 때는 각종 오류가 모두 anyhow::Error로 변환되기 때문에 오류 타입에 따라 조건 분기할 수 없다는 단점이 있습니다.

오류 타입을 신경 쓰지 않고 빠르게 코드를 작성하고 싶다면 anyhow를 사용하고, 오류 타입에 따라 다르게 처리하고 싶다면 thiserror를 사용하는 등 상황에 따라 적절히 구분해 사용해야 한다는 점을 기억해 두면 좋습니다.

참고로 anyhow와 thiserror 모두 데이비드 톨나이(David Tolnay)가 만들었습니다. 톨나이는 이런 유명한 라이브러리 외에도 러스트에서 빠질 수 없는 다양한 도구를 만들고 있습니다. 러스트를 배우다 보면 그의 아이디인 'dtolnay'를 자주 보게 됩니다.

10장

R u s t P r o g r a m m i n g

간단한 웹 앱 만들기 [TODO 앱]

이 장은 웹 브라우저에서 사용할 수 있는 TODO 앱을 개발하면서 웹 앱 구조와 작성법을 배웁니다. TODO 앱 개발은 다음 순서로 진행됩니다.

1. 러스트의 웹 프레임워크를 사용해 브라우저에서 접속할 수 있는 웹 서버를 만듭니다.
2. 웹 서버가 HTML을 생성하도록 합니다.
3. SQL을 배우고 입력된 데이터를 데이터베이스에 저장합니다.
4. 웹 서버와 데이터베이스를 결합해 브라우저에서 조작할 수 있으면 완성입니다.

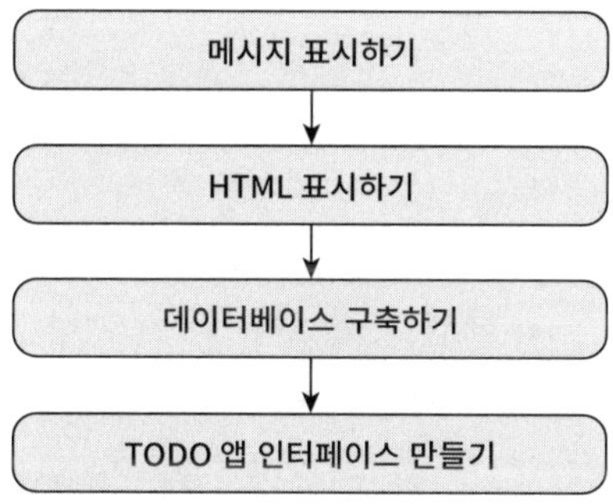

그림 10-0 TODO 앱을 만드는 과정

10.1 웹 브라우저 작동 원리

웹 브라우저를 사용해 웹사이트를 열면 브라우저는 웹사이트를 제공하는 서버에 접속합니다. 이때 브라우저가 이 사이트에 접속하고 싶다는 **요청**(request)을 서버에 보내고 이런 요청을 받은 서버가 웹사이트의 내용을 **응답**(response)으로 브라우저에 돌려줍니다.

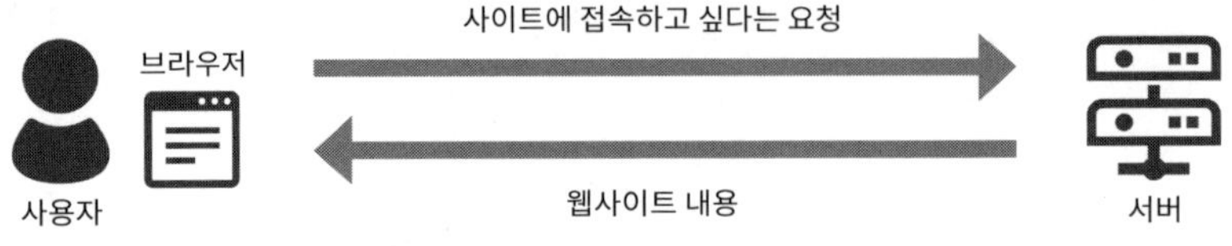

그림 10-1 웹 브라우저의 작동 원리

이때 서버에서 작동하는 프로그램은 지금까지 책에서 만든 프로그램과 다르게 터미널이 아니라 주로 웹을 통해 사용자에게 기능을 제공합니다. 이처럼 주로 웹에서 기능을 제공하는 애플리케이션을 **웹 애플리케이션**(웹 앱)이라고 합니다. 웹 앱이 아닌 앱에는 지금까지 책에서 만들어 본 명령줄 앱, 스마트폰에서 작동하는 모바일 앱, 가전 제품에 내장된 임베디드 소프트웨어 등이 있습니다.

이 장에서는 브라우저에서 요청이 오면 웹사이트 내용을 응답으로 돌려주는 간단한 웹 앱 서버를 만듭니다.

10.2 TODO 앱 만들기

웹 앱으로 TODO 앱을 만듭니다. TODO 앱은 할 일(작업)을 관리하는 앱입니다. 할 일을 추가하거나 삭제할 수 있습니다. 10장에서는 다음 그림과 같은 TODO 앱을 개발합니다.

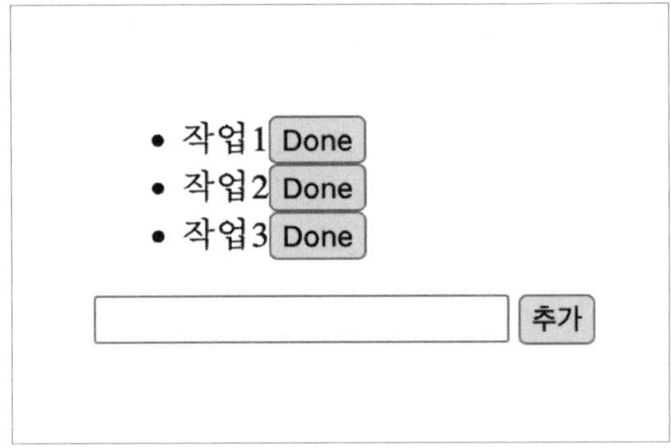

그림 10-2 10장에서 개발할 TODO 앱

10.2.1 애플리케이션 사양

다음은 작성할 TODO 앱 사양입니다.

- 저장된 TODO 목록을 표시합니다.
- 각 TODO는 Done 버튼을 누르면 완료된 것으로 보고 목록에서 삭제합니다.
- 텍스트에 새로운 TODO를 입력할 수 있습니다. 추가 버튼을 누르면 목록에 추가할 수 있습니다.

이 앱의 전체적인 구성은 다음 그림과 같습니다.

그림 10-3 TODO 앱의 구성

10.2.2 메시지 표시하기

먼저 메시지를 표시하는 웹 앱을 만들어 봅시다. 브라우저에서 요청을 보내면 텍스트로 응답을 돌려주는 웹 서버를 만듭니다.

10.2.2.1 actix-web 설치

웹 앱을 만들기 위해 **actix-web**을 설치합니다. actix-web은 러스트에서 웹 앱을 만들 수 있는 라이브러리입니다. 매우 많은 기능을 제공하므로 웹 앱 개발 기반으로 활용할 수 있으며, 개발자는 자신이 만들고 싶은 앱 기능을 추가하기만 하면 웹 앱을 만들 수 있습니다. 이와 같이 기반으로 사용할 수 있는 라이브러리를 **프레임워크**(framework)라고 부릅니다. actix-web처럼 웹 앱을 만들기 위한 프레임워크는 웹 프레임워크라고 합니다.

actix-web을 설치하는 방법은 두 가지입니다. 카고로 설치하는 방법과 `Cargo.toml`을 직접 수정하는 방법입니다.

```
$ cargo add actix-web
```

`Cargo.toml`에 다음과 같은 설정을 추가해도 됩니다.

```
[dependencies]

actix-web = "4.11.0"
```

actix-web으로 아무것도 하지 않는 단순한 웹 서버를 만들어 봅시다.

```
use actix_web::{App, HttpServer};

#[actix_web::main]
async fn main() -> std::io::Result<()> {
    HttpServer::new(|| App::new())
        .bind(("127.0.0.1", 8080))?
        .run()
        .await
}
```

프로그램을 실행하고 브라우저에서 *http://127.0.0.1:8080/*에 접속했을 때 빈 페이지가 표시되면 성공입니다.

코드 내용을 보겠습니다.

`#[actix_web::main]` 매크로를 붙이면 `main` 함수를 비동기 함수로 실행할 수 있습니다. 인터넷 통신을 비롯한 비동기 처리는 그냥 그대로 실행할 수 없어서 비동기 처리를 포함한 비동기 함수를 실행하려면 비동기 런타임이 필요합니다. `#[actix_web::main]`를 `main` 함수에 붙이면 `main` 함수가 비동기 런타임을 사용하는 형태로 변경되기 때문에 `main` 함수에서 비동기 함수를 호출할 수 있게 됩니다.

러스트의 비동기 런타임에는 **tokio** 라이브러리가 널리 사용됩니다. actix-web은 tokio를 설치하지 않아도 tokio를 기반으로 한 비동기 런타임이 포함되어 있습니다. 물론 actix-web과 별도로 tokio를 설치해 `#[tokio::main]`으로 지정해도 문제없이 작동합니다.

`HttpServer::new()`로 서버를 만듭니다. 인수에는 실제로 요청을 처리하는 `App` 구조체를 만드는 클로저(closure)[1]를 넘깁니다. `App`은 `App::new()`로 만들 수 있습니다.

`127.0.0.1`은 자기 자신을 가리키는 **주소**로, 이 프로그램을 실행하는 기기를 가리킵니다. `8080`은 **포트 번호**입니다. 프로그램을 실행한 OS에는 포트라고 부르는 다

1 (옮긴이) 클로저는 이름 없는(익명) 함수로, 필요할 때 만들고 실행이 끝나면 사라지는 동적 함수를 말합니다.

양한 출입구가 있습니다. 인터넷을 경유해 외부와 소통하는 프로그램은 이런 포트를 통해 통신합니다. 예제 프로그램은 8080번 포트를 사용해 외부와 접속합니다.

HttpServer는 bind() 함수를 호출해 서버를 127.0.0.1의 8080번 포트에 연결합니다. 이 포트가 다른 서버 등에서 이미 사용 중이라면 연결할 수 없으므로 bind()는 Result 타입을 반환합니다.

run()은 서버를 실행하는 함수입니다. await 키워드를 붙이면 서버가 종료될 때까지 기다릴 수 있지만 정상적으로 작동하는 동안에는 서버가 종료되지 않으므로 main은 종료되지 않고 계속 실행됩니다.

10.2.2.2 단순한 메시지 표시하기

이 웹 서버는 127.0.0.1:8080에서 실행될 뿐이고 하는 일이 없습니다. 여기에 단순한 메시지를 표시하는 기능을 추가합시다. 먼저 메세지를 표시하는 함수를 만듭니다. actix-web에서 요청에 대한 응답으로 Hello, world!를 반환하는 함수는 다음과 같이 구현할 수 있습니다.

```
use actix_web::get;

#[get("/hello")]
async fn hello() -> String {
    "Hello, world!".to_string()
}
```

#[get("/hello")] 매크로를 지정해 이 함수가 /hello 주소에 접속할 때 호출되는 함수라는 것을 actix-web에 전합니다. 이 매크로를 사용한 웹 서버는 다음과 같이 만들 수 있습니다.

```
use actix_web::{get, App, HttpServer};

#[get("/hello")]
async fn hello() -> String {
    "Hello, world!".to_string()
}

#[actix_web::main]
async fn main() -> std::io::Result<()> {
    HttpServer::new(|| App::new().service(hello))
        .bind(("127.0.0.1", 8080))?
```

```
        .run()
        .await
}
```

이 코드를 실행한 후 http://127.0.0.1:8080/hello에 접속해 Hello, world!가 표시되면 성공입니다.

10.2.2.3 요청에 따라 메세지 내용 바꾸기

앞 절의 코드는 /hello에 접속하면 Hello, world!를 반환합니다. 이 코드를 요청에 따라 메시지 내용이 바뀌도록 변경해 봅시다.

이름을 지정하면 Hello, {name}!을 반환하도록 합니다. {name}은 이름이 들어갈 위치를 뜻합니다. 예를 들어 /hello/john 주소에 접속하면 Hello, john!이 반환됩니다. 이런 함수는 다음처럼 hello()를 수정해 구현합니다.

```
use actix_web::{get, web};

#[get("/hello/{name}")]
async fn hello(name: web::Path<String>) -> String {
    format!("Hello, {name}!")
}
```

새로운 코드를 기존 코드와 합치면 다음과 같습니다.

```
use actix_web::{get, web, App, HttpServer};

#[get("/hello/{name}")]
async fn hello(name: web::Path<String>) -> String {
    format!("Hello, {name}!")
}

#[actix_web::main]
async fn main() -> std::io::Result<()> {
    HttpServer::new(|| App::new().service(hello))
        .bind(("127.0.0.1", 8080))?
        .run()
        .await
}
```

이 코드를 실행한 후 http://127.0.0.1:8080/hello/john에 접속하면 Hello, john!이 브라우저에 표시됩니다. 다양한 이름으로 주소를 바꿔 가며 접속해 표시 결과가 달라지는지 확인해 봅시다.

확인이 끝났으면 코드를 다시 봅시다. get 매크로는 지정한 주소 안에 변수를 설정할 수 있습니다. 이번에는 #[get("/hello/{name}")]이라고 작성해 {name} 부분에 임의의 문자열을 입력받을 수 있게 했습니다. 따라서 /hello/john이나 /hello/rust로 접속해도 응답이 반환됩니다. 이 변수 부분의 값은 actix_web::web::Path를 사용해 얻을 수 있습니다. 이번에는 변수가 {name} 하나뿐이므로 Path<String>으로 지정하여 name을 String 타입으로 가져옵니다. 예를 들어 변수가 여러 개인 주소 /hello/{name}/{age}라면 Path<(String, u32)>로 지정하여 name을 String 타입, age를 u32 타입으로 가져올 수 있습니다.

10.2.3 HTML 표시하기

지금까지 요청에 따라 응답을 텍스트로 반환하는 서버를 만들었습니다. 하지만 실제 웹 페이지는 단순한 텍스트가 아니라 텍스트 장식, 이미지, 버튼 같은 폼 등 다양한 요소로 구성됩니다. 이런 웹 페이지는 HTML 언어로 만듭니다. 브라우저는 HTML로 작성된 웹 페이지를 화면에 그릴 수 있으므로 HTML을 사용해 다양한 기능을 갖춘 웹 페이지를 작성합니다.

10.2.3.1 HTML 작성하기

HTML은 **태그**라는 마커를 사용해 작성합니다. <...> 형식을 시작 태그, </...> 형식을 종료 태그라고 합니다. 시작 태그와 종료 태그로 감싼 부분에 해당 태그의 의미를 부여할 수 있습니다. <b>는 굵은(bold) 글자를 의미하는 태그로 <b>와 </b>로 감싼 부분은 굵게 표시됩니다.

다음과 같은 내용의 index.html 파일을 저장합니다.

```
aaa<b>bbb</b>ccc
```

이 파일을 브라우저로 열어 봅시다. aaa와 ccc는 일반적인 글자 형태로 표시되고 bbb는 굵게 표시되는 것을 확인할 수 있습니다.

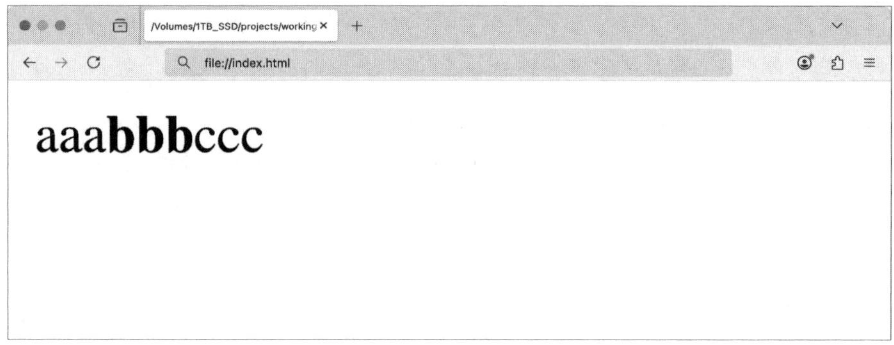

그림 10-4 index.html 표시 결과

이렇게 태그를 조합해 사용자에게 표시하고 싶은 내용을 만듭니다.

10.2.3.2 HTML로 페이지 작성하기

HTML로 작성하는 페이지의 기본 구조는 다음과 같습니다.

```
<html>
    <head>
        ...
    </head>
    <body>
        ...
    </body>
</html>
```

<html> 태그로 감싼 부분이 페이지가 됩니다. <head> 태그로 둘러싼 부분은 페이지 정보를 나타내고, <body> 태그로 둘러싼 부분은 페이지 내용을 나타냅니다. <head>에는 페이지 제목 등의 정보를 작성합니다. <body>에는 페이지 내용을 나타내는 태그를 작성합니다.

다음과 같은 내용의 `index.html` 파일을 작성합니다.

```
<html>
    <head>
        <title>Hello world!</title>
    </head>
    <body>
        Hello <b>world</b>
    </body>
</html>
```

홈페이지 제목은 Hello world!가 되고 <body>...</body>로 둘러싼 부분이 브라우저에 표시되는 것을 확인할 수 있습니다.

그림 10-5 웹 페이지 표시 결과

10.2.3.3 템플릿 엔진

앞 절과 같이 HTML 파일을 서버에서 반환할 때를 생각해 봅시다. 단순히 내용이 고정된 HTML을 반환하는 것이 아니라 요청에 따라 내용을 변경해 표시합니다. HTML을 문자열로 다뤄 `hello()` 함수에서 반환하게 하려면 다음과 같이 코드를 작성합니다.

```
#[get("/hello/{name}")]
async fn hello(name: web::Path<String>) -> String {
    format!(
        "
        <html>
            <head>
                <title>Hello world!</title>
            </head>
            <body>
                Hello <b>{name}</b>
            </body>
        </html>"
    )
}
```

사용자에게 보여 줄 요소를 추가하며 페이지를 만들다 보면 점점 HTML 코드가 복잡해집니다. 러스트 코드와 복잡한 HTML 문자열을 버그 없이 동시에 작성하는 일은 꽤 힘듭니다. 코드도 점점 읽기 어려워집니다. 따라서 HTML만 별도의 파일로 미리 작성해 두고 요청에 따라 필요한 값을 넣어 표시하도록 합니다.

이런 방식을 **템플릿 엔진**(template engine)이라고 합니다. 러스트에는 askama 템플릿 엔진이 있으므로 사용해 봅시다. 먼저 Cargo.toml에 askama를 추가합니다.

```
[dependencies]
actix-web = "4.11.0"
askama = "0.14.0"
```

이제 템플릿을 작성합니다. templates 디렉터리를 작성하고 거기에 hello.html 파일을 생성합니다. 프로젝트 디렉터리 구성은 다음과 같습니다.

```
├── Cargo.lock
├── Cargo.toml
├── src
│   └── main.rs
└── templates
    └── hello.html
```

다음은 templates/hello.html 내용입니다.

```
<html>
    <head>
        <title>Hello world!</title>
    </head>
    <body>
        Hello <b>{{ name }}</b>
    </body>
</html>
```

{{ name }}은 템플릿 엔진 구문으로 이 위치에 name 변수를 삽입한다는 뜻입니다. 이렇게 템플릿 엔진 구문을 사용해 HTML 내부에 변수를 넣을 수 있습니다. 템플릿에 변수를 삽입하는 러스트 코드는 다음과 같습니다.

```
use askama::Template;

#[derive(Template)]
#[template(path = "hello.html")]
struct HelloTemplate {
    name: String,
}
```

#[derive(Template)] 매크로를 사용하면 HelloTemplate 구조체를 템플릿으로 사용할 수 있습니다. #[template(path = "hello.html")] 매크로로 templates 디렉터리에 있는 hello.html 파일을 템플릿으로 사용한다고 지정합니다. 이 템플릿에 변수를 삽입해 HTML을 표시하도록 hello()를 수정합니다.

```
use actix_web::{HttpResponse, HttpResponseBuilder, http::StatusCode};
use askama::Error;

fn into_response<T: askama::Template>(tmpl: &T) -> HttpResponse {
    try_into_response(tmpl).unwrap_or_else(|err| HttpResponse::from_
error(err.into_io_error()))
}

fn try_into_response<T: askama::Template>(tmpl: &T) -> Result<HttpResponse,
Error> {
    let value = tmpl.render()?;
    Ok(HttpResponseBuilder::new(StatusCode::OK)
    .content_type("text/html; charset=UTF-8")
    .body(value))
}

#[get("/hello/{name}")]
async fn hello(name: web::Path<String>) -> HttpResponse {
    let hello = HelloTemplate {
        name: name.into_inner(),
    };
    into_response(&hello)
}
```

web::Path<String>에는 into_inner() 함수가 있어서 이 함수를 호출하면 내부의 String을 꺼낼 수 있습니다. 이 값을 name으로 HelloTemplate에 넘깁니다. 작성한 템플릿 구조체를 HttpResponseBuilder를 사용해 HttpResponse로 변환합니다.[2] 템플릿 구조체를 HttpResponse로 변환하는 작업을 into_response()와 try_into_response() 함수로 구현했습니다. HttpResponse를 반환하는 함수도 서버에 등록할 수 있으므로 이 함수로 서버에서 값이 삽입된 HTML을 반환할 수 있습니다.

2 (옮긴이) askama 0.13 버전부터 askama_actix 같은 actix-web과 함께 사용하는 라이브러리가 삭제되어 응답 작성이 조금 번거로워졌습니다.

지금까지의 코드를 정리해 봅시다.

```
use actix_web::{App, HttpResponse, HttpResponseBuilder, HttpServer, get,
http::StatusCode, web};
use askama::{Error, Template};

fn into_response<T: askama::Template>(tmpl: &T) -> HttpResponse {
    try_into_response(tmpl).unwrap_or_else(|err| HttpResponse::from_
error(err.into_io_error()))
}

fn try_into_response<T: askama::Template>(tmpl: &T) -> Result<HttpResponse,
Error> {
    let value = tmpl.render()?;
    Ok(HttpResponseBuilder::new(StatusCode::OK)
        .content_type("text/html; charset=UTF-8")
        .body(value))
}

#[derive(Template)]
#[template(path = "hello.html")]
struct HelloTemplate {
    name: String,
}

#[get("/hello/{name}")]
async fn hello(name: web::Path<String>) -> HttpResponse {
    let hello = HelloTemplate {
        name: name.into_inner(),
    };
    into_response(&hello)
}

#[actix_web::main]
async fn main() -> std::io::Result<()> {
    HttpServer::new(|| App::new().service(hello))
        .bind(("127.0.0.1", 8080))?
        .run()
        .await
}
```

이제 `http://127.0.0.1:8080/hello/rust`에 접속하면 rust가 굵게 표시되는 HTML이 출력됩니다.

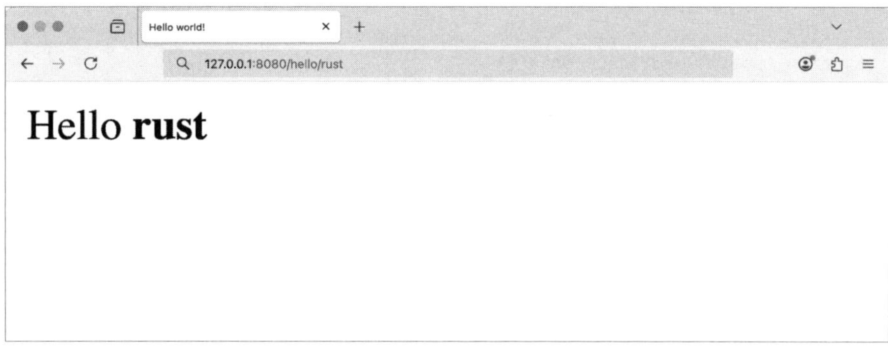

그림 10-6 실행 결과

10.2.3.4 복잡한 HTML 구성하기

TODO 앱에서 사용할 HTML을 구성해 봅시다. 다음처럼 HTML을 작성해 `todo.html`이라고 `templates` 디렉터리에 저장합니다.

```
<html>
    <head>
        <title>TODO</title>
    </head>
    <body>
        <ul>
            <li>작업1</li>
            <li>작업2</li>
        </ul>
    </body>
</html>
```

`<ul>` 태그는 리스트(목록)를 뜻하고 `<li>` 태그는 리스트 요소를 나타냅니다. HTML을 출력할 `TodoTemplate` 구조체를 작성합니다.

```
#[derive(Template)]
#[template(path = "todo.html")]
struct TodoTemplate {}
```

이 템플릿을 최상위 페이지 / 주소에서 표시하는 함수를 만듭니다.

```
#[derive(Template)]
#[template(path = "todo.html")]
struct TodoTemplate {}
```

```
#[get("/")]
async fn todo() -> HttpResponse {
    let todo = TodoTemplate {};
    into_response(&todo)
}
```

이렇게 만든 todo() 함수를 hello와 마찬가지로 서버에 등록합니다.

```
#[actix_web::main]
async fn main() -> std::io::Result<()> {
    HttpServer::new(|| App::new().service(hello).service(todo))
        .bind(("127.0.0.1", 8080))?
        .run()
        .await
}
```

이제 http://127.0.0.1:8080/에 접속해 봅시다. 작업 목록이 표시됩니다.

그림 10-7 표시 결과

현재 작업 2개가 HTML에 직접 적혀 있습니다. 하지만 작업 목록은 어딘가 저장되어 있다고 가정하고 목록을 HTML에 삽입해 표시하고 싶습니다. 그런 목록을 tasks라는 Vec<String>으로 만들고 TodoTemplate에 넘겨 봅시다. 우선 러스트 코드를 다음과 같이 수정합니다.

```
#[derive(Template)]
#[template(path = "todo.html")]
struct TodoTemplate {
    tasks: Vec<String>,
}
```

```
#[get("/")]
async fn todo() -> HttpResponse {
    let tasks = vec![
        "작업1".to_string(),
        "작업2".to_string(),
        "작업3".to_string(),
    ];
    let todo = TodoTemplate { tasks };
    into_response(&todo)
}
```

이제 HTML 템플릿 구현도 변경합니다. askama는 for 문을 지원하므로 다음처럼 작성해 tasks 요소 개수만큼 목록 요소를 만들 수 있습니다.

```
<html>
    <head>
        <title>TODO</title>
    </head>
    <body>
        <ul>
            {% for task in tasks %}
            <li>{{ task }}</li>
            {% endfor %}
        </ul>
    </body>
</html>
```

이제 작업 목록이 tasks 내용에 따라 달라집니다.

다음은 지금까지 수정한 내용을 정리한 전체 코드입니다.

```
use actix_web::{App, HttpResponse, HttpResponseBuilder, HttpServer, get,
http::StatusCode, web};
use askama::{Error, Template};

fn into_response<T: askama::Template>(tmpl: &T) -> HttpResponse {
    try_into_response(tmpl).unwrap_or_else(|err| HttpResponse::from_error
(err.into_io_error()))
}

fn try_into_response<T: askama::Template>(tmpl: &T) -> Result<HttpResponse,
Error> {
    let value = tmpl.render()?;
```

```
    Ok(HttpResponseBuilder::new(StatusCode::OK)
        .content_type("text/html; charset=UTF-8")
        .body(value))
}

#[derive(Template)]
#[template(path = "hello.html")]
struct HelloTemplate {
    name: String,
}

#[get("/hello/{name}")]
async fn hello(name: web::Path<String>) -> HttpResponse {
    let hello = HelloTemplate {
        name: name.into_inner(),
    };
    into_response(&hello)
}

#[derive(Template)]
#[template(path = "todo.html")]
struct TodoTemplate {
    tasks: Vec<String>,
}

#[get("/")]
async fn todo() -> HttpResponse {
    let tasks = vec![
        "작업1".to_string(),
        "작업2".to_string(),
        "작업3".to_string(),
    ];
    let todo = TodoTemplate { tasks };
    into_response(&todo)
}

#[actix_web::main]
async fn main() -> std::io::Result<()> {
    HttpServer::new(|| App::new().service(hello).service(todo))
        .bind(("127.0.0.1", 8080))?
        .run()
        .await
}
```

☑ **프런트엔드와 백엔드**

백엔드와 프런트엔드가 가리키는 영역은 시스템에 따라 다릅니다. 하지만 사용자에 가까운 앞단에서 작동하는 부분을 프런트엔드, 사용자로부터 멀리 있는 뒷단에서 작동하는 부분을 백엔드로 부른다는 점은 대부분 비슷합니다. 웹 앱에서는 서버에서 작동하는 앱을 백엔드라고 부르고 그 백엔드에 접속하는 브라우저에서 작동하는 애플리케이션을 프런트엔드라고 부릅니다.

이 장에서 만드는 TODO 앱의 경우 전체 HTML을 웹 서버가 askama로 만들지만[3] 사실 최근 웹 앱은 일반적으로 다른 방식을 사용합니다. 최근 웹 앱은 브라우저에서 자바스크립트 프로그래밍 언어로 구현한 프로그램을 실행해 사용자 입력을 받거나 웹 서버와 통신해 브라우저에 표시되는 HTML을 동적으로 생성합니다.[4] 이렇게 브라우저에서 작동하는 자바스크립트와 HTML을 사용한 프로그램을 프런트엔드라고 부르고 프런트엔드가 통신하는 상대방, 즉 서버에서 작동하는 프로그램을 백엔드라고 부릅니다. 프런트엔드 영역만 해도 방대하고 배워야 할 내용이 많으므로 프런트엔드에 특화된 프런트엔드 엔지니어 직종이 있는 회사도 많습니다.

참고로 프런트엔드까지 러스트로 구현하려는 Yew 프로젝트(*https://yew.rs/*)도 있습니다.

10.2.4 데이터 저장하기

지금까지 작업 목록을 표시하는 기능을 구현했습니다. 이제 작업을 저장하고 삭제하는 기능을 구현하겠습니다.

작업은 **데이터베이스**에 저장합니다. 데이터베이스는 데이터를 저장해 쉽게 사용할 수 있는 구조로, 거의 모든 웹 앱에서 사용합니다. 이번에는 SQL 언어로 데이터를 저장하고 검색할 수 있는 데이터베이스를 사용하겠습니다.

10.2.4.1 SQL이란?

SQL(Structured Query Language)은 데이터베이스를 조작하는 프로그래밍 언어입니다. MySQL이나 PostgreSQL처럼 SQL을 지원하는 수많은 데이터베이스가 있고 전 세계적으로 널리 사용됩니다. 데이터베이스 사용법도 다양합니다. MySQL(PostgreSQL)은 데이터베이스 서버가 필요하지만, SQLite는 데이터베이스 서버 없이도 작동하기 때문에 웹 브라우저에 내장해 히스토리를 저장하거나 삭제할 때 사용하기도 합니다.

3 (옮긴이) 이런 방식을 서버 사이드 렌더링(Server-side Rendering, SSR)이라고 부릅니다.
4 (옮긴이) 이런 방식을 클라이언트 사이드 렌더링(Client-side Rendering, CSR)이라고 부릅니다.

10.2.4.2 sqlx로 SQLite 사용하기

러스트에서 SQL을 사용하려면 `sqlx` 라이브러리를 사용하면 됩니다. `sqlx`는 SQL을 지원하는 라이브러리로, SQLite와 PostgreSQL 같은 다양한 데이터베이스에 대응합니다. 먼저 `sqlx`를 설치합시다.

Cargo로 설치하거나

```
$ cargo add sqlx --features "sqlite runtime-tokio"
```

`Cargo.toml`에 다음처럼 추가합니다.

```
[dependencies]
sqlx = { version = "0.8.6", features = ["sqlite", "runtime-tokio"] }
```

MySQL이나 PostgreSQL처럼 많은 SQL 데이터베이스가 전용 서버를 설치해야 하지만 SQLite는 서버 설치 없이도 파일이나 메모리 영역에 데이터를 저장할 수 있습니다. 다음처럼 `sqlx`로 메모리에 SQLite 데이터베이스를 실행할 수 있습니다.

```
use sqlx::SqlitePool;
let pool = SqlitePool::connect("sqlite::memory:").await.unwrap();
```

`pool` 변수를 사용하면 데이터베이스를 조작할 수 있습니다.

10.2.4.3 테이블 작성하기

SQL은 테이블이라고 하는 2차원 표를 만들 수 있습니다. 테이블에는 행과 열이 있습니다. 행마다 데이터를 저장할 수 있습니다. 엑셀을 떠올리면 이해하기 쉬울 것입니다.

ID	항목	금액
1	식사비	30000
2	교통비	10000

그림 10-8 테이블 예시

작업을 저장할 테이블을 만듭니다. 예제 앱은 일단 작업명만 저장할 수 있으면 충분하므로 다음과 같은 테이블을 만들면 됩니다.

task
작업1
작업2

그림 10-9 테이블 생성

테이블을 작성하는 SQL은 다음 형식으로 만들 수 있습니다.

```
CREATE TABLE [테이블명] ([테이블 컬럼명과 데이터 형식]);
```

따라서 작업 목록을 저장할 테이블을 작성하는 SQL은 다음과 같습니다.

```
CREATE TABLE tasks (task TEXT);
```

이제 앞에서 작성한 pool 변수로 다음처럼 실행하면 테이블을 만들 수 있습니다.

```
sqlx::query("CREATE TABLE tasks (task TEXT);").execute(&pool).await.unwrap();
```

10.2.4.4 데이터 저장하기

작성한 테이블에 데이터를 저장하는 SQL은 다음 형식으로 만들 수 있습니다.

```
INSERT INTO [테이블명] ([컬럼명]) VALUES ([데이터]);
```

따라서 tasks 테이블에 데이터를 저장하는 SQL은 다음과 같습니다.

```
INSERT INTO tasks (task) VALUES ('작업1');
```

pool 변수로 다음처럼 실행할 수 있습니다.

```
sqlx::query("INSERT INTO tasks (task) VALUES ('작업1');")
    .execute(&pool)
    .await
    .unwrap();
```

```
sqlx::query("INSERT INTO tasks (task) VALUES ('작업2');")
    .execute(&pool)
    .await
    .unwrap();
sqlx::query("INSERT INTO tasks (task) VALUES ('작업3');")
    .execute(&pool)
    .await
    .unwrap();
```

10.2.4.5 데이터 가져오기

작성한 테이블에서 데이터를 가져오는 SQL은 다음 형식으로 만들 수 있습니다.

```
SELECT [컬럼명] FROM [테이블명];
```

따라서 작업 목록 테이블에서 데이터를 가져오는 SQL은 다음과 같습니다.

```
SELECT task FROM tasks;
```

이 SQL을 `pool` 변수로 다음과 같이 실행할 수 있습니다.

```
use sqlx::Row;
let rows = sqlx::query("SELECT task FROM tasks;")
    .fetch_all(&pool)
    .await
    .unwrap();
let tasks: Vec<String> = rows
    .iter()
    .map(|row| row.get::<String, _>("task"))
    .collect();
```

지금까지는 SQL이 실행되면 충분하므로 `execute` 함수를 사용했지만, 이번에는 실행한 결과로 얻은 값을 전부 가져와야 하므로 `fetch_all` 함수를 사용합니다.

`fetch_all`은 하나의 행을 가리키는 `Row` 구조체의 `Vec`를 반환합니다. 여기서는 `task` 열 데이터를 각 행에서 가져옵니다.

10.2.4.6 웹 앱에 SQL 통합하기

데이터를 가져오는 기능을 `todo()`에 구현해 봅시다.

먼저 서버를 시작할 때 pool을 만듭니다. 다음과 같이 작성합니다.

```
    HttpServer::new(move || {
        App::new()
            .service(hello)
            .service(todo)
            .app_data(web::Data::new(pool.clone()))
    })
    .bind(("127.0.0.1", 8080))?
    .run()
    .await
```

web::Data::new() 함수로 서버에 포함하고 싶은 변수를 web::Data에 담습니다. 이렇게 하면 actix-web이 다룰 수 있는 형태가 됩니다. app_data()를 통해 넘기면 서버에 포함시킬 수 있습니다. 이때 HttpServer::new(move || ...)처럼 move를 지정하면 클로저 안에서 해당 변수에 접근할 수 있게 됩니다.

이제 서버의 함수에서 pool에 접근할 수 있으므로 다음처럼 todo()에 pool을 전달합니다.

```
#[get("/")]
async fn todo(pool: web::Data<SqlitePool>) -> HttpResponse {
    let rows = sqlx::query("SELECT task FROM tasks;")
        .fetch_all(pool.as_ref())
        .await
        .unwrap();
    let tasks: Vec<String> = rows
        .iter()
        .map(|row| row.get::<String, _>("task"))
        .collect();
    let todo = TodoTemplate { tasks };
    into_response(&todo)
}
```

지금까지 작성한 코드를 정리합시다.

```
use actix_web::{App, HttpResponse, HttpResponseBuilder, HttpServer, get,
http::StatusCode, web};
use askama::{Error, Template};
use sqlx::{Row, SqlitePool};

fn into_response<T: askama::Template>(tmpl: &T) -> HttpResponse {
```

```
    try_into_response(tmpl).unwrap_or_else(|err| HttpResponse::from_
error(err.into_io_error()))
}

fn try_into_response<T: askama::Template>(tmpl: &T) -> Result<HttpResponse,
Error> {
    let value = tmpl.render()?;
    Ok(HttpResponseBuilder::new(StatusCode::OK)
        .content_type("text/html; charset=UTF-8")
        .body(value))
}

#[derive(Template)]
#[template(path = "hello.html")]
struct HelloTemplate {
    name: String,
}

#[get("/hello/{name}")]
async fn hello(name: web::Path<String>) -> HttpResponse {
    let hello = HelloTemplate {
        name: name.into_inner(),
    };
    into_response(&hello)
}

#[derive(Template)]
#[template(path = "todo.html")]
struct TodoTemplate {
    tasks: Vec<String>,
}

#[get("/")]
async fn todo(pool: web::Data<SqlitePool>) -> HttpResponse {
    let rows = sqlx::query("SELECT task FROM tasks;")
        .fetch_all(pool.as_ref())
        .await
        .unwrap();
    let tasks: Vec<String> = rows
        .iter()
        .map(|row| row.get::<String, _>("task"))
        .collect();
    let todo = TodoTemplate { tasks };
    into_response(&todo)
}

#[actix_web::main]
async fn main() -> std::io::Result<()> {
```

```
    let pool = SqlitePool::connect("sqlite::memory:").await.unwrap();
    sqlx::query("CREATE TABLE tasks (task TEXT);")
        .execute(&pool)
        .await
        .unwrap();
    sqlx::query("INSERT INTO tasks (task) VALUES ('작업1');")
        .execute(&pool)
        .await
        .unwrap();
    sqlx::query("INSERT INTO tasks (task) VALUES ('작업2');")
        .execute(&pool)
        .await
        .unwrap();
    sqlx::query("INSERT INTO tasks (task) VALUES ('작업3');")
        .execute(&pool)
        .await
        .unwrap();
    HttpServer::new(move || {
        App::new()
            .service(hello)
            .service(todo)
            .app_data(web::Data::new(pool.clone()))
    })
    .bind(("127.0.0.1", 8080))?
    .run()
    .await
}
```

서버를 실행해 브라우저에 작업1, 작업2, 작업3이 표시되는지 확인합니다. INSERT 구문의 작업명을 변경해 표시 내용이 바뀌는지도 확인합니다.

☑ 다양한 데이터베이스

10장에서는 SQLite라는 경량 데이터베이스를 사용했습니다. SQL을 지원하는 데이터베이스는 그 외에도 PostgreSQL, MySQL, MariaDB 등이 있고 전 세계에서 널리 사용됩니다. 이런 SQL 데이터베이스의 가장 큰 특징은 레코드와 테이블의 관계를 표현할 수 있다는 점입니다. 이번에는 작업을 저장하는 테이블 하나만 작성했지만, 사용자 테이블을 작성해 사용자별로 작업을 묶으면 로그인한 사용자에 연결된 작업만 표시할 수도 있습니다. 이런 특징을 지닌 데이터베이스를 **관계형 데이터베이스**(Relational Database, RDB)라고 합니다.

레코드와 테이블을 이런 관계로 묶지 않아 유연성을 높이고 처리 속도를 빠르게 한 데이터베이스도 있습니다.[5] 이런 데이터베이스로는 MongoDB, Redis 등이 유명합니다.

5 (옮긴이) 이런 데이터베이스를 NoSQL 데이터베이스라고 부릅니다.

웹 서비스에 요구되는 기준은 사용자 수와 사용 사례에 따라 크게 다릅니다. 다수의 소비자가 계속 방문하는 웹사이트라면 속도가 중요하고, 업무용 시스템으로 관계자만 사용하는 웹사이트라면 안정성과 견고함이 중요합니다. 시스템 용도에 따라 적절한 데이터베이스를 선택할 수 있어야 합니다.

10.2.5 TODO 앱 완성하기

이제 작업 목록을 SELECT 쿼리를 사용해 표시할 수 있습니다. TODO 앱 기능을 완성하려면 작업 추가와 삭제 기능이 필요합니다.

10.2.5.1 POST 요청

브라우저에서 `http://127.0.0.1/hello`에 접속하면 `#[get("/hello")]`으로 연결된 함수가 호출됩니다. 브라우저 주소창에 주소를 입력해 접속하면 브라우저는 HTTP의 GET 요청을 서버에 보내고 서버는 이에 대한 응답을 돌려줍니다. 따라서 이런 상황은 GET 요청을 `/hello`에 보냈을 때 함수가 호출된다고 할 수 있습니다.

브라우저가 서버에 보낼 수 있는 요청은 GET 외에도 POST, PATCH, DELETE 등 종류가 다양합니다. 이번에는 GET 요청 말고 POST 요청을 사용합시다.

GET 요청은 콘텐츠를 서버에 요청할 때 사용합니다. 브라우저에서 `/hello`에 접속한다는 말은 서버에 `/hello`의 콘텐츠를 요청한다는 의미이기도 합니다.

GET 요청에서 콘텐츠를 요청할 수는 있지만 그 이상의 정보를 포함할 수 없습니다. 예를 들어 지금까지 만든 예제 앱에서는 작업 목록의 내용을 요청할 수는 있지만, 지정한 이름의 작업 추가하기나 삭제하기 같은 요청은 할 수 없습니다.

따라서 POST 요청으로 이런 처리를 서버에 요청합니다. POST 요청은 GET 요청과 다르게 추가 정보를 포함할 수 있습니다.

10.2.5.2 POST 요청 버튼 배치하기

HTML을 수정해 작업을 추가하는 POST 요청을 보낼 수 있도록 만들어 봅시다.

`<form>` 태그에 `<button type="submit" ...>` 형식으로 버튼을 추가하면 버튼을 클릭할 때 POST 요청을 보낼 수 있습니다. 구체적인 방법은 다음과 같습니다.

```
<form action="/update" method="post">
    <ul>
```

```
    {% for task in tasks %}
    <li>
        {{ task }}<button type="submit" name="id" value="{{ task }}">
          Done
        </button>
    </li>
    {% endfor %}
    </ul>
</form>
```

이렇게 작성하면 name="id" value="**작업명**"의 POST 요청을 /update에 보낼 수 있습니다. 이 내용을 todo.html에 추가합시다.

```
<html>
    <head>
        <title>TODO</title>
    </head>
    <body>
        <form action="/update" method="post">
          <ul>
            {% for task in tasks %}
            <li>
              {{ task }}<button type="submit" name="id" value="{{ task }}">
                Done
              </button>
            </li>
            {% endfor %}
          </ul>
        </form>
    </body>
</html>
```

10.2.5.3 POST 요청 받기

POST 요청을 받는 부분을 러스트에서 구현합시다. GET 요청을 받을 때는 #[get(...)]을 사용했지만, POST 요청을 받을 때는 #[post(...)]를 사용합니다. /update에서 POST 요청을 받는 함수를 GET 요청을 받는 함수를 바탕으로 작성하면 다음과 같은 형태가 됩니다.

```
use actix_web::post;

#[post("/update")]
```

```
async fn update(pool: web::Data<SqlitePool>) -> HttpResponse {
    ...
}
```

POST 요청은 요청 안에 추가 정보를 담을 수 있습니다. 이런 기능을 사용할 수 있게 serde 크레이트를 설치해 둡니다.

Cargo로 설치하거나

```
$ cargo add serde --features "derive"
```

Cargo.toml을 직접 수정해 설치합니다.

```
[dependencies]
serde = { version = "1.0.219", features = ["derive"] }
```

이 크레이트를 사용해 id라는 이름으로 문자열을 전달하는 POST 요청을 받는 함수는 다음과 같이 작성할 수 있습니다.

```
#[derive(serde::Deserialize)]
struct Task {
    id: String,
}

#[post("/update")]
async fn update(pool: web::Data<SqlitePool>, form: web::Form<Task>) ->
HttpResponse {
    ...
}
```

Form 안에 전달받을 구조체를 넣으면 POST 요청을 받을 수 있습니다. 또한 전달받을 구조체는 serde::Deserialize를 derive해야 합니다. Form은 into_inner() 함수가 있으므로 이를 통해 내용을 꺼낼 수 있습니다.

시험 삼아 POST 요청을 받으면 id를 출력하고 panic을 발생시키는 코드를 구현해 봅시다.

```
// 생략
use actix_web::post;
```

```
#[derive(serde::Deserialize)]
struct Task {
    id: String,
}

#[post("/update")]
async fn update(pool: web::Data<SqlitePool>, form: web::Form<Task>) ->
HttpResponse {
    let task = form.into_inner();
    panic!("작업명: {}", task.id);
}

// 생략
async fn main() -> std::io::Result<()> {
    // 생략
    HttpServer::new(move || {
        App::new()
            .service(hello)
            .service(todo)
            .service(update)
            .app_data(web::Data::new(pool.clone()))
    })
    // 생략
}
```

웹 앱을 재시작하고 Done 버튼을 클릭해 봅시다. panic이 발생하면 처리가 중단되고 오류 메시지가 출력되는데, 메시지를 보면 작업명이 표시되어 있을 것입니다.

10.2.5.4 작업 삭제하기

update 함수에서 받은 작업을 데이터베이스에서 삭제하는 기능을 구현합시다. task 값을 지정해 데이터베이스에서 삭제하는 SQL 쿼리는 다음과 같이 만들 수 있습니다. tasks 테이블에서 task = "작업명"을 만족하는 레코드를 삭제한다는 의미입니다.

```
DELETE FROM tasks WHERE task = "작업명"
```

이때 작업명에는 고정된 값이 아니라 사용자에게 받은 값을 지정하려고 합니다. SQLite에서는 먼저 쿼리를 작성해 두고 나중에 값을 채우고 싶은 부분에 ?를 지정할 수 있습니다.

따라서 삭제 쿼리는 다음과 같이 쓸 수 있습니다.

```
DELETE FROM tasks WHERE task = ?
```

이 쿼리를 sqlx로 구현한 다음, 전달 받은 task의 id를 넣어 실행하는 코드는 다음과 같습니다.

```
#[post("/update")]
async fn update(pool: web::Data<SqlitePool>, form: web::Form<Task>) ->
HttpResponse {
    let task = form.into_inner();

    sqlx::query("DELETE FROM tasks WHERE task = ?")
        .bind(&task.id)
        .execute(pool.as_ref())
        .await
        .unwrap();
    HttpResponse::Ok().finish()
}
```

이제 웹 앱을 재시작하고 Done 버튼을 클릭해 봅시다. 빈 화면이 표시되는 /update 주소로 이동했다가 다시 /로 돌아오면 Done 버튼을 클릭한 작업이 사라져 있는 작업 목록 화면이 표시됩니다.

10.2.5.5 작업 추가하기

작업을 삭제할 수 있게 되었으니 추가 기능도 구현해 봅시다. todo.html을 다음과 같이 수정하고 작업을 추가할 텍스트 박스를 표시합니다.

```
<html>
<head>
    <title>TODO</title>
</head>
<body>
    <form action="/update" method="post">
      <ul>
        {% for task in tasks %}
        <li>
          {{ task }}<button type="submit" name="id" value="{{ task }}">
            Done</button>
        </li>
```

```
        {% endfor %}
      </ul>
      <input type="text" name="task" />
      <button type="submit">추가</button>
    </form>
</body>
</html>
```

웹 앱을 재시작하여 텍스트 박스가 표시되는지 확인합니다.

텍스트를 입력하고 **추가** 버튼을 누릅니다. 다음과 같은 오류 메시지가 표시될 것입니다.

```
Parse error: missing field `id`.
```

이 오류는 전달 받은 POST 요청에서 Task를 불러오려고 했지만 id라는 String 타입 필드가 요청에 없다는 오류입니다.

템플릿을 살펴봅시다. 작업을 삭제하는 버튼은 다음과 같습니다.

```
<button type="submit" name="id" value="{{ task }}">Done</button>
```

이 버튼을 누르면 id라는 이름과 "{{ task }}"라는 작업 이름을 삭제 처리 대상으로 전달합니다. 한편 작업을 추가하는 부분은 다음과 같습니다.

```
<input type="text" name="task" />
<button type="submit">추가</button>
```

이 버튼을 누르면 텍스트 박스에 입력된 내용을 task 이름으로 서버에 전달합니다. 즉 지금은 다음처럼 두 가지의 POST 요청을 전달할 수 있습니다.

- name="id"로 작업명을 전달합니다.
- name="task"로 입력된 텍스트를 전달합니다.

따라서 id만 전달되는 경우와 task만 전달되는 경우 모두 대응해야 하기 때문에 Task를 다음처럼 수정합니다.

```
#[derive(serde::Deserialize)]
```

```
struct Task {
    id: Option<String>,
    task: Option<String>,
}
```

id가 전송될 때만 작업을 삭제하도록 update를 수정합니다.

```
#[post("/update")]
async fn update(pool: web::Data<SqlitePool>, form: web::Form<Task>) ->
HttpResponse {
    let task = form.into_inner();

    match task.id {
        Some(id) => {
            sqlx::query("DELETE FROM tasks WHERE task = ?")
                .bind(id)
                .execute(pool.as_ref())
                .await
                .unwrap();
        }
        None => {}
    }
    HttpResponse::Ok().finish()
}
```

이제 작업을 추가할 수 있도록 수정해 봅시다. 테이블에 새로운 레코드를 추가하는 SQL은 다음과 같습니다.

```
INSERT INTO tasks (task) VALUES (?)
```

이 SQL task가 전달될 때만 작업을 추가하도록 update를 수정합니다.

```
#[post("/update")]
async fn update(pool: web::Data<SqlitePool>, form: web::Form<Task>) ->
HttpResponse {
    let task = form.into_inner();
    if let Some(id) = task.id {
        sqlx::query("DELETE FROM tasks WHERE task = ?")
            .bind(id)
            .execute(pool.as_ref())
            .await
            .unwrap();
```

```
    }
    match task.task {
        Some(task) => {
            sqlx::query("INSERT INTO tasks (task) VALUES (?)")
                .bind(task)
                .execute(pool.as_ref())
                .await
                .unwrap();
        }
        None => {}
    }
    HttpResponse::Ok().finish()
}
```

참고로 `if let Some(id) = task.id`는 `Option` 타입인 `task.id`에 값이 있을 때만 실행되는 `if` 문 기법입니다. 이런 표기법은 `Option` 타입뿐만 아니라 `Result` 타입을 비롯한 열거형에서도 사용할 수 있습니다.

웹 앱을 재시작해 텍스트 박스에 작업명을 입력하고 **추가** 버튼을 눌러 봅시다. 이제 브라우저에서 문제없이 작업이 추가되는 것을 확인할 수 있습니다.

다시 Done 버튼을 눌러 봅시다. 선택한 작업은 문제없이 삭제되지만 이번에는 작업명이 비어 있는 새로운 작업이 추가되는 문제가 발생합니다. 이는 Done 버튼을 눌렀을 때도 텍스트 박스 내용이 전달되고, 작업을 삭제한 후 이어진 처리에서 `task`가 `Some("")`인 상태가 되어 `INSERT` 쿼리가 실행되기 때문입니다.

이런 문제를 방지하기 위해 `task`가 빈 문자열이 아닐 때만 `INSERT` 쿼리를 실행하도록 수정합니다.

```
#[post("/update")]
async fn update(pool: web::Data<SqlitePool>, form: web::Form<Task>) ->
HttpResponse {
    let task = form.into_inner();

    if let Some(id) = task.id {
        sqlx::query("DELETE FROM tasks WHERE task = ?")
            .bind(id)
            .execute(pool.as_ref())
            .await
            .unwrap();
    }
    match task.task {
        Some(task) if !task.is_empty() => {
```

```
            sqlx::query("INSERT INTO tasks (task) VALUES (?)")
                .bind(task)
                .execute(pool.as_ref())
                .await
                .unwrap();
        }
        _ => {}
    }
    HttpResponse::Ok().finish()
}
```

이제 Done 버튼을 클릭해도 더 이상 이름 없는 작업이 추가되지 않습니다.

10.2.5.6 최상위 페이지로 돌아가기

작업 생성과 삭제를 하면 아무것도 표시되지 않는 /update 페이지로 이동해 매번 사용자가 다시 최상위 페이지 /로 돌아와야 합니다. 이런 불편한 부분을 수정해 /update 페이지에서 사용자를 자동으로 /로 이동시켜 봅시다.

/update 마지막 부분을 다음처럼 변경하면 페이지 이동을 구현할 수 있습니다.

```
    HttpResponse::Found()
        .append_header(("Location", "/"))
        .finish()
```

정리

지금까지 구현한 내용을 모두 정리한 전체 코드입니다.

```
use actix_web::{
    App, HttpResponse, HttpResponseBuilder, HttpServer, get,
    http::StatusCode, post, web,
};
use askama::{Error, Template};
use sqlx::{Row, SqlitePool};

fn into_response<T: askama::Template>(tmpl: &T) -> HttpResponse {
    try_into_response(tmpl).unwrap_or_else(|err| HttpResponse::
        from_error(err.into_io_error()))
}

fn try_into_response<T: askama::Template>(tmpl: &T) ->
```

```
        Result<HttpResponse, Error> {
    let value = tmpl.render()?;
    Ok(HttpResponseBuilder::new(StatusCode::OK)
        .content_type("text/html; charset=UTF-8")
        .body(value))
}

#[derive(Template)]
#[template(path = "hello.html")]
struct HelloTemplate {
    name: String,
}

#[get("/hello/{name}")]
async fn hello(name: web::Path<String>) -> HttpResponse {
    let hello = HelloTemplate {
        name: name.into_inner(),
    };
    into_response(&hello)
}

#[derive(Template)]
#[template(path = "todo.html")]
struct TodoTemplate {
    tasks: Vec<String>,
}

#[get("/")]
async fn todo(pool: web::Data<SqlitePool>) -> HttpResponse {
    let rows = sqlx::query("SELECT task FROM tasks;")
        .fetch_all(pool.as_ref())
        .await
        .unwrap();
    let tasks: Vec<String> = rows
        .iter()
        .map(|row| row.get::<String, _>("task"))
        .collect();
    let todo = TodoTemplate { tasks };
    into_response(&todo)
}

#[derive(serde::Deserialize)]
struct Task {
    id: Option<String>,
    task: Option<String>,
}

#[post("/update")]
```

```
async fn update(pool: web::Data<SqlitePool>, form: web::Form<Task>) ->
        HttpResponse {
    let task = form.into_inner();

    if let Some(id) = task.id {
        sqlx::query("DELETE FROM tasks WHERE task = ?")
            .bind(id)
            .execute(pool.as_ref())
            .await
            .unwrap();
    }
    match task.task {
        Some(task) if !task.is_empty() => {
            sqlx::query("INSERT INTO tasks (task) VALUES (?)")
                .bind(task)
                .execute(pool.as_ref())
                .await
                .unwrap();
        }
        _ => {}
    }

    HttpResponse::Found()
        .append_header(("Location", "/"))
        .finish()
}

#[actix_web::main]
async fn main() -> std::io::Result<()> {
    let pool = SqlitePool::connect("sqlite::memory:").await.unwrap();
    sqlx::query("CREATE TABLE tasks (task TEXT);")
        .execute(&pool)
        .await
        .unwrap();

    sqlx::query("INSERT INTO tasks (task) VALUES ('작업1');")
        .execute(&pool)
        .await
        .unwrap();
    sqlx::query("INSERT INTO tasks (task) VALUES ('작업2');")
        .execute(&pool)
        .await
        .unwrap();
    sqlx::query("INSERT INTO tasks (task) VALUES ('작업3');")
        .execute(&pool)
        .await
        .unwrap();
```

```
    HttpServer::new(move || {
        App::new()
            .service(hello)
            .service(todo)
            .service(update)
            .app_data(web::Data::new(pool.clone()))
    })
    .bind(("127.0.0.1", 8080))?
    .run()
    .await
}
```

이 장에서 다음 내용을 배웠습니다.

- 브라우저에서 요청을 받아 처리하는 방법
- 데이터베이스와 웹 앱을 연결하는 방법
- 처리한 결과를 데이터베이스에 저장하는 방법

이는 실제로 웹 앱 개발 현장에서도 많이 사용하는 방법입니다. 이번에 작성한 앱에도 더 많은 정보를 데이터베이스에 저장하려면 어떻게 해야 할지, 다양한 요청을 받으려면 어떻게 해야 하는지 등 고민할 부분이 많습니다. 직접 만든 앱을 스스로 고치며 더욱 발전시켜 실제 현장에서도 응용할 수 있는 실력을 키워 봅시다.

11장

R u s t P r o g r a m m i n g

직접 만든 웹 앱 공개하기 [TODO 앱]

10장에서 actix-web으로 웹 앱을 만들었습니다. 하지만 지금은 cargo run을 실행한 자신의 PC에서만 볼 수 있습니다. 인터넷에 공개된 일반적인 웹 앱은 누구나 접근할 수 있는 곳에서 실행됩니다.

11장에서는 직접 만든 웹 앱을 전 세계에 공개하는 과정을 배워 봅니다.

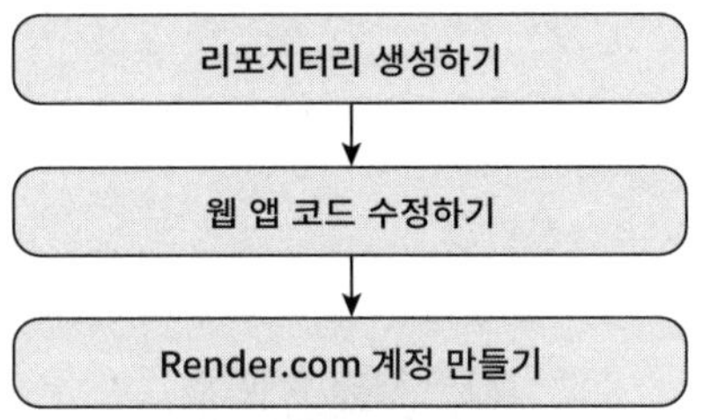

그림 11-0 TODO 앱을 배포하는 과정

11.1 사전 준비

웹 앱을 공개하려면 몇 가지 사전 지식이 필요합니다.

먼저 관련 지식을 배우고 이런 지식을 활용해 이 장 마지막에서 웹 앱을 공개해 보겠습니다.

이번에 사용할 도구와 서비스는 다음과 같습니다.

- 깃(Git)
- 깃허브(GitHub)
- Render

11.2 깃 리포지터리 작성

만든 웹 앱을 공개할 때는 미리 소스 코드를 깃허브에 동기화하면 편리합니다. 7장에서 리포지터리의 생성과 공개를 배웠습니다. 이번에는 설정하는 항목이 적지만 더 간단하게 리포지터리를 작성하는 방법을 소개합니다.

브라우저에서 *https://github.com*의 오른쪽 위에 있는 + 버튼을 클릭해 New repository를 클릭합니다.

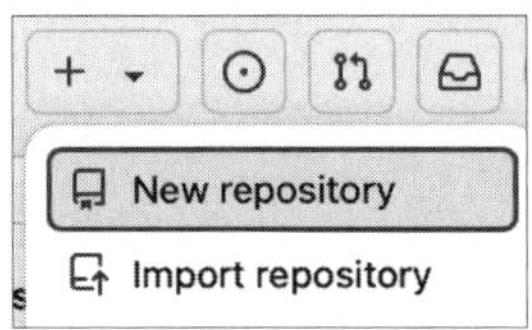

그림 11-1 리포지터리 생성하기

리포지터리 이름을 입력합니다. 예제에서는 rust-web-app을 입력했습니다.

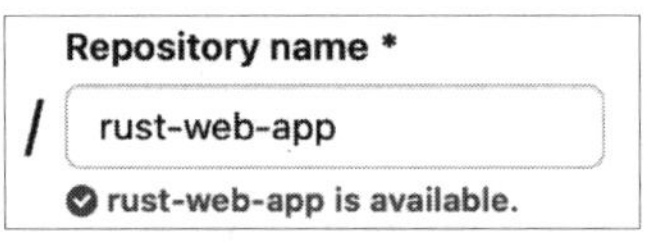

그림 11-2 리포지터리 이름 입력하기

Create repository 버튼을 클릭합니다.

그림 11-3 리포지터리 생성 버튼 누르기

이제 리모트 리포지터리가 생성되었습니다.

이제 10장에서 작성한 소스 코드가 있는 디렉터리로 이동합니다.

```
$ cd <디렉터리 경로>
$ git init
$ git add .
$ git commit -m "initial commit"
$ git branch -M main
$ git remote add origin https://github.com/<사용자명>/rust-web-app.git
$ git push -u origin main
```

명령어는 한 번에 하나씩 실행합니다.

이제 10장에서 작성한 `main.rs`를 에디터에서 엽니다.

```
#[actix_web::main]
async fn main() -> std::io::Result<()> {
    // 생략
    HttpServer::new(move || {
        App::new()
            .service(hello)
            .service(todo)
            .service(update)
            .app_data(web::Data::new(pool.clone()))
    })
    .bind(("127.0.0.1", 8080))?
    .run()
    .await
}
```

이번에는 나중에 설명할 Render로 웹 앱을 공개할 수 있도록 `bind` 메서드 인수를 수정합니다.[1]

```
#[actix_web::main]
async fn main() -> std::io::Result<()> {
    HttpServer::new(move || {
        App::new()
            .service(hello)
            .service(todo)
            .service(update)
            .app_data(web::Data::new(pool.clone()))
    })
    .bind(("0.0.0.0", 10000))?  // 수정
    .run()
    .await
}
```

변경 내용을 리모트 리포지터리에 push(업로드)합니다.

```
$ git add .
$ git commit -m "change port number"
$ git push -u origin main
```

1 (옮긴이) 호스트명을 127.0.0.1(localhost)에서 0.0.0.0으로 변경했는데, 0.0.0.0은 모든 네트워크 인터페이스 주소를 포함하기 때문입니다. 이처럼 외부에 공개할 웹 서비스라면 0.0.0.0을 이용합니다.

11.3 Render.com 등록하기

Render.com은 작성한 웹 앱을 간단히 공개할 수 있는 서비스입니다. 개인 사용자나 소규모 비즈니스 대상으로 무료 제공되므로 공부할 때 무척 편리합니다.

*https://render.com/*에 접속해 계정을 등록해 봅시다.

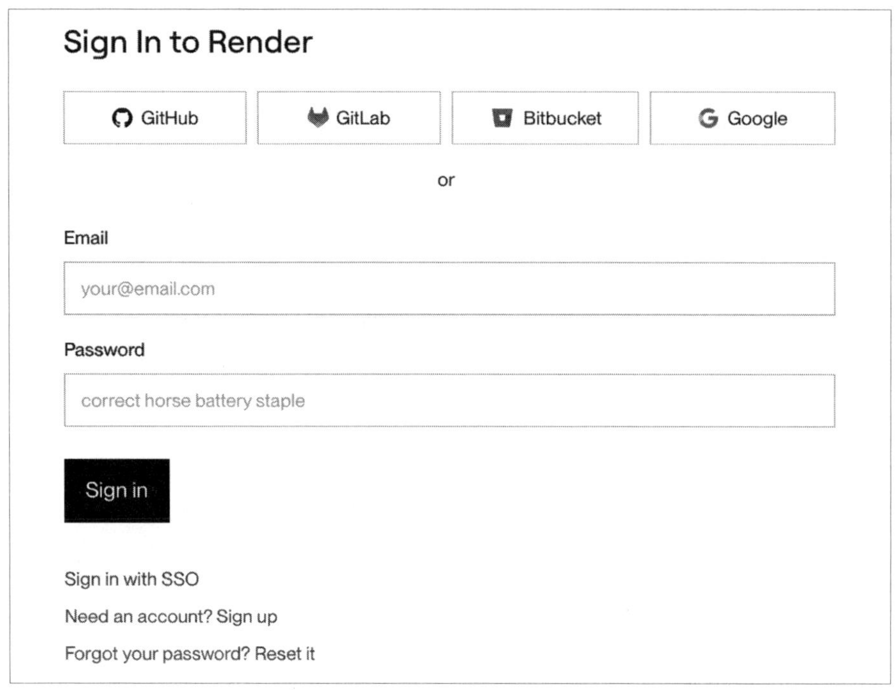

그림 11-4 계정 생성하기

GitHub를 선택해 계정을 생성합니다.[2]

*https://dashboard.render.com/*에 접속해 대시보드를 엽니다.

그림 11-5 New 선택하기

New 버튼을 클릭합니다.

2 (옮긴이) 구글이나 다른 서비스를 선택해 계정을 생성할 수도 있습니다. 다만 예제 리포지터리에 접근하려면 깃허브 계정을 별도로 연결해야 합니다.

Web Service를 클릭합니다.

그림 11-6 Web service 선택하기

방금 전에 작성한 rust-web-app 리포지터리를 선택합니다.

그림 11-7 리포지터리 선택하기

아래로 스크롤해 Language가 Rust인지 확인합니다.

그림 11-8 언어 선택

아래로 다시 스크롤해 Instance Type을 Free로 선택합니다.

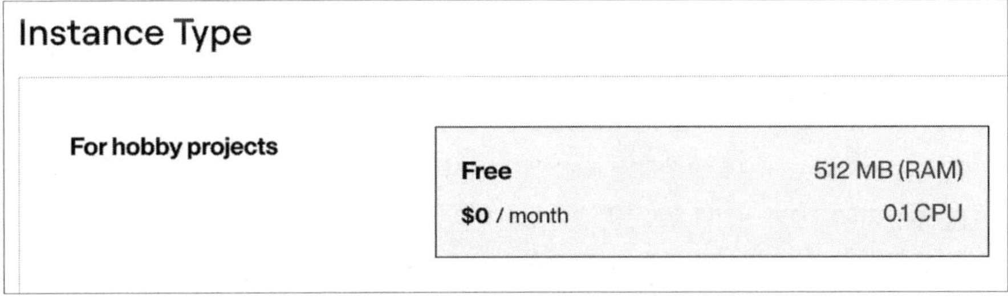

그림 11-9 Instance Type 선택하기

마지막에 있는 Deploy Web Service 버튼을 클릭합니다.

그림 11-10 Deploy Web Service 버튼 클릭하기

자동으로 컴파일과 배포가 진행되므로 완료 메시지가 표시될 때까지 기다립니다. 작업이 끝나면 화면에 표시된 URL에 접속해 배포된 웹 서비스를 확인할 수 있습니다.

그림 11-11 웹 서비스 배포하기

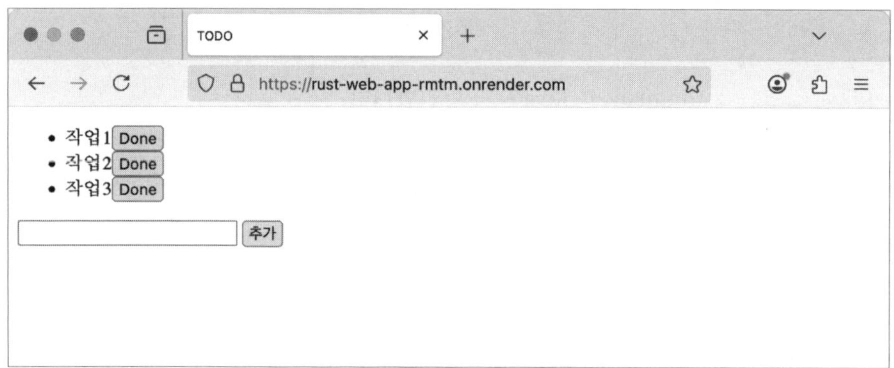

그림 11-12 배포된 웹 서비스에 접속하기

☑ 다양한 클라우드 서비스

이번에는 Render.com으로 웹 앱을 공개하는 방법을 배웠습니다. 소규모 시스템이라면 무료로 사용할 수 있지만 규모가 커지면 유료 플랜을 구매하거나 다른 클라우드 서비스를 사용해야 합니다.

그 외에도 다음의 클라우드 서비스가 유명합니다.

- Amazon Web Services(AWS)
- Google Cloud Platform(GCP)
- Microsoft Azure

이런 클라우드 서비스는 웹 앱 공개에 필요한 기능뿐만 아니라 데이터 분석, 머신러닝, 에디터 같은 개발 환경까지 광범위한 서비스를 제공합니다. 수많은 소프트웨어 기업이 이런 클라우드 서비스로 개발 효율성을 높이고 있습니다. 이번 기회에 꼭 한번 도전해 보기 바랍니다.

12장

R u s t P r o g r a m m i n g

병렬 처리 다루기 [썸네일 생성 프로그램]

엔지니어라면 프로그램 실행 속도를 높이고 싶을 때가 종종 있습니다. 야간 점검 시간을 단축하거나 서비스 대량 접속을 견딜 수 있도록 대응하는 작업 등이 그 예입니다.

12장에서는 이미지 썸네일 생성 도구를 만들면서 프로그램 처리 속도를 높일 수 있는 수단 중 하나인 병렬 처리를 배웁니다.

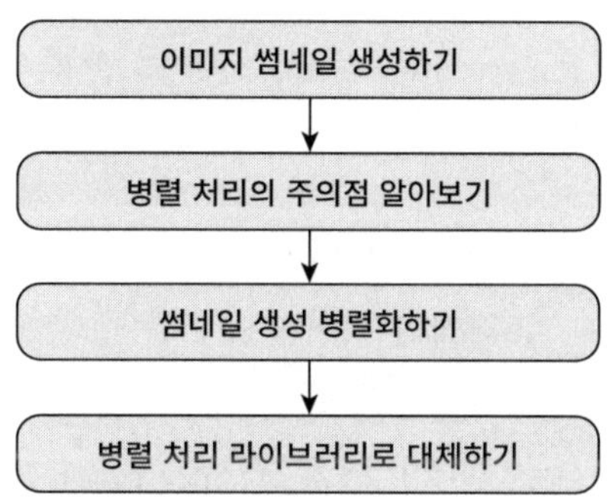

그림 12-0 이미지 처리 도구를 만드는 과정

12.1 썸네일 생성 프로그램 만들기

1장에서 설명했지만 러스트는 실행 속도가 빠른 프로그래밍 언어입니다. 하지만 그렇다고 그 어떤 무거운 처리도 순식간에 끝낸다는 뜻은 아닙니다. 무거운 처리를 더 빠르게 실행하려면 여러 공정이 필요합니다.

실용적인 웹 서버를 구축하려면 클라이언트 요청을 하나씩 처리하는 방식으로는 도저히 감당할 수 없습니다. 따라서 동시에 여러 요청을 처리하도록 만들어야 합니다.

이러한 실행 속도를 빠르게 하는 **병렬**(parallelism) **처리**와 동시에 여러 처리를 실행하는 **병행**(concurrency) **처리**는 원래 서로 다른 개념입니다. 하지만 병렬 처리 역시 동시에 여러 처리를 실행해 실행 속도를 빠르게 한다는 점에서 서로 비슷하며 혼동하기 쉽습니다.

따라서 이 장에서 이미지 썸네일 생성 도구를 병렬 처리하여 속도를 향상시키면서 병렬 처리와 병행 처리에서 고려해야 하는 대표적인 문제를 살펴보고자 합니다.

12.1.1 병렬 처리 프로그램 작성하기

먼저 폴더에 있는 모든 이미지의 썸네일을 생성하는 명령줄 도구를 병렬화 없이 만들어 봅시다.

러스트에서 이미지 파일을 간단히 다루기에는 `image` 크레이트가 편리합니다. 명령줄 도구를 작성하므로 새 프로젝트를 생성하고 6장에서 설명한 `clap`도 함께 추가합니다.

```
$ cargo new thumbnail-tool
$ cd thumbnail-tool
$ cargo add image
$ cargo add clap --features derive
```

`image` 크레이트의 `DynamicImage`에는 이미지 파일 읽기, 저장, 크기 변경, 썸네일 생성 같은 기능이 있습니다. 본격적인 이미지 처리를 하기엔 조금 부족하지만 부담 없이 사용할 수 있습니다.

병렬 처리를 고려하지 않은 썸네일 생성 도구는 다음과 같이 만들 수 있습니다.

```
use clap::Parser;
use std::{
    fs::{create_dir_all, read_dir},
    path::PathBuf,
};

#[derive(Parser)]
struct Args {
    /// 썸네일 작성 대상 이미지 폴더
    input: PathBuf,
```

```
    /// 썸네일을 저장할 폴더
    output: PathBuf,
}

fn main() {
    let args = Args::parse();

    // 출력 대상 폴더 작성
    create_dir_all(&args.output).unwrap();

    let mut processed_count = 0;
    for item in read_dir(&args.input).unwrap() {
        let item = item.unwrap();
        let input_path = item.path();
        if input_path.is_dir() {
            // 폴더는 대상에서 제외
            continue;
        }

        let img = image::open(&input_path);  // 이미지 파일 읽기
        if let Ok(img) = img {
            let thumbnail = img.thumbnail(64, 64);  // 썸네일 만들기
            let output_path = args.output.join(input_path.file_name().
                                                  unwrap());
            thumbnail.save(output_path).unwrap();  // 파일 저장
            processed_count += 1;
        }
    }

    println!("Processed {} images", processed_count);
}
```

read_dir 함수는 폴더 안의 파일과 폴더를 모두 나열하는 함수입니다. 폴더는 이미지 파일이 아니므로 썸네일 생성 대상에서 제외하는 것을 잊지 않아야 합니다.

image::open 이후는 썸네일을 생성하는 주요 처리 코드입니다. image::open 함수로 이미지 파일을 엽니다. 이 함수는 Result<DynamicImage, ImageError> 타입을 반환합니다. 이어서 DynamicImage 타입의 thumbnail 메서드로 썸네일 이미지 데이터를 작성하고 파일을 저장합니다.

main 함수의 앞부분은 create_dir_all 함수로 출력 대상 폴더를 생성합니다. 러스트에서 파일을 생성할 때 파일을 저장할 폴더까지 함께 작성할 수는 없으므로 파일을 저장할 폴더를 미리 만들어 두지 않으면 실행 시 오류가 발생합니다.

마지막으로 이미지 파일을 몇 장 처리했는지 출력합니다.

실행해 보겠습니다. 컴퓨터에 있는 이미지 파일을 사용해도 되고 아니면 머신러닝용 이미지 데이터세트를 사용해도 됩니다.[1] 예시에서는 Open Images Dataset에서 제공하는 validation 데이터를 사용합니다.

여러분도 같은 데이터로 실험하려면 다음과 같은 순서로 다운로드하면 됩니다. 데이터세트에 포함된 이미지 데이터는 12GB 정도이므로 데이터 용량에 주의하기를 바랍니다.

1. *https://aws.amazon.com/ko/cli/*에 접속해 설명에 따라 AWS CLI를 설치합니다.
2. 터미널(명령 프롬프트)에서 다음 명령어를 실행해 다운로드합니다.

```
$ aws s3 --no-sign-request sync s3://open-images-dataset/validation
```

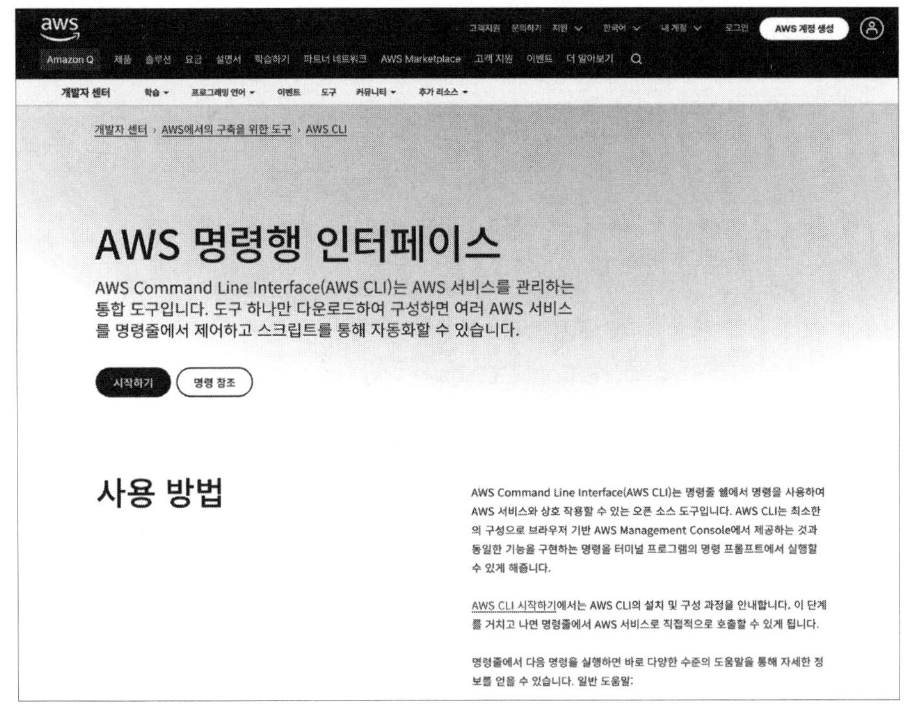

그림 12-1 AWS CLI 홈페이지

프로그램 실행에 걸린 시간을 측정하는 데는 `time` 명령어가 편리합니다. 이 명령어는 인수로 지정한 명령어를 실행하고 시작과 종료까지 걸린 시간을 출력합니다.

1 아이폰이나 아이패드에서 촬영한 HEIC 형식 이미지는 image 크레이트에서 처리할 수 없습니다.

```
$ cargo build --release
$ time ./target/release/thumbnail input output
Processed 41620 images
./target/release/thumbnail input output  415.67s user 65.20s system 120%
cpu 6:40.01 total
```

마지막에 출력된 내용이 time 명령어 실행 결과입니다. 숫자 4개가 나열되는데 주목할 부분은 마지막 total 앞의 6:40.01입니다. 이 값은 명령어 실행에 6분 40.01초, 즉 약 400초가 걸렸다는 뜻입니다. 참고로 명령어 실행 시간은 입력 데이터 크기와 컴퓨터 사양에 따라 크게 달라지므로 예제 결과는 참고용으로 보기 바랍니다.

이제 이 프로그램을 병렬 처리하여 속도를 향상시켜 봅시다.

☑ 프로그램의 직접 실행

실행 예시에서는 time 명령어로 프로그램 실행하기 전에 빌드부터 했습니다. time 명령어가 명령어 내용과 관계없이 명령어 실행 시작부터 종료까지 걸린 시간을 출력하기 때문입니다. 즉 프로그램 컴파일에 필요한 시간을 측정에서 제외하려는 목적입니다.

지금까지 cargo run으로 프로그램 빌드와 실행을 동시에 하는 경우가 많았는데 빌드와 실행은 따로따로 할 수 있습니다.

cargo build로 빌드하면 Cargo.toml과 같은 계층에 있는 target 폴더 안의 debug 폴더에 프로젝트명과 같은 이름의 실행 파일이 만들어집니다. 이번에는 thumbnail-tool이 프로젝트명이므로 ./target/debug/thumbnail-tool 실행 파일로 실행할 수 있습니다.

예제의 cargo build --release는 최적화를 활성화해 빌드하는 명령어입니다. 최적화를 활성화한 빌드를 릴리스 빌드, 비활성화한 빌드를 디버그 빌드라고 합니다. 대부분의 릴리스 빌드는 디버그 빌드에 비해 실행 속도가 빠르고 메모리 사용량과 실행 파일 크기도 작습니다.

참고로 실행 파일은 자동으로 빌드되지 않으므로 소스 코드를 수정한 후 cargo build 또는 cargo build --release를 잊지 말고 실행해야 새 실행 파일이 만들어집니다.

☑ 성능 측정 시 주의점

프로그램 실행 시간은 컴퓨터에서 실행 중인 다른 프로그램의 영향을 많이 받습니다. 예를 들어 처리에 시간이 걸리는 프로그램을 실행하는 중에 웹 브라우저로 동영상을 보거나 SNS를 확인할 때가 있는데 이로 인한 부하도 실행 시간에 영향을 주는 요인 중 하나입니다.

백그라운드에서 실행되는 프로그램의 영향을 완전히 배제하기 어려우므로 아무리 조심해도 실행할 때마다 프로그램 실행 시간에 차이가 발생할 수밖에 없습니다.

따라서 프로그램이 얼마나 빨라졌는지 측정할 때는 프로그램을 한 번만 실행한 결과 시간을 보고 판단하기 보다 일정한 횟수(예를 들어 10회)만큼 반복 실행해 얻은 평균값으로 판단하면 좋습니다.

12.2 병렬 처리 시작하기

병렬 처리로 속도를 향상하기 전에 병렬 처리와 병행 처리를 할 때 어떤 문제를 고려해야 하는지 간단한 예제로 살펴보겠습니다.

12.2.1 1을 10억 번 더하기

일반적인 프로그래밍 언어에서 병렬 처리와 병행 처리를 구현하면 이해하기 어려운 현상이 발생할 수 있습니다. 러스트는 안전성이 높은 설계 덕분에 이런 상황이 쉽게 일어나지 않지만 러스트에 구현된 안전장치를 강제로 해제하면 생길 수 있는 일입니다.

앞 절의 썸네일 생성 처리는 문제가 발생해도 알기 어려우므로 좀 더 단순한 예제인 1을 10억 번 더하는 처리를 통해 확인해 봅시다.

먼저 병렬 처리(병행 처리)가 아니라 지금까지 해 온 것처럼 단순한 코드를 구현해 실행해 봅시다. 프로젝트를 구분할 수 있도록 parallel-add라는 신규 프로젝트를 작성합니다.

```
fn main() {
    let mut counter = 0;
    for _ in 0..10_0000_0000 {
        counter += 1;
    }
    println!("counter = {counter}");
}
```

2장에서 작성한 `Hello, world!`만큼이나 단순한 프로그램입니다. 세 번째 줄의 `10_0000_0000`은 큰 숫자를 알기 쉽게 네 자리마다 자릿수 구분을 넣었습니다. 러스트는 _로 상수에 자유롭게 자릿수 구분을 넣을 수 있습니다.

프로그램을 디버그 빌드해 실행합니다. 릴리스 빌드를 하면 최적화 결과로 for 반복문 대신에 단순히 counter = 1000000000이라고 표시하기만 하는 프로그램이 되기 때문에 검증할 수 없으므로 주의하기 바랍니다.

실행하면 다음처럼 표시됩니다.

```
$ cargo build
$ time ./target/debug/parallel-add
counter = 1000000000
./target/debug/parallel-add  3.48s user 0.00s system 84% cpu 4.131 total
```

1을 10억 번 더하므로 counter 값은 당연히 10억이 됩니다. 지금은 별다른 문제가 발생하지 않습니다.

12.2.2 이상한 덧셈

이어서 병렬 처리 때문에 발생하는 이해하기 어려운 상황에 대해 알아봅시다.

병렬 처리의 원시적인 방법은 **스레드**를 여러 개 생성하는 방법입니다. 스레드는 컴퓨터 병렬 처리 단위 중 하나이고 이에 대응하는 개념은 **프로세스**입니다.

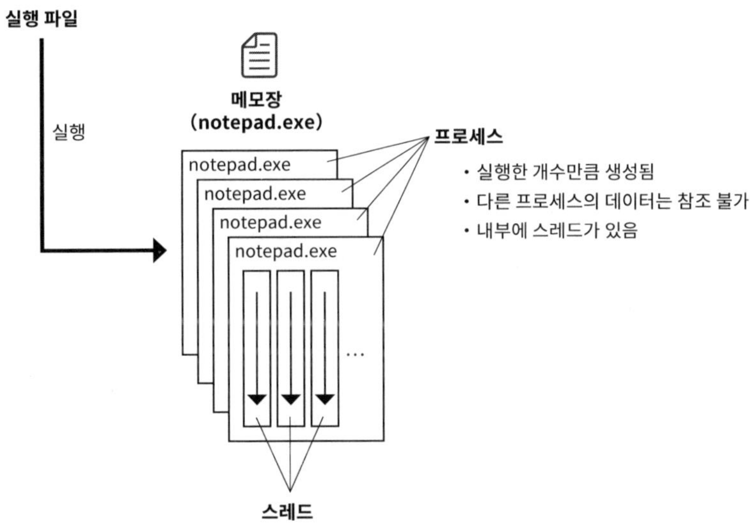

그림 12-2 스레드와 프로세스

프로세스는 실행 중인 프로그램 그 자체입니다. 명령줄로 프로그램 하나를 실행할 때마다 프로세스 하나가 생성됩니다. 그뿐 아니라 바탕화면에 있는 앱 아이콘을 더블 클릭해 프로그램을 실행해도 프로세스가 생성됩니다. 같은 프로그램을 동시에 실행하면 실행한 횟수만큼 프로세스가 생성됩니다.

여러 프로세스를 동시에 생성하는 방법으로도 병렬 처리를 할 수 있습니다. 하지만 프로세스 생성은 다소 무거운 처리이므로 처리 속도를 생각하면 여러 프로세스를 계속 생성하는 것은 별로 좋은 방법이 아닙니다. 그리고 프로세스끼리 직접 데이터를 읽고 쓸 수 없습니다.[2]

따라서 프로세스 안에서 실행되는 병렬 처리의 단위로 스레드를 사용합니다. 스레드는 프로세스보다 생성 속도가 빠르고 스레드끼리 데이터도 공유할 수 있습니다. 하지만 프로세스를 여러 개 생성하는 멀티 프로세스보다 스레드를 여러 개 생성하는 멀티 스레드 방식이 언제나 좋은 선택이라고 말하기는 어렵습니다. 접근 가능한 데이터 범위를 의도적으로 제한하거나 내결함성 향상 등 목적에 따라 두 방식을 함께 사용할 때가 더 많습니다.

스레드를 생성하려면 표준 라이브러리 `std::thread::spawn` 함수를 사용합니다. 먼저 스레드 4개에서 각각 1을 2.5억 번씩 더해 봅시다.

```
use std::thread;

static mut COUNTER: i32 = 0;

fn main() {
    let mut handles = vec![];
    for _ in 0..4 {
        handles.push(thread::spawn(|| {
            for _ in 0..2_5000_0000 {
                unsafe {
                    COUNTER += 1;
                }
            }
        }));
    }
    for handle in handles {
        handle.join().unwrap();
    }
```

2 프로세스 간 통신은 일반적으로 파이프(pipe) 방식을 이용합니다. 3장에서 설명한 표준 입력과 표준 출력은 파이프의 일종입니다.

```
    println!("counter = {}", unsafe { COUNTER })
}
```

8번째 줄에서 스레드를 생성합니다. thread::spawn 함수는 인수로 받은 클로저를 실행하는 스레드를 새로 생성하고 해당 스레드를 관리하는 핸들을 반환합니다. 핸들을 handles 배열에 추가하고 마지막으로 스레드가 처리를 끝낼 때까지 대기합니다.

main 함수 바깥에 static mut COUNTER: i32 = 0;이라는 처음 보는 구문이 있습니다. 프로그램 실행 중에 언제 어디서든 접근할 수 있는 정적(static) 변수를 선언하는 구문입니다. 불변 정적 변수라면 이상 현상이 발생하지 않으므로 일반적인 변수처럼 값을 읽을 수 있습니다. 하지만 가변 정적 변수는 이상 현상이 발생할 수 있으므로 unsafe { }로 감싸서 러스트 안전장치를 해제합니다.

☑ Unsafe Rust 맛보기

unsafe 블록이 모든 안전장치를 해제하는 것은 아닙니다. unsafe 블록은 '나는 컴파일러보다 똑똑해, 이 작업은 겉보기에는 위험해 보이지만 실제로는 안전하니 위험한 작업을 일부 허용해 줘.' 라는 뜻입니다.

따라서 컴파일러가 더 똑똑해지면 지금까지 컴파일할 수 있던 코드가 더 이상 컴파일되지 않을 수 있습니다. 실제로 static mut 부분은 앞으로 러스트 최신 버전에서는 컴파일되지 않을 가능성이 있습니다.

이런 장벽이 있으므로 unsafe 블록을 본격적으로 사용하려면 여러분이 초보자를 벗어나 컴파일러보다 똑똑해져 메모리 모델을 깊이 이해하게 되면 사용합시다.

프로그램을 실행하면 어떤 결과가 나올까요?

```
$ cargo build
$ time ./target/debug/parallel-add
counter = 265719232
./target/debug/parallel-add  5.97s user 0.01s system 301% cpu 1.982 total
```

결과가 이상합니다! 스레드 4개가 분담해 2.5억 번씩 더했으니 합계하면 1을 10억 번 더한 결과가 나와야 하는데 출력된 값은 그보다 훨씬 작습니다. 게다가 프로그램을 실행할 때마다 다른 결괏값이 출력됩니다. 이해하기 어려운 현상이란 이처럼 의도와 다르게 변숫값이 읽고 쓰이는 경우입니다.

12.2.3 배타적 제어로 안전한 데이터 동기화

이렇게 이해하기 어려운 현상이 발생하면 처리를 계속하기 곤란합니다. 이런 현상이 발생한 이유는 unsafe 블록으로 러스트 안전장치를 해제했기 때문입니다. 두 곳에 지정한 unsafe 블록을 제거(unsafe { 및 대응하는 }를 삭제)해 보겠습니다. 그러면 다음과 같이 컴파일 오류가 발생합니다.

```
error[E0133]: use of mutable static is unsafe and requires unsafe block
  --> src/main.rs:10:21
   |
10 |                     COUNTER += 1;
   |                     ^^^^^^^ use of mutable static
   |
   = note: mutable statics can be mutated by multiple threads: aliasing
violations or data races will cause undefined behavior
error[E0133]: use of mutable static is unsafe and requires unsafe block
  --> src/main.rs:17:31
   |
17 |     println!("counter = {}",  COUNTER)
   |                               ^^^^^^^ use of mutable static
   |
   = note: mutable statics can be mutated by multiple threads: aliasing
violations or data races will cause undefined behavior
For more information about this error, try `rustc --explain E0133`.
error: could not compile `parallel-add` (bin "parallel-add") due to 2
previous errors
```

컴파일 오류 2개가 발생했지만 둘 다 같은 내용입니다. 번역하면 다음과 같은 뜻입니다.

```
error[E0133]: 변경 가능한 static 변수의 사용은 unsafe하며 unsafe 블록이 필요합니다.
  --> src/main.rs:10:21
   |
10 |                     COUNTER += 1;
   |                     ^^^^^^^ 변경 가능한 static 변수 사용
   |
   = note: 변경 가능한 static 변수는 여러 스레드에 의해 변경될 수 있습니다: 별칭 위반
(aliasing)이나 데이터 경쟁(data race)은 정의되지 않은 작동을 유발할 수 있습니다.
```

note에 적힌 말처럼 여러 스레드에서 COUNTER 값을 변경해 최종값이 이상해졌습니

다. 그 뒷배경에는 **경쟁 상태**(race condition)가 있습니다.

경쟁 상태는 하나의 처리만 보면 제대로 작동하는 것처럼 보여도 여러 처리가 동시에 실행되면 어떤 처리의 결과가 사용되느냐에 따라 최종 처리 결과가 달라지는 상태를 말합니다.

예제 프로그램에서 `COUNTER += 1;`은 러스트 코드만 보면 더 이상 쪼갤 수 없는 처리처럼 보입니다. 하지만 실제로 컴퓨터에서 작동할 때는 다음 단계를 거칩니다.

1. 메모리에서 값을 읽어 옵니다.
2. 읽은 값에 1을 더합니다.
3. 더한 결과를 메모리에 씁니다.

문제는 값을 읽고 쓰기까지 시간차가 있다는 점입니다.

예를 들어 `COUNTER` 값이 100인 상태에서 시작했다고 합시다. 2개의 스레드가 운좋게 다음 순서처럼 읽기와 쓰기 사이에 어떤 스레드도 메모리에서 값을 읽지 않았다면 처리한 값은 올바른 값이 됩니다.

1. 스레드 A가 메모리에서 값을 읽습니다. (=100)
2. 스레드 A가 읽은 값에 1을 더합니다. (=101)
3. 스레드 A가 덧셈 결과를 메모리에 씁니다. (=101)
4. 스레드 B가 메모리에서 값을 읽습니다. (=101)
5. 스레드 B가 읽은 값에 1을 더합니다. (=102)
6. 스레드 B가 덧셈 결과를 메모리에 씁니다. (=102)

하지만 다음처럼 스레드 A가 메모리에 새로운 값을 쓰기 전에 다른 스레드가 이전 값을 읽어 버리면 이전 값을 사용한 계산 결과로 메모리를 덮어씁니다.

1. 스레드 A가 메모리에서 값을 읽습니다. (=100)
2. 스레드 A가 읽은 값에 1을 더합니다. (=101)
3. 스레드 B가 메모리에서 값을 읽습니다. (=100)
4. 스레드 B가 읽은 값에 1을 더합니다. (=101)
5. 스레드 A가 덧셈 결과를 메모리에 씁니다. (=101)
6. 스레드 B가 덧셈 결과를 메모리에 씁니다. (=101)

예제는 이런 현상이 4개의 스레드에서 발생했으므로 최종적인 COUNTER 값이 10억보다 훨씬 작은 숫자가 되었습니다.

이런 문제를 해결하려면 메모리에서 값을 읽고 쓰는 동안 다른 스레드가 메모리에서 값을 읽지 못하게 막으면 됩니다. 이렇게 어떤 처리가 동시에 여러 곳에서 실행되지 않도록 막는 것을 **배타적 제어**라고 합니다.

배타적 제어를 실현하는 방식은 몇 가지가 있는데 그중 가장 기본적인 것은 **뮤텍스**(Mutex)입니다. 뮤텍스는 어떤 스레드가 락(lock)을 획득하면 해제할 때까지 다른 스레드가 락을 획득할 수 없는 작동 구조입니다. 동시에 여러 곳에서 실행되면 안 되는 처리의 앞뒤에서 뮤텍스 락을 획득하고 해제하면 락이 해제될 때까지 다른 스레드가 기다리게 되므로 배타적 제어를 실현할 수 있습니다.

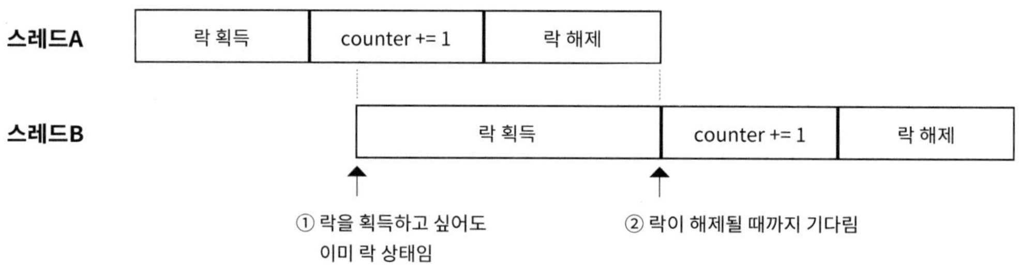

그림 12-3 뮤텍스로 배타적 제어 실현하기

그러면 러스트에서 뮤텍스를 사용하는 방법을 스레드 4개로 1을 2.5억 번씩 더하는 예제로 살펴봅시다.

```
use std::{
    sync::{Arc, Mutex},
    thread,
};

fn main() {
    let counter = Arc::new(Mutex::new(0));
    let mut handles = vec![];
    for _ in 0..4 {
        let counter = counter.clone();
        handles.push(thread::spawn(move || {
            for _ in 0..2_5000_0000 {
                let mut writer = counter.lock().unwrap();
                *writer += 1;
            }
        }));
```

```
    }
    for handle in handles {
        handle.join().unwrap();
    }
    println!("counter = {}", counter.as_ref().lock().unwrap());
}
```

실행해 봅시다.

```
$ cargo build
$ time ./target/debug/parallel-add
counter = 1000000000
./target/debug/parallel-add  447.53s user 59.35s system 366% cpu 2:18.12
total
```

무사히 counter 값이 딱 10억이 되었습니다.

코드를 설명하자면 7번째 줄이 뮤텍스 선언입니다. 러스트에서 뮤텍스를 사용하려면 std::sync 모듈인 Arc 구조체와 Mutex 구조체를 조합해 사용합니다. Arc는 Atomically Reference Counted의 약어로 여러 곳에서 객체 소유권을 공유할 수 있도록 만든 구조체입니다. 러스트의 Mutex 구조체는 락이 해제될 때까지 다른 스레드가 처리를 할 수 없도록 하는 것이 아니라 동시에 하나의 스레드만 값을 읽고 쓸 수 있도록 설계되어 있습니다. 따라서 Mutex::new 인수에는 counter 값의 초깃값 0을 넘깁니다.

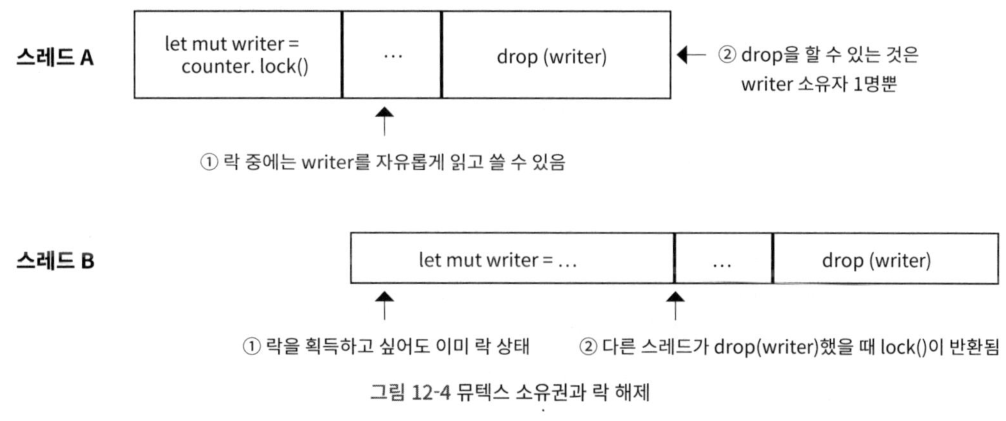

그림 12-4 뮤텍스 소유권과 락 해제

9번째 줄부터 for 반복문이지만 10번째 줄에서 Arc 타입 값을 복제해 새로 생성한 스레드에 넘깁니다. thread::spawn 함수가 인수로 넘긴 클로저가 캡처할 변수의 소유권을 요구하기 때문입니다.

13~14번째 줄이 배타적 제어를 구현하는 주요 부분입니다. 13번째 줄의 counter.lock().unwrap()으로 뮤텍스 락을 확보합니다. 반환값은 뮤텍스로 보호된 값의 참조입니다.[3] 값의 읽고 쓰기는 이 참조로 이루어집니다. 스코프를 벗어나면 참조가 파기됨과 동시에 뮤텍스 락이 해제됩니다.

이렇게 뮤텍스를 사용해 데이터를 적절하게 동기화하면 병렬 처리에서도 정확한 결과를 유지할 수 있습니다.

☑ 병렬 처리의 진정한 힘

올바른 계산 결과가 나왔으니 다 끝난 것 같지만 아직 문제가 남아 있습니다. 1을 10억 번 더하는 비병렬화 구현 방법은 4초 정도로 끝났지만 뮤텍스를 사용한 구현 방법은 2분 18초 = 138초가 걸려 약 34.5배 느려졌습니다.

병렬 처리는 프로그램 실행 속도 향상을 위해 도입했습니다. 하지만 무작정 병렬화만 하면 오히려 실행 속도가 느려지는 경우도 발생합니다. 이럴 때는 병렬화 방식을 바꾸거나 스레드 간 동기화가 적은 알고리즘으로 전환하는 등 머리를 써야 합니다.

이번 예제는 공통 변수에 결과를 매번 기록하는 대신에 스레드별로 계산이 끝난 후에 마지막에 결과를 더하는 식으로 바꿔 볼 수 있습니다. 이렇게 바꾸면 스레드 개수와 거의 같게 4배 정도 속도가 향상되는 것을 볼 수 있습니다.

```
use std::{
    sync::{Arc, Mutex},
    thread,
};

fn main() {
    let counter = Arc::new(Mutex::new(0));
    let mut handles = vec![];
    for _ in 0..4 {
        let counter = counter.clone();
        handles.push(thread::spawn(move || {
            let mut local_counter = 0;
            for _ in 0..2_5000_0000 {
                local_counter += 1;
            }
            let mut writer = counter.lock().unwrap();
```

3 정확하게 말하면 Deref 트레이트나 DerefMut 트레이트를 구현한, 참조와 유사하게 조작할 수 있는 객체입니다.

```
            *writer += local_counter;
        }));
    }
    for handle in handles {
        handle.join().unwrap();
    }
    println!("counter = {}", counter.as_ref().lock().unwrap());
}
```

12.3 다양한 데이터 동기화 방법

12.3.1 썸네일 생성 도구 병렬화

앞 절에서 1을 10억 번 더하는 예제로 병렬 처리와 병행 처리를 할 때 주의할 대표적인 문제를 설명했습니다. 이 장의 주제는 썸네일 생성 도구 개발이므로 앞 절에서 배운 지식을 바탕으로 썸네일 생성 도구를 병렬화해 실행 속도를 향상시켜 봅시다.

우선 컬럼에서 설명한 방식처럼 이미지 파일 목록을 4개로 분담해 처리하도록 만듭니다.

```
use clap::Parser;
use std::{
    fs::{create_dir_all, read_dir},
    path::PathBuf,
    sync::{Arc, Mutex},
    thread,
};

#[derive(Parser)]
struct Args {
    /// 썸네일 생성 대상 이미지 폴더
    input: PathBuf,
    /// 썸네일을 저장할 폴더
    output: PathBuf,
}

fn main() {
    let args = Args::parse();
```

```
    // 출력 대상 폴더 작성
    create_dir_all(&args.output).unwrap();

    // 처리 대상 파일 배열
    let mut all_paths = vec![];
    for entry in read_dir(&args.input).unwrap() {
        let entry = entry.unwrap();
        let path = entry.path();
        if path.is_dir() {
            // 폴더는 대상에서 제외
            continue;
        }
        all_paths.push(path);
    }

    let processed_count = Arc::new(Mutex::new(0));
    let mut handles = vec![];
    for chunk in all_paths.chunks((all_paths.len() + 3) / 4) {
        let chunk = chunk.to_vec();
        let processed_count = processed_count.clone();
        let output = args.output.clone();
        handles.push(thread::spawn(move || {
            let mut local_count = 0;
            for path in chunk {
                let output_path = output.join(path.file_name().unwrap());
                let img = image::open(&path);  // 이미지 파일 읽기
                if let Ok(img) = img {
                    let thumbnail = img.thumbnail(64, 64);  // 썸네일 만들기
                    thumbnail.save(output_path).unwrap();   // 파일 저장
                    local_count += 1;
                }
            }
            let mut writer = processed_count.lock().unwrap();
            *writer += local_count;
        }));
    }
    for handle in handles {
        handle.join().unwrap();
    }

    println!(
        "Processed {} images",
        processed_count.as_ref().lock().unwrap()
    );
}
```

이미지 파일 목록을 4등분해 썸네일을 생성하므로 먼저 이미지 파일의 총 개수를

알아야 합니다. 따라서 for entry in read_dir(&args.input).unwrap() { } 반복문으로 이미지 파일 경로 목록을 만듭니다.

for chunk in all_paths.chunks((all_paths.len() + 3) / 4) { } 반복문이 핵심 로직입니다.

all_paths.chunks()로 이미지 파일 목록을 4등분하고 4등분한 덩어리(chunk)를 thread::spawn()으로 생성한 스레드에서 처리합니다. chunks는 배열과 슬라이스에서 사용할 수 있는 메서드로, 지정한 길이의 덩어리로 배열을 분할합니다. (all_paths.len() + 3) / 4는 이미지 파일 총 개수를 4로 나눠 올림한 값이 됩니다. 따라서 같은 길이의 덩어리 4개로 배열이 분할됩니다. 4등분할 수 없는 나머지는 마지막 덩어리에 들어갑니다. 예를 들어 이미지가 1234개라면 앞에서부터 309장, 309장, 309장, 307장으로 분할됩니다.

chunk.to_vec()을 하는 이유는 chunks가 슬라이스를 반환해 클로저에 소유권을 무브할 수 없기 때문입니다. args.output도 소유권을 무브해야 하므로 let output = args.output.clone();에서 clone합니다.

실행 속도를 측정해 봅시다. 이번에는 릴리스 빌드를 사용합니다.

```
$ cargo build --release
$ time ./target/release/thumbnail-tool input output
Processed 41620 images
./target/release/thumbnail-tool input output  414.54s user 85.28s system
455% cpu 1:49.66 total
```

이번에는 1분 49.66초, 약 110초가 걸렸습니다. 병렬화 전에는 약 400초가 걸렸으므로 약 3.6배 빨라졌습니다.

그런데 이번 썸네일 생성 예제는 이미지 처리 횟수를 마지막에 한꺼번에 더하지 않고 썸네일을 생성할 때마다 더해도 실행 시간에 큰 차이가 나지 않습니다. 시험 삼아 한번 해 봅시다.

```
    for chunk in all_paths.chunks((all_paths.len() + 3) / 4) {
        let chunk = chunk.to_vec();
        let processed_count = processed_count.clone();
        let output = args.output.clone();
        handles.push(thread::spawn(move || {
            // let mut local_count = 0;  // 삭제
            for path in chunk {
```

```
            let output_path = output.join(path.file_name().unwrap());
            let img = image::open(&path);  // 이미지 파일 읽기
            if let Ok(img) = img {
                let thumbnail = img.thumbnail(64, 64);  // 썸네일 만들기
                thumbnail.save(output_path).unwrap();   // 파일 저장
                // local_count += 1;                    // 다음처럼 수정
                let mut writer = processed_count.lock().unwrap();
                *writer += 1;
            }
        }
        // 삭제
        // let mut writer = processed_count.lock().unwrap();
        // *writer += local_count;
    }));
}
```

```
$ cargo build --release
$ time ./target/release/thumbnail-tool input output
Processed 41620 images
./target/release/thumbnail-tool input output  415.32s user 89.34s system
447% cpu 1:52.68 total
```

1분 52.68초가 걸렸으므로 실행 시간 차이는 거의 오차 범위입니다. 다시 한번 강조하지만 시간 차이를 엄격하게 비교하려면 여러 번 반복 실행해 평가해야 합니다.

이번에 사용한 데이터양에서 뮤텍스 락 횟수는 단 몇 줄의 차이로 4만 번 이상 차이가 발생합니다(처리마다 호출하면 41620회, 스레드 처리 종료 시 호출하면 4회). 그럼에도 실행 시간에 거의 차이가 발생하지 않은 이유는 락 획득 처리가 무겁다고 해도 단순한 덧셈 처리에 비해 그렇다는 것이지 썸네일 생성 처리에 비하면 압도적으로 가벼운 처리이기 때문입니다. 이처럼 처리 시간 병목현상이 발생하지 않는 부분은 아무리 고속화해도 이득이 적기 때문에 병목현상이 발생하는 부분의 최적화에 집중해야 합니다.

☑ 암달의 법칙

암달의 법칙(Amdahl's law)은 프로그램을 병렬 처리할 때의 속도 향상 한계와 관련된 법칙입니다. 암달의 법칙에는 여러 가지 표현이 있지만 그중 하나가 '프로그램에는 병렬 실행하기 쉬운 부분과 그렇지 않은 부분이 있고, 병렬 실행하기 쉬운 부분의 병렬도를 아무리 높여도 프로그램 전체 실행 시간은 병렬 실행하기 어려운 부분에서 병목현상이 발생한다'입니다.

실행 시간에 10초가 걸리는 어떤 프로그램이 병렬화하기 쉬운 처리 A와 병렬화하기 어려운 처리 B로 구성되어 있다고 합시다. 병렬화하지 않은 상태에서 A가 2초, B가 8초가 걸린다고 가정합시다.

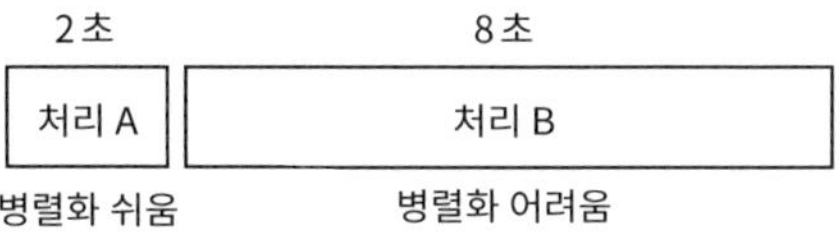

- **병렬화하기 쉬운 처리 A를 병렬화해 속도를 100배 향상시킨 처리 A′**

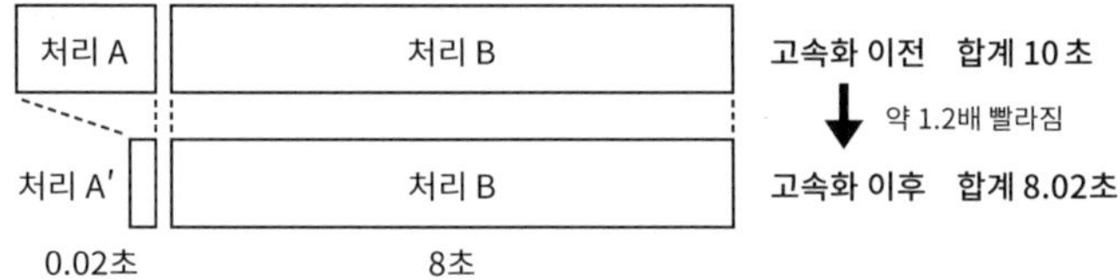

- **병렬화하기 어려운 처리 B를 최적화해 속도를 2배 향상시킨 처리 B′**

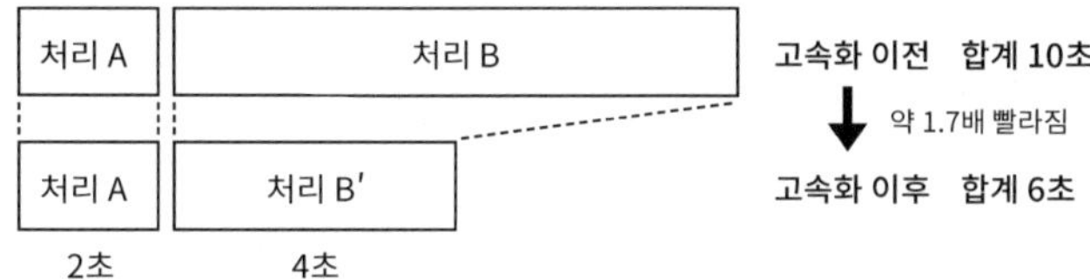

이때 병렬화하기 쉬운 처리 A를 100배 빠르게 병렬화해도 전체 처리 시간은 2 / 100 + 8 = 8.02초가 됩니다. 원래 실행 시간 10초와 비교하면 20%밖에 줄어들지 않았습니다. 병렬화하기 어려운 처리 B를 바꾸지 않았기 때문에 처리 B에 걸리는 시간보다 빨라질 수 없습니다.

그렇다면 병렬화하기 어려운 처리 B를 최적화해 2배 빠르게 만들면 어떻게 될까요? 전체 처리 시간은 2 + 8 / 2 = 6초가 되고 원래 실행 시간과 비교하면 40%나 줄어들었습니다.

이렇게 병목현상이 발생하는 부분을 중심으로 실행 시간을 개선하지 않으면 고속화 효과가 떨어진다는 점이 암달의 법칙이 의미하는 또 다른 측면입니다.

12.3.2 채널

이 절을 마무리하며 병렬 처리를 하는 데 편리한 프레임워크 2개를 소개하겠습니다.

채널(channel)은 데이터를 송신 측에서 수신 측으로 단방향으로 보낼 때 편리한 표준 라이브러리 기능입니다. `std::sync::mpsc::channel` 모듈의 `channel()` 함수를 호출하면 송신 측 `Sender`와 수신 측 `Receiver`가 쌍으로 생성됩니다. `Sender`의 `send` 메서드로 메시지 송신, `Receiver`의 `recv` 메서드로 수신을 할 수 있습니다. `Sender`

를 drop하면 메시지 송신을 종료하고 Receiver의 recv 메서드가 Err을 반환합니다. send 메서드와 recv 메서드는 뮤텍스 없이 호출할 수 있으므로 데이터 송수신이 간단합니다.

바로 사용해 봅시다.

```
use clap::Parser;
use std::{
    fs::{create_dir_all, read_dir},
    path::PathBuf,
    sync::mpsc::channel,
    thread,
};

#[derive(Parser)]
struct Args {
    /// 썸네일 생성 대상 이미지 폴더
    input: PathBuf,
    /// 썸네일을 저장할 폴더
    output: PathBuf,
}

fn main() {
    let args = Args::parse();

    // 출력 대상 폴더 작성
    create_dir_all(&args.output).unwrap();

    let mut handles = vec![];
    let mut channels = vec![];
    let (counter_tx, counter_rx) = channel::<usize>();

    // 수신 측 = 썸네일 생성 처리
    for _ in 0..4 {
        let (tx, rx) = channel::<PathBuf>();
        channels.push(tx);
        let counter_tx = counter_tx.clone();
        let output = args.output.clone();
        handles.push(thread::spawn(move || {
            while let Ok(path) = rx.recv() {
                let output_path = output.join(path.file_name().unwrap());
                let img = image::open(&path);
                if let Ok(img) = img {
                    let thumbnail = img.thumbnail(64, 64);
                    thumbnail.save(output_path).unwrap();
                    counter_tx.send(1).unwrap();
                }
```

```
            }
        }));
    }

    // 송신 측 = 이미지 파일 경로 전송
    for (index, item) in read_dir(&args.input).unwrap().enumerate() {
        let item = item.unwrap();
        let path = item.path();
        if path.is_dir() {
            continue;
        }
        channels[index % channels.len()].send(path).unwrap();
    }

    // 처리 완료 알림
    for channel in channels {
        drop(channel);
    }
    drop(counter_tx);

    println!("Processed {} images", counter_rx.iter().count());
}
```

이 예제는 각 스레드에 이미지 파일 경로를 할당하는 곳과 성공한 파일 개수를 집계하는 곳, 이렇게 두 곳에서 채널을 사용합니다.

`for (index, item) in read_dir(&args.input).unwrap().enumerate() { }`에서 이미지 파일을 나열해 채널에 이미지 파일 경로를 전송하고, `for _ in 0..4 { }`에서 생성한 스레드로 수신한 이미지 파일 경로에 썸네일 이미지를 생성해 저장합니다. `for channel in channels { }`과 그 이후 처리에서 결과를 집계합니다.

표준 라이브러리의 채널은 채널 하나당 송신 측을 여러 개 만들 수 있지만 수신 측은 하나뿐입니다. 따라서 파일 개수 집계는 채널 하나로 충분하지만 이미지 파일 경로를 할당하려면 스레드 수만큼의 채널이 필요합니다. 그러므로 이미지 파일 경로를 관리하는 채널은 여러 개 만들어서 `channels`로 관리하고 결과를 집계하는 채널(`counter_tx`, `counter_rx`)은 하나만 사용합니다.

참고로 이렇게 데이터를 생산하는 쪽과 데이터를 소비하는 쪽이 명확하게 나뉜 프로그램 구조를 **Producer-Consumer 패턴**이라고 부릅니다. 예제는 결과를 집계하는 부분을 제외하면 이미지 파일 목록을 생성하는 Producer와 이미지 파일을 썸네일로 변환하는 Consumer로 구성됩니다. 채널은 Producer-Consumer 패턴을 구현하기 쉬운 프레임워크 중 하나입니다.

12.3.3 rayon으로 간편하게 병렬 처리하기

마지막으로 소개할 것은 간편하게 병렬 처리할 때 편리한 rayon 크레이트입니다. rayon을 사용하면 데이터마다 독립적으로 처리하는 **데이터 병렬** 처리를 쉽게 작성할 수 있습니다. 또한 독립적으로 실행 가능한 **태스크**(task) 단위로 프로그램을 분할해 병렬로 처리하는 **태스크 병렬** 처리도 지원합니다.

참고로 rayon은 스레드(thread, 실)에서 유래한 이름입니다. 원래 고급 섬유인 실크에서 이름을 살짝 꼬아서 만든 Cilk 라이브러리가 있습니다. Cilk과 마찬가지로 스레드 풀(thread pool) 방식을 사용한 러스트 크레이트라는 뜻으로 합성 섬유인 레이온에서 이름을 따왔다고 합니다.

이 장의 목표였던 썸네일 생성은 파일별로 독립적으로 실행할 수 있습니다. 따라서 rayon 데이터 병렬 기능을 사용해 구현해 봅시다.[4]

```
use clap::Parser;
use rayon::iter::IntoParallelIterator;
use rayon::prelude::*;
use std::{
    fs::{create_dir_all, read_dir},
    path::PathBuf,
};

#[derive(Parser)]
struct Args {
    /// 썸네일 생성 대상 이미지 폴더
    input: PathBuf,
    /// 썸네일을 저장할 폴더
    output: PathBuf,
}

fn main() {
    let args = Args::parse();

    // 출력 대상 폴더 작성
    create_dir_all(&args.output).unwrap();

    // 처리 대상 파일 배열
    let items: Vec<_> = read_dir(&args.input).unwrap().collect();
    let result = items.into_par_iter().map(|item| {
        let item = item.unwrap();
        let path = item.path();
```

4 (옮긴이) 수정하기 전에 cargo add rayon으로 의존 크레이트를 추가합니다.

```
        let output_path = args.output.join(path.file_name().unwrap());
        let img = image::open(&path);
        if let Ok(img) = img {
            let thumbnail = img.thumbnail(64, 64);
            thumbnail.save(output_path).unwrap();
            1
        } else {
            0
        }
    });
    println!("Processed {} images", result.sum::<u32>());
}
```

rayon 사용법은 무척 간단합니다. use rayon::prelude::*한 상태로 into_par_iter() 메서드를 호출하기만 하면 병렬로 데이터를 처리할 수 있는 트레이트 rayon::iter::ParallelIterator로 변환해 줍니다. ParallelIterator는 일반적인 Iterator와 마찬가지로 all, any, count, map 메서드가 있어 이런 메서드를 호출하면 결과 집계까지 할 수 있습니다.

썸네일 생성 처리는 각 이미지 파일을 썸네일로 변환해 저장한 개수를 계산하므로 이미지 파일 경로마다 썸네일 생성 및 저장에 성공하면 1, 실패하면 0을 반환하는 Iterator의 합을 구하면 성공한 파일 개수를 얻을 수 있습니다.

rayon의 또 다른 장점은 스레드 개수를 미리 정할 필요가 없다는 점입니다. 지금까지 만든 구현에서는 처음부터 생성할 스레드 개수를 정했습니다. 하지만 최적의 스레드 개수는 실행 환경과 처리 내용에 따라 달라집니다. 더 높은 성능을 이끌어 내려면 조정을 해야 합니다. rayon은 기본값으로 CPU 코어 수만큼의 스레드가 뒤에서 생성되므로 별다른 조정 없이도 괜찮은 성능을 보여 줍니다.

프로그램 실행 속도에는 다양한 요소가 복합적으로 작용합니다. 따라서 성능을 끝까지 끌어올리려면 여러 요소를 하나씩 조정해야 합니다.

흔히 하는 착각이 'CPU는 컴퓨터가 계산하는 심장부이므로 프로그램 실행 속도는 CPU 처리 능력이 중요하고 프로그램을 제대로 병렬화하면 CPU 코어 수만큼 몇 배로 빨라진다'는 것입니다. 하지만 실제로는 CPU 처리 능력뿐만 아니라 메모리나 파일 입출력 속도, 네트워크 통신 속도 등 다양한 요소로 속도의 병목현상이 발생할 수 있습니다. 실제로 rayon을 사용해 기존의 4 병렬 처리를 필자의 환경에서는 10 병렬로 바꾸었지만 처리 속도는 2배에도 미치지 못했습니다.

또한 애초에 성능을 극한까지 끌어올릴 필요가 있는지도 고려해야 합니다. 아무리 성능을 이끌어 내더라도 몇 %밖에 변하지 않는다면 진행률 표시나 처리 종료 시 알림을 울리게 하는 데 시간을 쓰는 편이 사용자 경험 면에서 오히려 좋을 수 있습니다.

병렬 처리 등 다양한 기법을 활용해 프로그램 성능을 끌어올리는 일은 멋지기도 하고 대규모 처리에서는 꼭 필요한 일이기도 합니다.[5] 하지만 여러분은 시스템을 개발할 때 꼭 까다로운 조정을 하지 않아도 되는 다양한 우회 방법이 있다는 것을 기억해 두면 좋습니다.

 **정리**

이 장에서는 이미지 처리 도구의 속도 향상을 통한 기본적인 병렬 처리 방법과 배타적 제어, 그리고 다양한 데이터 동기화 방법을 배웠습니다.

러스트는 안전한 언어 설계 덕분에 러스트 방식을 따라 자연스럽게 프로그램을 작성하면 병렬 처리 상황에서도 문제가 쉽게 발생하지 않습니다. 하지만 이 장에서는 일부러 '이해하기 어려운' 상황을 경험해 보면서 여전히 병렬 처리가 어렵다는 것을 실감할 수 있었습니다.

어렵지만 성취감도 있고 장점도 있는 병렬 처리. 속도 향상에만 의존하지 않고 사용자 경험 개선과 비교 검토해 어떤 조치를 언제 취할 것인지 판단하는 능력은 엔지니어로서 능력을 평가 받는 순간입니다.

☑ 병렬 처리와 웹 프레임워크

12장에서 병렬 처리로 프로그램을 고속화하는 방법을 소개했지만 고속화는 피할 수 있으면 피해도 된다고 반복해 말했습니다. 그 이유는 고속화할 필요도 없는데 미리 속도 향상을 고려하면 프로그램 짜임새가 복잡해져 수정하기 어려울 수 있기 때문입니다.

하지만 복잡하지 않은 상태로 자연스럽게 병렬 처리할 수 있다면 하지 않을 이유가 없습니다.

예를 들어 10장에서 등장한 actix-web은 사실은 actix-web 추천 작성 방식을 따르기만 해도 여러 요청을 동시에 처리할 수 있습니다. 병렬 처리를 이 장에서 처음 다룬 것처럼 설명했지만 사실은 10장에서 이미 다뤘습니다.

하지만 actix-web뿐만 아니라 대다수의 웹 프레임워크에서 여러 요청을 동시에 처리하려는 목적은 이 장에서 설명했던 '시간이 걸리는 프로그램에서 실행 시간을 빠르게 만들기'와는 조금 방

5 (옮긴이) GCP, AWS 등 수억 명이 넘는 사용자가 있는 시스템은 처리 성능을 0.1%만 향상시켜도 엄청난 이익이 발생합니다. 이런 시스템은 아무리 작은 부분이라도 최적화에 진심일 수밖에 없습니다.

향성이 다릅니다. 다수의 요청을 효율적으로 처리하는 것도 좋지만 그보다는 시간이 걸리는 요청이 있어도 다른 요청이 기다리지 않도록 하는 쪽이 더 중요합니다.

일반적으로 서버에는 다양한 환경의 클라이언트가 접속합니다. 그중에는 당연히 통신 속도가 극단적으로 느린 클라이언트도 섞여 있습니다. 서버가 동시에 요청을 하나밖에 처리할 수 없다면 그 클라이언트와 통신이 끝나기 전까지 다른 클라이언트 요청은 기다리게 되므로 무척 불편할 수밖에 없습니다.

또한 웹 서버에서 실행하는 처리는 원칙적으로 요청 단위로 닫혀 있어서 다른 요청과 관계없이 독립적으로 처리할 수 있습니다. 따라서 요청별로 동기화를 고려하지 않아도 되므로 병렬화도 쉽습니다.

이런 이유로 웹 프레임워크는 처음부터 클라이언트 요청을 동시에 처리할 수 있도록 설계하는 편입니다.

13장

R u s t P r o g r a m m i n g

채용 면접 대비하기

이 장은 기업이 엔지니어를 채용할 때 어떤 전형을 진행하는지 설명하고 그 전형을 통과할 대책을 소개합니다. 기술 면접을 대비하는 문제와 풀이도 함께 소개합니다.

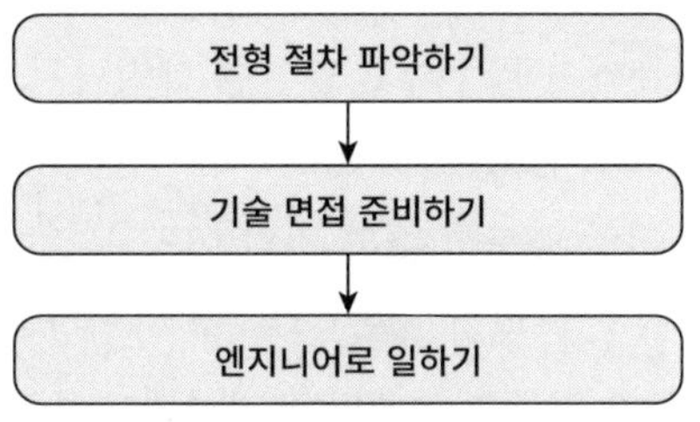

그림 13-0 채용 면접 대비하기

13.1 전형 절차

채용 전형은 회사에 따라, 포지션에 따라 다르기 때문에 참고만 하기를 바랍니다.

13.1.1 서류 전형

채용 전형의 첫 단계로 서류 전형이 있습니다. 지원자가 경력, 지원 동기, 자기 PR 등이 적힌 이력서(경력기술서)를 제출하면 그 내용을 바탕으로 선발합니다.

서류 전형은 어디까지나 모집 중인 포지션에 적합한지 확인하는 단계이므로 지원한 포지션에 부합하는 점을 잘 어필하는 것이 중요합니다. 이 서류는 이후의 면접에서도 활용됩니다.

자세히 물어보고 싶은 부분은 서류 전형 이후의 면접에서 면접관이 질문하기 때문에 모든 항목을 세세하게 작성할 필요는 없지만, 서류에 없는 내용은 면접관도 질문할 수 없으므로 최대한 포괄적으로 간결하게 작성하면 좋습니다.

13.1.2 1차 면접

서류 전형을 통과한 지원자를 대상으로 1차 면접이 진행됩니다. 1차 면접에서는 지원자의 지원 동기, 기술, 경험 등을 자세히 물어봅니다.

경력자라면 과거에 진행한 프로젝트를 구체적으로 설명해 달라고 하는 경우가 많습니다. 프로젝트를 진행하면서 어려운 과제에 직면했을 때 어떻게 해결했는지, 잘 되지 않았을 때 어떻게 대처했는지 등의 자세한 설명을 듣고 싶어 합니다. 과거 경험을 되돌아보고 잘 설명할 수 있도록 준비하면 좋습니다. 과거에 무엇을 했는지 의외로 잊고 있는 경우가 많고 기억을 떠올리는 데 시간이 걸리곤 합니다. 면접 시간은 한정되어 있으므로 가능한 한 원활하게 이야기할 수 있도록 준비합시다.

엔지니어 경험이 없더라도 코딩 이외의 필요 기술은 다른 직종과 공통되는 부분이 많습니다. 따라서 지금까지 공부하고 습득한 엔지니어로서의 기술뿐만 아니라 직장에서 진행한 프로젝트도 설명할 수 있도록 준비합시다.

학생에게는 학교에서 어떤 공부를 했고 일의 어떤 부분에 흥미를 느껴서 지원했는지 등 자세한 설명을 요구할 때가 많습니다. 회사 입장에서는 채용한 학생이 적어도 몇 년 이상은 근무하기 원하므로 해당 포지션에서 주로 하게 될 업무에 흥미가 있는지를 궁금해합니다. 예를 들어 프로그래밍을 주로 하는 포지션이라면 프로그래밍에 흥미가 있는 학생을 채용하고 싶어 합니다. 자신이 지원한 포지션의 업무에 대해 어떤 점을 알고 있고 어떤 부분에 흥미가 있는지를 설명할 수 있어야 합니다.

13.1.3 기술 면접

엔지니어 등의 기술 직군은 기술 면접을 진행합니다. 기술 면접은 프로그래밍 언어, 프레임워크, 데이터베이스 지식이나 경험을 주로 물어봅니다. 알고리즘, 자료구조 관련 문제나 시스템 아키텍처 관련 문제를 풀기도 합니다.

실제 개발 업무에서는 데이터베이스나 프레임워크를 처음부터 구현하지 않고 기존의 제품을 사용하는 경우가 대부분이지만, 이런 기술이 내부적으로 어떻게 작동하는지 모르면 소프트웨어를 효율적으로 개발할 수 없습니다. 면접에서도 자주 사용하는 프레임워크와 데이터베이스에 관련된 내부 구조나 사양을 질문하는 편입니다. 평소에 이런 기술과 관련된 내부 구조와 사양을 알아 두면 좋습니다.

알고리즘과 자료 구조 관련 문제는 개발 업무와 직접적인 관련이 없어 보여도 이를 이해하지 못하면 효율성 있는 프로그램을 만들 수 없습니다. 평소 개발할 때도 알고리즘과 자료 구조를 이해하고 사용하도록 노력하면 좋습니다. 면접에서는 화이트보드에 손코딩하거나 알고리즘을 설명하기도 합니다. 평소에 혼자서 코드를 작성하면 다른 사람에게 설명할 일이 별로 없습니다. 다른 사람에게 자신이 짠 코드를 설명하는 연습을 미리 해 두면 면접에서도 문제없이 설명할 수 있을 것입니다.

문제를 출제하고 풀어 보는 형식의 면접은 지원자의 기술력을 확인하는 측면도 있지만, 면접관과 협력해 문제를 대하는 모습을 보고 입사 후에 팀원과 함께 논의하면서 개발할 수 있는지를 확인하는 측면도 있습니다. 출제된 문제가 어렵게 느껴질 수 있는데, 혼자서가 아니라 면접관과 질문을 주고받으면서 협력해 풀도록 하는 문제 유형도 있습니다. 가만히 입을 닫고 혼자서만 생각하지 않도록 주의합시다. 혹시 풀이가 막히더라도 지금 생각하고 있는 방법을 면접관과 공유하면 면접관으에게서 힌트를 얻을 수 있을지도 모릅니다.

13.1.4 2차 면접

기술 면접을 통과한 지원자는 2차 면접을 봅니다. 2차 면접은 1차 면접에서 물어본 내용과 기술 면접에서 물어본 내용 외에도 좀 더 깊이 있는 질문을 하는 경우가 많습니다. 또한 팀 리더나 부장처럼 더 높은 직급의 사람과 면접을 보기도 합니다.

13.2 기술 면접 준비하기

기술 면접 중에서도 알고리즘과 자료 구조에 관한 문제는 어떤 식으로 이루어지는지 잘 느낌이 오지 않습니다. 따라서 알고리즘과 자료 구조 관련 문제를 2가지 다루면서 구체적으로 어떻게 풀어나가는지 설명하겠습니다.

13.2.1 문제 A

정수 N개의 배열 A와 정수 M개의 배열 B가 있다. 각각의 배열 요소는 오름차순으로 정렬되어 있다.

두 배열을 결합해 $N + M$개의 요소가 오름차순으로 정렬된 배열을 만드시오.

예를 들어 배열 $A = [1, 2, 4, 5, 8]$, $B = [2, 3, 4, 5, 6, 7]$이라면 결합한 배열은 $[1, 2, 2, 3, 4, 4, 5, 5, 6, 7, 8]$이 된다.

조건은 다음과 같다.

- $0 \leq N, M \leq 100{,}000$
- 배열 A, B의 각 요소는 모두 1 이상 1,000,000,000 이하의 정수

13.2.2 문제 A 풀이

다음과 같은 함수로 답을 구현해 봅시다.

```
fn solve(a: Vec<i32>, b: Vec<i32>) -> Vec<i32> {
    ...
}
```

Vec에는 요소 개수를 돌려주는 len() 함수와 요소를 정렬하는 sort() 함수가 있습니다. 이 함수를 사용해 다음과 같이 로직을 구현합니다.

1. ans라는 빈 Vec를 생성합니다.
2. a의 요소를 모두 ans에 넣습니다.
3. b의 요소를 모두 ans에 넣습니다.
4. sort()를 사용해 ans의 요소를 오름차순으로 정렬합니다.

이 로직을 다음 코드로 구현합니다.

```
fn solve(a: Vec<i32>, b: Vec<i32>) -> Vec<i32> {
    // a와 b 요소 개수 구하기
    let n = a.len();
    let m = b.len();

    // 빈 Vec의 ans 생성
    let mut ans = vec![];

    // a의 요소를 모두 ans에 넣기
    for i in 0..n {
        ans.push(a[i]);
    }

    // b의 요소를 모두 ans에 넣기
    for i in 0..m {
```

```
        ans.push(b[i]);
    }

    // ans를 오름차순으로 정렬
    ans.sort();
    ans
}
```

코드가 제대로 작동하는지 확인하려면 다음과 같이 테스트 코드를 작성합니다.

```
#[test]
fn test_solve() {
    let ans = solve(vec![1, 2, 4, 5, 8], vec![2, 3, 4, 5, 6, 7]);
    assert_eq!(ans, vec![1, 2, 2, 3, 4, 4, 5, 5, 6, 7, 8]);
}
```

13.2.2.1 복잡도 고려하기

이렇게 로직을 구상하고 실제로 구현하는 기술 면접에서는 주로 구현한 로직의 실행 시간이 어느 정도인지, 메모리 사용량은 어떻게 되는지 확인하는 질문을 합니다. 로직 작동에 필요한 시간과 메모리 사용량의 예상값을 **복잡도**(Complexity)라고 부릅니다. 특히 그중에서 필요한 시간 예상값을 **시간 복잡도**(Time Complexity)라고 부릅니다.

시간 복잡도는 로직 실행 시간이 어떤 값에 비례하는지에 주목합니다. 실행 시간이 N에 비례하면 $O(N)$으로 씁니다.[1]

앞에서 설명한 로직의 각 단계별 시간 복잡도는 다음과 같습니다.

1. ans라는 빈 Vec를 생성합니다.
    - N과 M 값에 영향을 받지 않고 항상 일정한 시간에 종료됩니다. 따라서 시간 복잡도는 $O(1)$이 됩니다.
2. a의 요소를 모두 ans에 넣습니다.
    - Vec에 요소 하나를 넣는 데 걸리는 시간은 Vec 요소 개수와 관계없이 일정합니다. 이런 처리를 N번 하므로 실행 시간은 N에 비례합니다. 따라서 시간 복잡도는 $O(N)$이 됩니다.
3. b의 요소를 모두 ans에 넣습니다.
    - 2와 마찬가지로 시간 복잡도는 $O(M)$이 됩니다.

1 (옮긴이) 이런 표기법을 빅 오 표기법(big-O notation)이라 합니다.

4. sort()를 사용해 ans 요소를 오름차순으로 정렬합니다.
   - X개 요소 배열을 오름차순으로 정렬하는 작업의 시간 복잡도는 $O(X\ log\ X)$라고 알려져 있습니다. ans의 요소 개수는 $N + M$이므로 이 단계의 시간 복잡도는 $O((N + M)\ log\ (N + M))$입니다.

전체 시간 복잡도를 생각하면 마지막 단계가 대부분을 차지합니다. 따라서 이 로직 전체 시간 복잡도는 $O((N + M)\ log\ (N + M))$이 됩니다.

13.2.2.2 더 나은 복잡도를 고려한 풀이법

사실 이 문제는 더 나은 시간 복잡도로 풀 수 있는 방법이 있습니다. 다음과 같은 로직을 생각해 봅시다.

1. ans라는 빈 Vec를 생성합니다.
2. a와 b가 모두 비워질 때까지 다음 단계를 반복합니다.
   - a가 비었을 때 b의 첫 번째 요소를 ans에 넣고 b의 첫 번째 요소를 b에서 제거합니다.
   - b가 비었을 때 a의 첫 번째 요소를 ans에 넣고 a의 첫 번째 요소를 a에서 제거합니다.
   - a도 b도 비어 있지 않으면 a의 첫 번째 요소와 b의 첫 번째 요소를 비교합니다. a의 첫 번째 요소가 작으면 a의 첫 번째 요소를 ans에 넣고 a의 첫 번째 요소를 a에서 제거합니다. b의 첫 번째 요소가 작거나 같으면 b의 첫 번째 요소를 ans에 넣고 b의 첫 번째 요소를 b에서 제거합니다.

반복문의 단계별 시간 복잡도는 다음과 같습니다.

1. a가 비었을 때 b의 첫 번째 요소를 ans에 넣고 b의 첫 번째 요소를 b에서 제거합니다.
   - Vec에서 요소를 제거하는 처리의 시간 복잡도는 Vec 요소 개수에 의존하지만, 코드에서 설명하는 구현 방법처럼 첫 번째 요소를 가리키는 현재 위치를 이동시켜서 제거한다면 시간 복잡도는 $O(1)$이 됩니다.
2. b가 비었을 때 a의 첫 번째 요소를 ans에 넣고 a의 첫 번째 요소를 a에서 제거합니다.
   - 마찬가지로 이 단계도 시간 복잡도는 $O(1)$이 됩니다.

3. a도 b도 비어 있지 않으면 a의 첫 번째 요소와 b의 첫 번째 요소를 비교합니다. a의 첫 번째 요소가 작으면 a의 첫 번째 요소를 ans에 넣고 a의 첫 번째 요소를 a에서 제거합니다. b의 첫 번째 요소가 작거나 같으면 b의 첫 번째 요소를 ans에 넣고 b의 첫 번째 요소를 b에서 제거합니다.
   - 비교도 시간 복잡도가 $O(1)$이므로 이 단계도 $O(1)$이 됩니다.

반복문은 $N+M$번 실행되므로 이 로직 전체의 시간 복잡도는 $O(N+M)$이 됩니다. $O((N+M)\,log\,(N+M))$보다 훨씬 효율적입니다.

그럼 이 로직을 구현해 봅시다.

```
fn solve(a: Vec<i32>, b: Vec<i32>) -> Vec<i32> {
    // a와 b 요소 개수 구하기
    let n = a.len();
    let m = b.len();

    // 빈 Vec의 ans 생성
    let mut ans = vec![];

    // a의 첫 번째 요소를 가리키는 값을 i로 정의
    // i에 1을 더하면 a의 첫 번째 요소를 삭제한 것과 같은 효과
    // i = n이면 a가 비었다고 판정
    let mut i = 0;

    // 마찬가지로 b의 첫 번째 요소를 가리키는 값을 j로 정의
    let mut j = 0;

    // a와 b가 모두 비워질 때까지 다음 처리를 반복
    while i < n || j < m {
        if i == n {
            // a가 비었을 때 b의 첫 번째 요소를 ans에 추가
            ans.push(b[j]);

            // 추가된 b의 첫 번째 요소 제거
            j += 1;
        } else if j == m {
            // b가 비었을 때 a의 첫 번째 요소를 ans에 추가
            ans.push(a[i]);

            // 추가된 a의 첫 번째 요소 제거
            i += 1;
        } else if a[i] < b[j] {
            // a의 첫 번째 요소가 b의 첫 번째 요소보다 작으면
            // a의 첫 번째 요소를 ans에 추가
            ans.push(a[i]);
```

```
            // 추가된 a의 첫 번째 요소 제거
            i += 1;
        } else {
            // b의 첫 번째 요소가 a의 첫 번째 요소보다 작거나 같으면
            // b의 첫 번째 요소를 ans에 추가
            ans.push(b[j]);

            // 추가된 b의 첫 번째 요소 제거
            j += 1;
        }
    }

    ans
}
```

이렇게 같은 결과를 반환하는 처리라도 로직에 따라 효율이 다릅니다. 예제에서는 복잡도가 $O(N+M)$인 복잡한 코드와 $O((N+M)\,log\,(N+M))$인 단순한 코드를 비교했는데, 실제 업무에서도 이처럼 가독성과 실행 속도 사이의 트레이드오프가 종종 발생합니다. 실행 속도가 너무 느린 코드는 검토할 여지도 없지만 속도 차이가 크지 않으면 가독성을 우선하는 경우도 있습니다. 복잡도는 이런 차이를 받아들일 수 있는지 판단하는 기준이 됩니다. 자신이 작성한 코드의 복잡도를 평소에도 의식하는 습관을 들이면 좋습니다.

13.2.3 문제 B

문자 N개로 이루어진 문자열 X가 있다. 이 문자열은 (와)의 두 종류 문자로만 구성된다. 이 문자열이 올바른 괄호 나열인지 판정하라. 올바른 괄호 나열은 다음을 만족하는 나열이다.

- ()는 올바른 괄호 나열이다.
- 문자열 S가 올바른 괄호 나열이면 문자열 $(+S+)$는 올바른 괄호 나열이다.
- 문자열 S와 문자열 T가 올바른 괄호 나열이면 $S+T$는 올바른 괄호 나열이다.
- 그 외의 문자열은 모두 올바른 괄호 나열이 아니다.

조건은 다음과 같다.

- $-1 \leq N \leq 100{,}000$

13.2.4 문제 B 풀이

형식적인 표현이지만 결국 '올바른 괄호 나열'이란 괄호가 서로 쌍을 이루는 문자열을 뜻합니다. 예를 들어 (())()는 올바른 괄호 나열이지만 ())(()는 올바른 괄호 나열이 아닙니다.

올바른 괄호 나열이라면 각)는 반드시 왼쪽에 대응하는 (가 있습니다. 마찬가지로 각 (는 반드시 오른쪽에 대응하는)가 있습니다. 따라서 올바른 괄호 나열이 아닌 문자열의 조건은 다음 2가지를 들 수 있습니다.

- 문자열을 왼쪽부터 확인했을 때 대응하는 (가 없는)가 있으면 해당 문자열은 올바른 괄호 나열이 아닙니다.
- 문자열을 왼쪽부터 확인했을 때 대응하는 (와)를 지운 뒤에 마지막으로 (가 하나라도 남아 있으면 해당 문자열은 올바른 괄호 나열이 아닙니다.

따라서 다음과 같은 로직을 생각해 볼 수 있습니다.

1. 아직 대응하는)를 발견하지 못한 (의 개수를 `left`로 정의합니다. 처음에는 `left = 0`입니다.
    - 문자열을 왼쪽부터 한 글자씩 찾습니다.
    - 확인한 문자가 (이면 `left`에 1을 더합니다.
2. 확인한 문자가)일 때 `left`가 0이면 문자열은 올바른 괄호 나열이 아닙니다. `left`가 0보다 크다면 `left`에서 1을 뺍니다.
3. 모든 문자를 확인했을 때 `left`가 0이면 문자열은 올바른 괄호 나열입니다.

몇 가지 예를 들어 봅시다.

문자열이 (())()일 때 확인 중인 문자와 `left` 상태는 다음과 같습니다.

확인 중인 문자		(	(	)	)	(	)
left	0	1	2	1	0	1	0

그림 13-1 문자열이 (())()일 때의 left

마지막 문자까지 확인했을 때 최종적으로 `left`가 0이 되므로 올바른 괄호 나열이라고 할 수 있습니다.

문자열이 ())(()일 때는 다음과 같습니다.

확인 중인 문자		(	)	)	(	(	)
left	0	1	0	올바른 괄호 나열이 아님			

그림 13-2 문자열이 ())(()일 때의 left

처리 도중에 올바른 괄호 나열이 아님을 알 수 있습니다.

문자열이 (())((일 때는 다음과 같습니다.

확인 중인 문자		(	(	)	)	(	(
left	0	1	2	1	0	1	2

그림 13-3 문자열이 (())((일 때의 left

마지막 문자까지 확인했지만 최종적으로 left가 0이 아닙니다. 즉 대응하는)가 없는 (가 남아 있으므로 올바른 괄호 나열이 아님을 알 수 있습니다.

이 로직은 다음처럼 구현할 수 있습니다.

```
fn solve(s: Vec<char>) -> bool {
    let n = s.len();

    // 아직 대응하는 )를 발견하지 못한 (의 개수를 left로 정의
    // 마지막에는 left = 0이 되어야 함
    let mut left = 0;

    // 문자열을 왼쪽부터 한 글자씩 찾기
    for i in 0..n {
        if s[i] == '(' {
            // 확인한 문자가 (라면 left에 1 더하기
            left += 1;
        } else {
            // 확인한 문자가 )일 때 left가 0이라면 올바른 괄호 나열이 아님
            if left == 0 {
                return false;
            } else {
                // left가 0보다 크면 left에서 1 빼기
                left -= 1;
            }
        }
```

```
    }

    // 모든 문자를 확인했을 때 left가 0이라면 문자열은 올바른 괄호 나열
    if left == 0 {
        return true;
    } else {
        return false;
    }
}
```

테스트 코드는 다음과 같이 구현할 수 있습니다.

```
#[test]
fn test_solve() {
    let ans = solve(vec!['(', ')', '(', ')', '(', ')', '(', ')', '(',
')']);
    assert_eq!(ans, true);
}
```

이 풀이법의 시간 복잡도를 계산해 봅시다. `left`에 1을 더하고 빼는 처리는 $O(1)$이고 이런 처리를 N번 반복하므로 전체 복잡도는 $O(N)$이 됩니다.

☑ 기술 면접 연습하기

기술 면접에서 출제되는 문제는 그 회사에서 실제로 있었던 문제를 기반으로 출제하는 경우도 있지만, 풀어야 할 문제 부분은 알고리즘과 자료 구조와 관련된 기본적인 내용이 많습니다. 따라서 기술 면접 연습은 알고리즘과 자료 구조 관련 기본 문제를 풀어 보는 것이 중요합니다.

《코딩 인터뷰 완전 분석》(인사이트, 2017) 같은 기술 면접 공략서가 있으므로 이런 책을 활용해 연습하면 좋습니다. 이 책은 알고리즘과 자료 구조에 관련된 기본적인 문제가 많이 실려 있고 실제 면접에서 어떤 식으로 출제되는지 자세히 설명합니다.

 **정리**

13장은 채용 면접에 관해 대략적으로 다뤘습니다. 그중에서도 특히 코딩 인터뷰에서 물어보는 문제를 살펴봤습니다. 기업에도 지원자에게도 채용 전형은 새로운 동료를 찾기 위한 과정입니다. 문제를 풀 때도 시험을 본다는 생각보다 동료와 함께 토론한다는 기분으로 임하는 자세가 중요합니다.

찾아보기